DIRNBERGER
Das Abstandsflächenrecht in Bayern

Kapitel 4.

Das Abstandsflächenrecht in Bayern

Das Abstandsflächenrecht in Bayern

Systematische Darstellung
mit detaillierten Abbildungen

Dr. Franz Dirnberger
Direktor
Bayerischer Gemeindetag

3., überarbeitete Auflage, 2015

Bibliografische Information der Deutschen Nationalbibliothek I Die Deutsche Nationalbibliothek verzeichnet diese Publikation in der Deutschen Nationalbibliografie; detaillierte bibliografische Daten sind im Internet über www.dnb.de abrufbar.

3. Auflage, 2015
ISBN 978-3-415-05419-6

© 2008 Richard Boorberg Verlag

Das Werk einschließlich aller seiner Teile ist urheberrechtlich geschützt. Jede Verwertung, die nicht ausdrücklich vom Urheberrechtsgesetz zugelassen ist, bedarf der vorherigen Zustimmung des Verlages. Dies gilt insbesondere für Vervielfältigungen, Bearbeitungen, Übersetzungen, Mikroverfilmungen und die Einspeicherung und Verarbeitung in elektronischen Systemen.

Titelfoto: © Ursula und Edgar Burkart, Planungsbüro WipflerPLAN Planungsgesellschaft mbH I Satz: Dörr + Schiller GmbH, Curiestraße 4, 70563 Stuttgart I Druck und Bindung: Gulde Druck, Hechinger Straße 264, 72072 Tübingen

Richard Boorberg Verlag GmbH & Co KG I Scharrstraße 2 I 70563 Stuttgart
Stuttgart I München I Hannover I Berlin I Weimar I Dresden
www.boorberg.de

Vorwort zur 3. Auflage

In den letzten Jahren hat sich die Welt der Abstandsflächen in Bayern nicht grundlegend verändert. Trotzdem war es an der Zeit, eine vollständige Überarbeitung dieses Buchs vorzulegen. Die 3. Auflage berücksichtigt vor allem die immer ausdifferenziertere Rechtsprechung des BayVGH, aber auch der anderen Obergerichte Deutschlands. Trotz des Umstands, dass das abstandsflächenrechtliche System doch schon vergleichsweise lange existiert, gibt es immer wieder – ab und an auch überraschende – Wendungen in den entsprechenden Judikaten. Eingearbeitet sind insoweit Rechtsprechung und Literatur bis Mitte 2014.

Danken möchte ich – wie schon bei den Vorauflagen – wieder meiner Familie, zuvörderst meiner Frau Doris, dafür, dass sie es klaglos ertragen haben, wenn an manchem Wochenende oder an manchen Abenden das Abstandsflächenrecht zum zentralen Bestandteil unserer Freizeitgestaltung geworden ist.

Pfaffenhofen im August 2014

Vorwort zur 2. Auflage

Seit der ersten Auflage dieses Buchs sind drei Jahre vergangen, in denen sich das Abstandsflächenrecht nicht grundsätzlich, aber doch noch einmal spürbar verändert hat. Der Gesetzgeber hat einige „Randunschärfen" der Novelle 2008 zu beseitigen versucht und mit Art. 6 Abs. 5 Satz 4 BayBO eine neues, nicht unproblematisches Instrument zur Flexibilisierung der Abstandsflächenvorschriften eingefügt. Auch die Rechtsprechung ist nicht stehengeblieben und hat manches geklärt, anderes aber auch wieder in Frage gestellt. Deshalb war es an der Zeit, auch dieses kleine Werk an die veränderten Rahmenbedingungen anzupassen.

Auch bei der 2. Auflage möchte ich an erster Stelle meiner Familie und vor allem meiner Frau Doris danken, die wieder mit großer Geduld ertragen haben, dass manchmal die Beschäftigung mit Abstandsflächen wichtiger war als die Freizeit. Ursula und Edgar „Piu" Burkart vom Planungsbüro Wipfler PLAN danke ich ganz herzlich für die Erstellung der Abbildungen und für viele Gespräche und Diskussionen über die Probleme, die die Abstandsflächen und auch andere baurechtliche Vorschriften in der Praxis machen können.

„Iucundi acti labores."

Pfaffenhofen a. d. Ilm im März 2011

Vorwort zur 1. Auflage

Dieses Buch ist Herrn Ltd. Ministerialrat Henning Jäde zu seinem 60. Geburtstag gewidmet. Er hat meine ersten vorsichtigen Schritte hinein in die Welt des Baurechts gelenkt und war mir seither ein steter und wohlmeinender Begleiter, selbst dann, wenn wir – was natürlich nur äußerst selten vorkam – nicht einer Meinung waren.

Danken möchte ich an erster Stelle meiner Familie und vor allem meiner Frau Doris, die mit großer Geduld ertragen hat, dass manchmal die Beschäftigung mit Abstandsflächen wichtiger war als die Freizeit. Ursula und Edgar „Piu" Burkart vom Planungsbüro Wipfler PLAN danke ich ganz herzlich für die Erstellung der Abbildungen und für viele Gespräche und Diskussionen über die Probleme, die die Abstandsflächen und auch andere baurechtliche Vorschriften in der Praxis machen können.

Pfaffenhofen a. d. Ilm im März 2008

Übersicht

		Rn.	Seite
Vorwort zur 3. Auflage			5
Vorwort zur 2. Auflage			5
Vorwort zur 1. Auflage			6
Literatur			13
A.	Einführung	1	15
B.	Die Grundforderung nach Abstandsflächen (Art. 6 Abs. 1 BayBO)	26	26
C.	Die Lage der Abstandsflächen (Art. 6 Abs. 2 BayBO)	79	49
D.	Das Überdeckungsverbot (Art. 6 Abs. 3 BayBO)	116	64
E.	Das Maß der Abstandsfläche H (Art. 6 Abs. 4 BayBO)	129	70
F.	Die Bemessung der Abstandsflächen (Art. 6 Abs. 5 BayBO)	165	90
G.	Das „16 m-Privileg" (Art. 6 Abs. 6 BayBO)	203	105
H.	Die „Experimentierklausel" (Art. 6 Abs. 7 BayBO)	232	119
I.	Vortretende Bauteile, Vorbauten und Dachgauben (Art. 6 Abs. 8 BayBO)	263	133
J.	Abstandsflächenirrelevante bauliche Anlagen (Art. 6 Abs. 9 BayBO)	278	140
K.	Abweichungen von den Abstandsflächenvorschriften nach Art. 63 BayBO	320	159
Bayerische Bauordnung (BayBO) – Auszug			164
Stichwortverzeichnis			167

Inhaltsverzeichnis

	Rn.	Seite
Vorwort zur 3. Auflage		5
Vorwort zur 2. Auflage		5
Vorwort zur 1. Auflage		6
Übersicht		7
Literatur		13

A. Einführung 1   15
  I. Eine – äußerst – kurze Geschichte der Abstandsflächen .. 1   15
  II. Zwecksetzungen der Abstandsflächen 9   18
  III. Verhältnis von Bauplanungsrecht und Abstandsflächen .. 14   20
  IV. Nachbarschutz 18   22

B. Die Grundforderung nach Abstandsflächen (Art. 6 Abs. 1 BayBO) 26   26
  I. Erforderlichkeit von Abstandsflächen 26   26
    1. Regelungsgehalt 26   26
    2. Die erfassten Anlagen 27   27
      a) Gebäude 27   27
      b) Anlagen, von denen Wirkungen wie von Gebäuden ausgehen (Art. 6 Abs. 1 Satz 2 BayBO) 33   29
    3. Errichtung, Änderung und Nutzungsänderung 44   34
    4. Freihalten von oberirdischen baulichen Anlagen 53   37
  II. Vorrang des Planungsrechts (Art. 6 Abs. 1 Satz 3 BayBO) . 55   38
    1. Allgemeines 55   38
    2. Notwendiger Grenzanbau (Art. 6 Abs. 1 Satz 3 1. Alt. BayBO) 61   40
      a) Festsetzungen im Bebauungsplan 61   40
      b) Innenbereich nach § 34 BauGB 66   42
    3. Möglicher Grenzanbau (Art. 6 Abs. 1 Satz 3 2. Alt. BayBO) 69   44
  III. Behandlung von „Fremdkörpern" 75   47

		Rn.	Seite
C.	**Die Lage der Abstandsflächen (Art. 6 Abs. 2 BayBO)**	79	49
I.	Grundsatz (Art. 6 Abs. 2 Satz 1 BayBO)................	79	49
II.	Abstandsflächen auf öffentlichen Flächen (Art. 6 Abs. 2 Satz 2 BayBO)	82	51
III.	Abstandsflächen auf dem Nachbargrundstück (Art. 6 Abs. 2 Satz 3 BayBO)	89	53
	1. Allgemeine Fragen	89	53
	2. Nichtüberbaubarkeit aus rechtlichen oder tatsächlichen Gründen................................	99	56
	3. Die schriftliche Zustimmung des Nachbarn	104	58
D.	**Das Überdeckungsverbot (Art. 6 Abs. 3 BayBO)**	116	64
I.	Grundsatz (Art. 6 Abs. 3 1. Halbsatz BayBO)	116	64
II.	Zulässige Überdeckungen (Art. 6 Abs. 3 2. Halbsatz BayBO)	118	64
	1. Allgemeines...................................	118	64
	2. Die Fallgruppen des Art. 6 Abs. 3 2. Halbsatz BayBO .	121	65
	a) Außenwände mit einem Winkel von mehr als 75 Grad	121	65
	b) Außenwände zu einem fremder Sicht entzogenen Gartenhof	124	67
	c) Bauliche Anlagen, die in Abstandsflächen zulässig sind	128	69
E.	**Das Maß der Abstandsfläche H (Art. 6 Abs. 4 BayBO)** ...	129	70
I.	Grundsatz (Art. 6 Abs. 4 Satz 1 BayBO)................	129	70
	1. Allgemeines...................................	129	70
	2. Einzelfälle.....................................	131	71
II.	Die Wandhöhe (Art. 6 Abs. 4 Satz 2 BayBO)............	138	75
	1. Allgemeines...................................	138	75
	2. Die Geländeoberfläche als unterer Bezugspunkt......	139	75
	3. Die Schnittlinie mit der Dachhaut bzw. der Wandabschluss als oberer Bezugspunkt	145	77
III.	Berücksichtigung von Dach- und Giebelflächen (Art. 6 Abs. 4 Sätze 3 und 4 BayBO)	147	79
	1. Allgemeines...................................	147	79
	2. Hinzurechnen von Dachhöhen	151	80
	3. Anrechnung von Dachaufbauten..................	157	84
	4. Hinzurechnen von Giebelhöhen	158	85

		Rn.	Seite

F. Die Bemessung der Abstandsflächen (Art. 6 Abs. 5 BayBO) 165 90
I. Allgemeines 165 90
II. Abhängigkeit der Abstandsfläche vom Gebietscharakter (Art. 6 Abs. 5 Satz 2 BayBO) 167 90
III. Vorrang gemeindlicher Entscheidungen (Art. 6 Abs. 5 Satz 3 BayBO) 177 94
    1. Allgemeines 177 94
    2. Voraussetzungen 181 96
       a) Städtebauliche Satzungen und Satzungen nach Art. 81 BayBO 181 96
       b) Determinierung von Außenwänden 185 97
       c) Berücksichtigung der abstandsflächenrechtlichen Zwecksetzungen 190 99
    3. Rechtsfolgen 195 100
IV. Einheitlich abweichende Abstandsflächen in der umgebenden Bebauung (Art. 6 Abs. 5 Satz 4 BayBO) 198 102

G. Das „16 m-Privileg" (Art. 6 Abs. 6 BayBO) 203 105
I. Allgemeines (Normalfall) 203 105
II. Der Begriff der Außenwandlänge 219 111
    1. Die Außenwand 219 111
    2. Die Länge der Außenwand 221 112
III. Nachbarschutz 228 116

H. Die „Experimentierklausel" (Art. 6 Abs. 7 BayBO) 232 119
I. Allgemeines 232 119
II. Die Voraussetzungen des Art. 6 Abs. 7 BayBO.......... 234 120
    1. Rechtsnatur der gemeindlichen Satzung 234 120
    2. Satzung oder Bebauungsplan 237 121
    3. Ermessensentscheidung der Gemeinde 240 123
III. Die Rechtsfolgen des Art. 6 Abs. 7 BayBO 243 124
    1. Veränderte Anrechnungsregeln 244 125
    2. Veränderte Abstandsflächentiefe 247 126
IV. Art. 6 Abs. 7 BayBO als Paket oder Abstandsflächensatzung nach Art. 81 Abs. 1 Nr. 6 BayBO 250 128
    1. Paketlösung des Art. 6 Abs. 7 BayBO 250 128
    2. Örtliche Bauvorschriften nach Art. 81 Abs. 1 Nr. 6 BayBO 251 128

		Rn.	Seite
	3. Exkurs: Abgrenzung bauplanungsrechtlicher von bauordnungsrechtlichen Regelungen	255	129
V.	Text einer Mustersatzung nach Art. 6 Abs. 7 BayBO	262	132
I.	**Vortretende Bauteile, Vorbauten und Dachgauben (Art. 6 Abs. 8 BayBO)**	263	133
I.	Allgemeines	263	133
II.	Die Regelung im Einzelnen	267	134
	1. Vor die Außenwand tretende Bauteile (Art. 6 Abs. 8 Nr. 1 BayBO)	267	134
	2. Untergeordnete Vorbauten (Art. 6 Abs. 8 Nr. 2 BayBO)	270	135
	a) Erfasste Vorbauten	270	135
	b) Größenbegrenzungen	272	135
	3. Untergeordnete Dachgauben (Art. 6 Abs. 8 Nr. 3 BayBO)	273	137
J.	**Abstandsflächenirrelevante bauliche Anlagen (Art. 6 Abs. 9 BayBO)**	278	140
I.	Allgemeines	278	140
II.	Die von Art. 6 Abs. 9 BayBO erfassten Anlagen	283	142
	1. Gebäude (Art. 6 Abs. 9 Satz 1 Nr. 1 BayBO)	283	142
	a) Begriffe	283	142
	b) Größenbegrenzungen	287	145
	aa) Allgemeines	287	145
	bb) Wandhöhe maximal 3 m	288	145
	cc) Gesamtlänge je Grundstücksgrenze von 9 m	293	148
	c) Überlange Grundstücksgrenzen	300	152
	d) Gesamtlänge der Grenzbebauung von 15 m (Art. 6 Abs. 9 Satz 2 BayBO)	303	153
	2. Solaranlagen (Art. 6 Abs. 9 Satz 1 Nr. 2 BayBO)	305	154
	3. Stützmauern und geschlossene Einfriedungen (Art. 6 Abs. 9 Satz 1 Nr. 3 BayBO)	308	154
III.	Die Rechtsfolgen des Art. 6 Abs. 9 BayBO	314	156
K.	**Abweichungen von den Abstandsflächenvorschriften nach Art. 63 BayBO**	320	159
	Bayerische Bauordnung (BayBO) – Auszug		164
	Stichwortverzeichnis		167

Literatur

Battis/Krautzberger/Löhr, BauGB, 12. Aufl. 2014
Baumgartner/Jäde, Das Baurecht in Bayern, Loseblattsammlung
Boeddinghaus/Grigoleit, BauNVO, 6. Auflage 2014
Boeddinghaus/Hahn/Schulte, Bauordnung für das Land Nordrhein-Westfalen, Loseblattsammlung
Busse/Dirnberger, Die neue Bayerische Bauordnung, 5. Auflage 2013

Dirnberger, Die neue Bayerische Bauordnung, Einführung und Synopse, 2008

Jäde, BayBO 2008 von A–Z, 2007
Jäde, Musterbauordnung (MBO 2002), 2003
Jäde/Dirnberger, Bauordnungsrecht Sachsen-Anhalt, Loseblattsammlung
Jäde/Dirnberger/Förster, Bauordnungsrecht Brandenburg, Loseblattsammlung
Jäde/Dirnberger/Michel, Bauordnungsrecht Thüringen, Loseblattsammlung
Jäde/Dirnberger/Böhme, Bauordnungsrecht Sachsen
Jäde/Dirnberger/Weiß, BauGB/BauNVO, 7. Auflage 2013
Jäde/Dirnberger/Bauer/Weiß, Die neue Bayerische Bauordnung, Loseblattsammlung
Jeromin, Kommentar zur Landesbauordnung Rheinland-Pfalz, 2005

König/Roeser/Stock, BauNVO, 3. Auflage 2014

Molodovsky, BayBO 2008/1998, 2007
Molodovsky/Famers/Kraus, Bayerische Bauordnung, Loseblattsammlung

Reichel/Schulte, Handbuch Bauordnungsrecht, 2004

Schaetzell/Busse/Dirnberger, Baugesetzbuch (BauGB), Loseblattsammlung
Schlotterbeck/Busch, Abstandsflächenrecht in Baden-Württemberg, 2006
Simon/Busse, Bayerische Bauordnung, Loseblattsammlung

A.
Einführung

I. Eine – äußerst – kurze Geschichte der Abstandsflächen

Seit die Menschen bauen, stellen sie Regeln dafür auf. Spuren baurechtlicher und sogar bauordnungsrechtlicher Vorschriften finden sich bereits in der möglicherweise ältesten Gesetzessammlung der Menschheit, nämlich dem Codex Hammurapi, der um das Jahr 1700 v. Chr. entstanden ist. Dort sind die – allerdings vergleichsweise drastischen – Folgen geschildert, mit denen ein Baumeister – heute würde man ihn wohl Unternehmer im Sinne des Art. 52 BayBO nennen – konfrontiert wurde, wenn er seine Aufgabe nicht ordentlich erledigt hatte: 1

§ 229
Wenn ein Baumeister einem Bürger ein Haus baut, aber seine Arbeit nicht auf solide Weise ausführt, sodass das Haus, das er gebaut hat, einstürzt und er den Tod des Eigentümers des Hauses herbeiführt, so wird dieser Baumeister getötet.

§ 230
Wenn er den Tod eines Sohnes des Eigentümers des Hauses herbeiführt, so soll man einen Sohn des Baumeisters töten.

Regelungen über die Abstandsflächen kennt der Codex Hammurapi zugegebenermaßen noch nicht. Über die Gründe mag man spekulieren. Dieser Rechtsbereich taucht erst gut tausend Jahre später in der Geschichte auf, nämlich in den römischen Zwölftafelgesetzen aus dem 5. Jahrhundert vor Christus. Die zwölf Tafeln sind zwar offenbar nicht lang nach ihrer Herstellung bei einem Überfall der Gallier 387 v. Chr. wieder zerstört worden; ihre Regelungen sind uns aber zumindest fragmentarisch über Zitate römischer Schriftsteller überliefert. Sie blieben im Prinzip während der gesamten römischen Zeit in Geltung und haben teilweise auch Eingang in unser Rechtssystem gefunden. 2

Zu den Abstandsflächen kann man unter anderem – es gibt daneben Spezialvorschriften für Mauern oder für Abstandsflächen zu Leichenbrandstätten – folgende Bestimmung lesen: 3

A. Einführung

TABULA VII, 1
XII tabularum interpretes ambitum parietis circuitum esse describunt (Varr., de ling. lat. 5, 22); ... Ambitus ... dicitur circuitus aedificiorum patens ... pedes duos et semissem (Festus P. 5); ... Sestertius duos asses et semissem (valet), ... lex ... XII tabularum argumento est, in qua duo pedes et semis „sestertius pes" vocatur (Maecianus, assis distr. 46).[1]

4   Was nichts anderes bedeutet, als dass im alten Rom eine Abstandsfläche von 2 ½ Fuß gefordert wurde, was in etwa einer Tiefe von 75 cm entspricht. Im Vergleich zu heutigem Standard – in Bayern immer noch grundsätzlich 1 H, mindestens 3 m – erscheint dies wenig. Man darf allerdings nicht vergessen, dass römische Wohnhäuser regelmäßig im Atriumstil errichtet wurden und immerhin von der Privilegierung des durch die Novelle 2008 eingefügten Art. 6 Abs. 3 Nr. 2 BayBO für fremder Sicht entzogene Gartenhöfe hätten profitieren können.

5   Der geneigte Leser muss jetzt nicht befürchten, im Folgenden eine Darstellung der Geschichte des Abstandsflächenrechts bis in die Neuzeit ertragen zu müssen; die historische Reminiszenz sollte lediglich die Wichtigkeit unterstreichen, die dieses Rechtsgebiet seit je besitzt. Wir lassen also rund 2 400 Jahre unkommentiert und stoßen auf die neue Musterbauordnung, die seit 1999 auf bayerische Initiative und unter bayerischer Federführung überarbeitet und von der Bauministerkonferenz der Länder (ARGEBAU) im November 2002 einstimmig beschlossen worden ist. Die Überarbeitung der Musterbauordnung war deshalb erforderlich geworden, weil sich gerade in den 90er Jahren des letzten Jahrhunderts die Länderbauordnungen namentlich im Verfahrensbereich auseinanderentwickelt hatten und eine Wiedervereinheitlichung dringend notwendig erschien. Erklärtes Ziel der Musterbauordnung war es dabei, im Bereich des materiellen Rechts einen einheitlichen Standard zu schaffen, der allerdings das jeweils niedrigste Niveau der real existierenden Bauordnungen aufnehmen sollte.

6   Die **Musterbauordnung** (MBO) hat in Ansehung der bereits seinerzeit in Hessen, in Rheinland-Pfalz und im Saarland geltenden Regelungen die Regelabstandsflächentiefe auf 0,4 H zurückgeführt und damit das Abstandsflächenrecht auf ausschließlich bauordnungsrechtliche Zielsetzungen beschränkt. Zugleich entfiel eine Vielzahl von – auch deshalb –

---

[1] „Die Interpreten der Zwölftafeln erklären ambitus als den Umgangsstreifen um die Hausmauer ... Ambitus nennt man den Umgangsweg um die Gebäude, der eine Breite von 2 ½ Fuß hat. ... Der Sesterz ist 2 ½ As wert und dafür ist Beweis das Zwölftafelgesetz, in dem 2 ½ Fuß „Sesterzfuß" genannt wird."

überflüssigen Detailregelungen. Da die Bestimmungen über die Abstandsflächen nicht mehr zum Prüfumfang des vereinfachten Verfahrens gehört, mussten alle Ausnahmen gestrichen werden, bei denen die Bauaufsichtsbehörde eine Ermessensentscheidung zu treffen hatte. Schließlich musste aus eben diesem Grund die Vorschrift so einfach wie möglich ausgestaltet und vor allem von interpretationsbedürftigen unbestimmten Rechtsbegriffen entschlackt werden. Im Jahre 2012 wurde § 6 MBO nochmals geändert und vor allem – nach bayerischem Vorbild – das Verhältnis von Abstandsflächenrecht zum Planungsrecht zugunsten des Planungsrechts verschoben.[2]

Die ursprüngliche Absicht, das Abstandsflächenrecht der Musterbauordnung auch in Bayern einzuführen, stieß auf heftigen Widerstand insbesondere der kommunalen Spitzenverbände. Sie befürchteten, dass die Vorschrift zu einer baulichen Verdichtung führen würde, die nur über erheblichen bauleitplanerischen Aufwand in geordnete Bahnen gelenkt werden könnte. Dieser Kritik hat sich der Gesetzgeber schließlich gebeugt und im Rahmen der großen Novellierung der Bauordnung im Jahre 2008 die grundsätzliche Tiefe 1 H nebst 16 m-Privileg beibehalten.

Das **System der Bauordnungsnovelle** sieht seitdem zusammengefasst folgendermaßen aus:

Die Struktur und teilweise auch die Inhalte des neuen Art. 6 BayBO entsprechen weitgehend der **Musterbauordnung**. Hinzuweisen ist etwa auf die Aufnahme zusätzlicher Ausnahmen vom Überdeckungsverbot in Art. 6 Abs. 3 BayBO oder auf die Vollanrechnung von Dächern ab 70 Grad und nicht mehr – wie früher – ab 75 Grad. Die bayerischen Besonderheiten des früheren Art. 7 BayBO a. F. wurden entweder integriert oder sind entfallen. Dabei wurde vor allem die Vorschrift über die Grenzbebauung erheblich umgestaltet.

– Da die Novelle 2008 auch in Bayern die Regelungen über die Abstandsflächen aus dem Regelprüfprogramm des vereinfachten Verfahrens im Sinne des Art. 59 BayBO genommen hat, wurde Art. 6 BayBO so weit wie möglich **vereinfacht**. Beispiele hierfür sind der Wegfall der früheren Art. 6 Abs. 1 Sätze 3 und 4 BayBO oder die Konkretisierung der untergeordneten Bauteile in Art. 6 Abs. 8 Nr. 2 BayBO.

– Die BayBO bleibt bei der Regelabstandsflächentiefe 1 H, mindestens 3 m, und dem 16 m-Privileg. Den Gemeinden wurde durch die **Experimentierklausel** des Art. 6 Abs. 7 BayBO die Möglichkeit eingeräumt, für das

---

2 Vgl. dazu Otto, Geändertes Abstandsflächenrecht der Musterbauordnung 2012 (MBO) – Droht das Abstandsflächenrecht im Chaos zu versinken?, ZfBR 2014, 24.

Abstandsflächenrecht der Musterbauordnung zu optieren. Nach einer angemessenen Erprobungsfrist von etwa vier bis fünf Jahren ist beabsichtigt, die mit dem neuen Abstandsflächenrecht gesammelten Erfahrungen zu evaluieren und darüber dem Landtag zu berichten. Dieser wird dann zu entscheiden haben, ob sich das Abstandsflächenrecht der Musterbauordnung in einem Maße bewährt hat, das seine landesweite Einführung rechtfertigt, ob endgültig beim Abstandsflächenrecht der BayBO 1982 verblieben werden oder ob es bei der nunmehr – zu Erprobungszwecken – eingeführten „Zweispurigkeit" sein Bewenden haben soll.

II. Zwecksetzungen der Abstandsflächen

9 Abstandsflächen sollten und sollen einer Vielzahl von Zwecken dienen. Zunächst wird durch Abstände zwischen Gebäuden dafür gesorgt, dass die darin befindlichen Räume ausreichend **belichtet, besonnt und belüftet** werden. Diese ursprüngliche, insbesondere durch Erwägungen des Gesundheitsschutzes begründete Zielsetzung von Abstandsflächen mag den modernen Erkenntnissen nicht mehr in vollem Umfang entsprechen. Vor allem der hygienische Aspekt der Abstandsflächen ist sicherlich in den Hintergrund gerückt. Gleichwohl haben genügend Tageslicht, Besonnung und Belüftung erhebliche Auswirkungen auf das psychische Wohlbefinden und somit auch auf die Gesundheit der in den Gebäuden wohnenden und arbeitenden Menschen.[3]

10 Diese Überlegung führt im Übrigen zu einem weiteren Zweck der Abstandsflächen, der allgemein gesprochen als die **Gewährleistung „störungsfreien Wohnens"** umschrieben werden könnte. Abstandsflächen dienen jedenfalls auch dazu, die eigene private Sphäre gegenüber fremder Sicht bzw. gegenüber fremden Einwirkungen verschiedenster Art abzuschirmen, im weitesten Sinn also Lebens- und Wohnqualität gegen allzu große Beengung zu sichern, ein Mindestmaß an Freiräumen zu gewährleisten.[4] Diese Funktion gilt zwar nur für Gebäude, in denen tatsächlich

---

[3] Vgl. dazu etwa Boeddinghaus, ZfBR 2003, 738 und BauR 2004, 763.
[4] Vgl. nur BayVGH, Urt. v. 21.7.1997 – 14 B 96.3086 – NVwZ-RR 1998, 712 = BayVBl. 1998, 534 = BRS 59 Nr. 113; Gr. Senat des BayVGH, Beschl. v. 17.4.2000 – Gr. S. 1/1999 – BRS 63 Nr. 138 = BayVBl. 2000, 562 = BauR 2000, 1728 = DVBl. 2000, 1359 = DÖV 2000, 830; BayVGH, Beschl. v. 27.6.2000 – 20 ZB 00.1329; Beschl. v. 19.2.2004 – 26 ZB 03.1559 – FStBay 2005/249; ThürOVG, Urt. v. 26.2.2002 – 1 KO 305/99 – BRS 65 Nr. 130; Beschl. v. 25.6.1999 – 1 EO 197/99 – BRS 62 Nr. 141 = LKV 2000, 119 = Beilage zum ThürStAnz 1999, 197 = ThürVBl. 1999,

gewohnt wird, trotzdem – und dies wird auch durch die erheblich niedrigeren Mindestabstandsflächen beispielsweise in Gewerbe- und Industriegebieten deutlich (vgl. Art. 6 Abs. 5 Satz 2 BayBO) – hat der Gesetzgeber offenbar auch diesen Zweck zur Grundlage seiner Regelungen gemacht.[5]

Ein wichtiges Ziel der Abstandsflächen ist auch der **Erhalt von Freiflächen**, die aus verschiedenen Gründen zwischen Gebäuden erforderlich sind. So ist z. B. an Zugangs- und Zufahrtsmöglichkeiten zu den Hinterliegergrundstücken zu denken; nicht überbaute Flächen können auch für Kfz-Stellplätze (vgl. Art. 47 BayBO) oder für Kinderspielplätze (vgl. Art. 7 Abs. 2 BayBO) benötigt werden.   11

Schließlich stellt der **Brandschutz** einen besonders beachtenswerten Zweck der Abstandsflächen dar. Wenn auch diese Funktion wegen der Verwendung schwerentflammbarer Materialien, wegen des Baus von Brandwänden und wegen anderer Maßnahmen häufig nicht mehr den entscheidenden Stellenwert einnehmen mag, so wird durch eine räumliche Trennung von Gebäuden doch das Übergreifen von Bränden auf das Nachbargebäude deutlich erschwert.   12

Die Regelungen über die Abstandsflächen werden den oben angesprochenen Zwecken im Grundsatz gerecht; durch ihre starke Ausdifferenziertheit stellen sie einen gerechten Ausgleich zwischen der grundrechtlich garantierten Baufreiheit und den den Zwecksetzungen zugrunde liegenden öffentlichen Belangen dar. Sie sind daher **verfassungsmäßige Inhaltsbestimmungen des Eigentums** gemäß Art. 14 Abs. 1 Satz 2 GG.[6]   13

---

257 = ZfBR 1999, 359 – nur LS; SächsOVG, Beschl. v. 25.11.1997 – 1 S 407/97 – BRS 59 Nr. 119 = SächsVBl. 1998, 139; OVG Niedersachsen, Urt. v. 26.9.1991 – 1 L 82/91 – BRS 52 Nr. 97; OVG Nordrhein-Westfalen, Beschl. v. 20.2.2014 – 2 A 1599/13; offengelassen vom SächsOVG, Beschl. v. 15.3.1994 – 1 S 633/93 – DÖV 1994, 614; so auch BayVGH, Beschl. v. 1.6.2012 – 15 ZB 10.1405; anders wohl VGH Baden-Württemberg, Beschl. v. 10.9.1998 – 8 S 2137/98 – BRS 60 Nr. 103 = BauR 1999, 1282 = UPR 1999, 197; Beschl. v. 18.3.2014 – 8 S 2628/13 – BauR 2014, 1130 = NVwZ-RR 2014, 545; vgl. aber andererseits VGH Baden-Württemberg, Urt. v. 26.11.1986 – 3 S 1723/86 – VBlBW 1987, 465. Allerdings gehört es nicht mehr zu den Zwecken der Abstandsflächen, vor Eiswurfgefahren zu schützen, die von einer Windkraftanlage ausgehen, OVG Rheinland-Pfalz, Urt. v. 19.1.2006 – 1 A 10845/05 – NVwZ-RR 2006, 765.
5 Macht die Gemeinde von der Option des Art. 6 Abs. 7 BayBO Gebrauch, dürfte allerdings der Wohnfriede nicht mehr zu den von den Abstandsflächen geschützten Rechtsgütern gehören, vgl. Jäde, BayBO 2008 von A–Z, Rn. 19; für die entsprechende Regelung in Sachsen SächsOVG, Urt. v. 28.8.2005 – 1 B 889/04 – SächsVBl. 2006, 183 = LKV 2006, 471 = BRS 69 Nr. 127.
6 Vgl. BayVerfGH, Beschl. v. 10.4.1981 – Vf. 18-VI-80 – BayVBl. 1982, 79; BVerwG, Urt. v. 7.11.1997 – 4 C 7.97 – ZfBR 1998, 158 = DVBl. 1998, 587 = BauR 1998, 533 = UPR 1998, 224 = NVwZ 1998, 735 = BRS 59 Nr. 109; vgl. auch BayVerfGH, Entsch. v. 15.12.2009 – 6-VII-09 – ZfBR 2010, 139 = NVwZ 2010, 580.

III. Verhältnis von Bauplanungsrecht und Abstandsflächen

14 Das die Abstandsflächen regelnde Bauordnungsrecht und das in erster Linie einer geordneten städtebaulichen Entwicklung dienende Bauplanungsrecht sind zwar prinzipiell zwei Rechtskreise, die sich nicht überschneiden;[7] allerdings können sie nicht völlig unverbunden nebeneinander stehen. Sie verfolgen zwar vom Ansatz her verschiedene Zwecke, beschäftigen sich aber mit demselben Regelungsgegenstand, nämlich der Frage, welche Abstände Baukörper zueinander haben sollen.

15 Als erster Grundsatz gilt dabei, dass die Anforderungen der beiden Rechtsgebiete **unabhängig voneinander anwendbar** sind. Ein planungsrechtlich zulässiges Vorhaben kann daher bauordnungsrechtlich unzulässig sein;[8] ein bauordnungsrechtlich unbedenkliches Vorhaben kann aus planungsrechtlichen Gründen scheitern.[9] Dabei kann etwa § 34 BauGB im Hinblick auf das in ihm enthaltene Rücksichtnahmegebot auch dann verletzt sein, wenn die landesrechtlichen Abstandsflächenvorschriften eingehalten sind.[10] Denn das planungsrechtliche **Gebot der Rücksichtnahme** überdeckt sich zwar zumindest teilweise mit den Überlegungen und Zielsetzungen, die dem Abstandsflächenrecht innewohnen. Dort, wo diese Überdeckungen aufzufinden sind, hat das Rücksichtnahmegebot keine über das Abstandsflächenrecht hinausgehende Bedeutung.[11] Aber dort, wo das Rücksichtnahmegebot andere und/oder zusätzliche Zwecke aufnimmt,

---

7 Zu dem speziellen Problem des Verhältnisses zwischen Bauleitplanung und örtlichen Bauvorschriften vgl. unten Rn. 249 ff.
8 Vgl. BVerwG, Beschl. v. 6.1.1970 – IV B 57.69 – DVBl. 1970, 830 = DÖV 1970, 350 = BRS 23 Nr. 47.
9 Vgl. BVerwG, Urt. v. 23.8.1968 – IV C 103.66 – BayVBl. 1969, 26.
10 BVerwG, Beschl. v. 11.1.1999 – 4 B 128.98 – UPR 1999, 191 = DVBl. 1999, 786 = BauR 1999, 615 = DÖV 1999, 558 = ZfBR 1999, 169 = NVwZ 1999, 879 = BayVBl. 1999, 568 = BRS 62 Nr. 102; vgl. auch Urt. v. 7.12.2000 – 4 C 3.00 – DVBl. 2001, 645 = ZfBR 2001, 274 = UPR 2001, 227 = DÖV 2001, 471 = BauR 2001, 914 = NVwZ 2001, 813 = BRS 63 Nr. 160 zu Stellplätzen; BayVGH, Beschl. v. 13.3.2014 – 15 ZB 13.1017 – IBR 2014, 374; OVG Nordrhein-Westfalen, Beschl. v. 18.2.2014 – 7 B 1416/13.
11 So kann ein Nachbar, der sich gegen die Verwirklichung eines Bauvorhabens unter dem Gesichtspunkt der ausreichenden Belichtung seines Anwesens zur Wehr setzt, in der Regel keine Rücksichtnahme verlangen, die über den Schutz der landesrechtlichen Vorschriften über die Abstandsflächen hinausgeht. Das Abstandsflächenrecht macht dabei auch keinen Unterschied hinsichtlich der einzelnen Himmelsrichtungen, sodass ein Nachbar unter dem Blickwinkel des Rücksichtnahmegebots nicht verlangen kann, dass der Bauherr mit seinem Vorhaben einen größeren Abstand zur Grundstücksgrenze einhält, als er sich nach den Abstandsflächenvorschriften errechnet, nur um dem Nachbarn einen ungeschmälerten Genuss der Südseite seines Anwesens zu ermöglichen, vgl. BayVGH, Beschl. v. 9.2.2000 – 2 ZB 99.521; vgl. auch OVG Hamburg, Beschl. v. 26.9.2007 – 2 Bs 188/07 – ZfBR 2008, 283; OVG Saarland, Beschl. v. 21.6.2007 – 2 A 152/07 – NVwZ-RR 2008, 161.

kann es eigenständig eingebracht werden.[12] Allerdings kann die Einhaltung der Abstandsflächen ein Indiz dafür sein, dass das Rücksichtnahmegebot nicht verletzt ist.[13]

Der Identität des Regelungsgegenstandes „Gebäudeabstände" ist sowohl vom Bundesrecht als auch vom Landesrecht Rechnung getragen worden. So regelt § 23 Abs. 5 BauNVO, dass bauliche Anlagen in den nicht überbaubaren Grundstücksflächen **planungsrechtlich** zugelassen werden können, soweit sie nach dem Recht der **Landesbauordnungen** in den Abstandsflächen zulässig sind oder zugelassen werden können. Diese Öffnung des Planungsrechts für bauordnungsrechtliche Vorschriften bildet jedoch die Ausnahme. Grundsätzlich gewähren die Regelungen des Abstandsflächenrechts dem Planungsrecht den Vorrang. Typische Beispiele sind Art. 6 Abs. 1 Satz 3 BayBO oder Art. 6 Abs. 5 Satz 3 BayBO. Art. 6 Abs. 1 Satz 3 BayBO legt fest, dass Abstandsflächen nicht erforderlich sind, wenn nach planungsrechtlichen Vorschriften an die Nachbargrenze gebaut werden muss; in Art. 6 Abs. 5 Satz 3 BayBO wird dieser Vorrang des Planungsrechts noch deutlicher. Die Vorschrift lässt die abstandsflächenrechtlichen Grundregeln immer dann zurücktreten, wenn von einer städtebaulichen Satzung oder einer Satzung nach Art. 81 BayBO – vereinfacht ausgedrückt – andere Abstandsflächen vorgeschrieben oder auch nur zugelassen werden. Auch Art. 6 Abs. 5 Satz 2 BayBO lässt bauplanungsrechtliche Vorgaben ins Bauordnungsrecht einfließen, indem er unterschiedliche Tiefen je nach planungsrechtlichem Gebietscharakter genügen lässt.

16

Andererseits kann jedoch auch ein Bebauungsplan unter bauordnungsrechtlichen Gesichtspunkten bedenklich sein, beispielsweise wenn er Festsetzungen enthält, deren volle Ausnutzung Konfliktfelder schafft, die im Bereich der Abstandsflächen wurzeln.[14]

17

---

12 VGH Baden-Württemberg, Beschl. v. 8.11.2007 – 3 S 1923/07 – NVwZ-RR 2008, 159 = VBlBW 2008, 147. Vgl. auch OVG Berlin-Brandenburg, Beschl. v. 24.6.2014 – 10 S 29.13.
13 BayVGH, Beschl. v. 7.12.2012 – 15 CE 11.2865; OVG Saarland, Beschl. v. 30.3.2012 – 2 A 316/11 – BauR 2013, 442 = BRS 79 Nr. 172; Beschl. v. 15.5.2013 – 2 B 51/13; OVG Bremen, Beschl. v. 3.7.2013 – 1 B 62/13 – BauR 2013, 2007; OVG Sachsen-Anhalt, Beschl. v. 1.10.2012 – 2 M 114/12 – NVwZ-RR 2013, 93 – nur LS; anders OVG Nordrhein-Westfalen, Beschl. v. 9.2.2009 – 10 B 1713/08 – BauR 2009, 775 = ZfBR 2009, 374 = NVwZ-RR 2009, 459; Beschl. v. 3.7.2013 – 7 B 477/13.
14 Vgl. OVG Nordrhein-Westfalen, Urt. v. 20.11.1990 – 11 a NE 22/89 – BauR 1991, 432 = UPR 1991, 392 = BRS 52 Nr. 28.

IV. Nachbarschutz

18 Wie ein Blick auf die Zwecke der Abstandsflächen zeigt, werden durch die entsprechenden Vorschriften nicht ausschließlich öffentliche Interessen verfolgt, sondern es geht auch und zum Teil vor allem um die Interessen des Nachbarn. Es gehört zu seinen – insbesondere vom Grundrecht auf Eigentum geschützten – Belangen, nicht durch bauliche Anlagen beeinträchtigt zu werden, die in rechtswidriger Weise die Belichtung, Belüftung oder Besonnung seines Grundstücks beeinflussen, Brandgefahren bilden oder durch ihre Nähe das gedeihliche Zusammenleben stören. Im Grundsatz ist daher davon auszugehen, dass die Vorschriften des Abstandsflächenrechts **drittschützend** im Sinne der Schutznormtheorie sind.

19 Während in Bezug auf dieses Ergebnis in Literatur und Schrifttum prinzipielle Einigkeit konstatiert werden kann, herrscht hinsichtlich der Einzelfragen Streit. **Drei Grundpositionen** lassen sich ausmachen:

20 Eine vor allem in der Rechtsprechung vertretene Auffassung misst den Abstandsflächen in ihrer **jeweils konkreten Ausgestaltung** Nachbarschutz zu, unabhängig davon, nach welcher Vorschrift sich die Tiefe berechnet.[15] Eine spürbare tatsächliche Beeinträchtigung des Nachbarn ist nicht erforderlich.[16] Nach dieser relativ weitgehenden Ansicht kann sich ein Nachbar erfolgreich gegen jede Baugenehmigung wehren, die gegenüber **seiner** Grundstücksgrenze eine geringere Abstandsflächentiefe zulässt, als dies nach Art. 6 BayBO erforderlich wäre. Die Einhaltung von ausreichenden Abstandsflächen gegenüber anderen Grundstücksgrenzen kann ein Nachbar natürlich nicht verlangen.

21 Demgegenüber wird in einer Reihe von Äußerungen in der Literatur vertreten, dass die konkret einzuhaltenden Tiefen **nur zu einem Teil** als nachbarschützend angesehen werden können, wobei auch der nachbarschützende Teil unterschiedlich bestimmt wird. Herangezogen werden die in Meter ausgedrückten Mindesttiefen oder auch ein Bruchteil von H.[17] Nach

---

15 BayVGH, Beschl. v. 27.7.1983 – 15 CS 83 A.1485 – BayVBl. 1983, 760; Beschl. v. 5.3.1984 – 2 CS 84 A.162 – BayVBl. 1984, 306; Urt. v. 14.10.1985 – 14 B 85 A.1224 – BRS 44 Nr. 100 = BayVBl. 1986, 143; Beschl. v. 15.9.1988 – 20 CS 88.2354 – BayVBl. 1989, 19; Urt. v. 15.4.1992 – 14 B 90.856 – BRS 54 Nr. 92; VGH Baden-Württemberg, Beschl. v. 20.12.1984 – 3 S 2738/84 – BRS 42 Nr. 202 = NVwZ 1986, 143; OVG Nordrhein-Westfalen, Beschl. v. 5. 7. 1985 – 7 B 876/85 – BRS 44 Nr. 144 = BauR 1985, 664; ebenso die ganz h. M. in der Literatur, vgl. etwa Dhom in: Simon/Busse, Bayerische Bauordnung, Art. 6 Rn. 607.
16 ThürOVG, Beschl. v. 25.6.1999 – 1 EO 197/99 – BRS 62 Nr. 141 = ThürVBl. 1999, 257; ähnlich Beschl. v. 5.10.1999 – 1 EO 698/99 – BRS 62 Nr. 136 = BauR 2000, 869.
17 Vgl. Allesch, Der Umfang des Nachbarschutzes der Abstandsflächenvorschriften der BayBO 1982, BayVBl. 1983, 738.

dieser Auffassung hat ein Nachbarrechtsbehelf nicht in jedem Fall einer rechtswidrigen Verkürzung der notwendigen Abstandsflächen Erfolg, sondern nur dann, wenn der nachbarschützende Teil unterschritten wird.

Schließlich hat das OVG Berlin angenommen, dass die Abstandsflächenregelungen für sich genommen nicht drittschützend seien, sondern nur über das **Gebot der Rücksichtnahme**.[18]   22

Der **erstgenannten (nachbarschutzfreundlichsten) Auffassung** ist im Grundsatz zu folgen. Die Konzeption, die Nachbarschutz lediglich im Rücksichtnahmegebot verankern will, ist von vornherein abzulehnen. Anknüpfungspunkt für den Drittschutz ist immer die jeweilige Norm selbst und nicht ein – außer- oder übergesetzliches – Rücksichtnahmegebot.[19] Problematisch ist auch die Ansicht, dass lediglich ein Teil der Abstandsflächen drittschützenden Charakter aufweisen soll. Es sind keine Anhaltspunkte im Gesetz dafür erkennbar, dass der Gesetzgeber die ineinander verflochtenen Abstandsflächenregelungen nur zum Teil habe mit Nachbarschutz ausstatten wollen. So kann man sicherlich nicht folgern, dass sich aus der Halbierung der Abstandsflächentiefe in Art. 6 Abs. 6 BayBO schließen lasse, dass grundsätzlich Tiefen, die über 0,5 H hinausgingen, keine Nachbarrechte berühren könnten. Ebenso wenig kann sich der Drittschutz auf die Festmaße beschränken; diese dienen lediglich dazu, auch in Sondersituationen Mindestabstände zu gewährleisten. Wäre der Nachbar insoweit beschränkt, könnte er sich beispielsweise in einem allgemeinen Wohngebiet nicht auf den Verstoß gegen Abstandsflächenvorschriften berufen, wenn das Nachbargebäude zur Grundstücksgrenze einen Abstand von 3 m einhält, und dies völlig unabhängig von der Höhe des Gebäudes. Der Einwand, dass die Festmaße deshalb herangezogen werden müssten, weil ansonsten wegen der komplizierten Vorschriften immer um die Einhaltung der Abstandsflächen gestritten werden könnte, führt sich selbst ad absurdum. Die Behörden haben eben nicht nur leicht verständliche Gesetze zu vollziehen, sondern auch komplexere Vorschriften; Nachbarrechte lassen sich nicht mit dem Hinweis auf die Kompliziertheit einer Rechtsmaterie beseitigen.   23

Daraus lässt sich bereits ersehen, dass es für den Nachbarschutz richtigerweise auf die **Abstandsflächen in ihrer jeweiligen konkreten Ausgestaltung** ankommt. Die Vorschriften stellen in ihrer Gesamtheit einen gerech-   24

---

18 OVG Berlin, Urt. v. 27.3.1987 – 2 B 56.85 – BRS 47 Nr. 167; ausdrücklich aufgegeben mit Urt. v. 22.5.1992 – 2 B 22.90 – BRS 54 Nr. 97.
19 BVerwG, Beschl. v. 20.9.1984 – 4 B 181.84 – BRS 42 Nr. 184 = DVBl. 1985, 122 = DÖV 1985, 244 = NVwZ 1985, 37; Urt. v. 19.9.1986 – 4 C 8.84 – NVwZ 1987, 409.

ten Ausgleich zwischen den Belangen des Bauherrn und denen der Nachbarn dar. Dabei dienen die jeweiligen Regelungen sicherlich auch öffentlichen Interessen. Eine saubere Trennung nach Metern oder Zentimetern zwischen subjektivem und rein objektivem Recht ist jedoch nicht möglich und auch nicht gewollt, zumal sich die öffentlichen Interessen gerade bei den Abstandsflächen als Summe der nachbarlichen Belange betrachten lassen. Das heißt, dass die jeweils konkret einzuhaltende Abstandsflächentiefe zur Gänze (auch) dem Schutz nachbarlicher Interessen dient. Allerdings macht die Rechtsprechung etwa des Sächsischen OVG dort eine **Ausnahme** von diesem Grundsatz und verlangt zusätzlich die Feststellung einer tatsächlichen Beeinträchtigung, wo Sinn und Zweck der Vorschriften einen Schutz des Nachbarn im Einzelfall nicht gebieten, etwa dann, wenn eine Abstandsfläche auf eine fremde private Wegfläche zu liegen kommt oder wenn die Abweichung äußerst gering ist und der Nachbareinwand schikanös erscheint.[20] Die Geltendmachung eines Abwehrrechts gegen einen nachbarlichen Verstoß stellt sich im Übrigen regelmäßig als unzulässige Rechtsausübung und damit als Verstoß gegen Treu und Glauben dar, wenn der Grundstückseigentümer selbst gegen Abstandsrecht verstößt;[21] dies gilt auch dann, wenn hierfür eine bauaufsichtliche Genehmigung und eine Zustimmung des Rechtsvorgängers des Nachbarn vorliegt.[22] Die beidseitigen Abweichungen müssen aber etwa gleichgewichtig sein und sie dürfen nicht zu – gemessen am Schutzzweck der Vorschrift – schlechthin untragbaren, als Missstand zu qualifizierenden Verhältnissen führen.[23] Ein Abwehrrecht kann auch dann vorliegen, wenn der Bau des Nachbarn früherem (Abstands-)Recht entsprach.[24]

25 Die Diskussion um die Subjektivität des Abstandsflächenrechts ist durch die Entscheidung, im Rahmen der Novelle 2008, die entsprechenden Vorschriften aus dem Regelprüfprogramm des Art. 59 BayBO zu nehmen, nochmals verschärft worden. Eine **im vereinfachten Verfahren** erteilte Baugenehmigung beinhaltet nicht mehr die Aussage der Bauaufsichtsbehörde, dass die Regelungen über die Abstandsflächen beachtet sind. Das heißt mit anderen Worten, dass ein Nachbar die Aufhebung dieser Bauge-

---

20 Vgl. SächsOVG, Beschl. v. 6.9.1994 – 1 S 275/94 – BRS 56 Nr. 106 = SächsVBl. 1994, 285; Beschl. v. 16.9.1995 – 1 S 105/95; OVG Berlin, Urt. v. 22.5.1992 – 2 B 22.90 – BRS 54 Nr. 97 = DVBl. 1993, 120; OVG Saarland, Urt. v. 6.3.1987 – 2 R 180/84 – BRS 47 Nr. 100.
21 OVG Sachsen-Anhalt, Beschl. v. 26.3.2012 – 2 M 223/11.
22 OVG Nordrhein-Westfalen, Beschl. v. 20.2.2014 – 2 A 1599/13; Urt. v. 26.6.2014 – 7 A 2057/12.
23 BayVGH, Urt. v. 4.2.2011 – 1 BV 08.131 – IBR 2011, 303; Beschl. v. 23.12.2013 – 15 CS 13.2479.
24 OVG Sachsen-Anhalt, Beschl. v. 24.1.2012 – 2 M 157/11.

nehmigung nicht erstreiten kann, selbst wenn das Vorhaben – erkennbar – die erforderlichen Abstandsflächen nicht einhält. Er kann lediglich die Bauaufsichtsbehörde zu einem – repressiven – Einschreiten anhalten und dieses erforderlichenfalls auch einklagen. Dabei ist allerdings zu bedenken, dass eine solche Klage nur dann Aussicht auf Erfolg hätte, wenn das entsprechende Ermessen der Bauaufsichtsbehörde, bauaufsichtlich tätig zu werden, auf null reduziert wäre. Allerdings darf die Bauaufsichtsbehörde gemäß Art. 68 Abs. 1 2. Halbsatz BayBO auch einen Verstoß gegen Abstandsflächenvorschriften zum Anlass nehmen, die Baugenehmigung im vereinfachten Verfahren abzulehnen.

B.
Die Grundforderung nach Abstandsflächen (Art. 6 Abs. 1 BayBO)

I. Erforderlichkeit von Abstandsflächen

1. Regelungsgehalt

26 Der Gesetzgeber hätte sich vielleicht etwas klarer ausdrücken können. Gleichwohl hat sich die Formulierung eingebürgert und wird auch in praktisch allen Landesbauordnungen so oder ähnlich wiederholt: Vor den Außenwänden von Gebäuden sind Abstandsflächen von oberirdischen Gebäuden freizuhalten. Dies gilt nach Art. 6 Abs. 1 Satz 2 BayBO entsprechend für andere Anlagen, von denen Wirkungen wie von Gebäuden ausgehen. Zusammengefasst bedeutet dies, dass zum einen Gebäude bzw. gebäudegleiche Anlagen nur dann errichtet oder geändert (oder möglicherweise auch nur in ihrer Nutzung geändert) werden dürfen, wenn vor den entsprechenden Außenwänden Flächen liegen, in denen sich wiederum keine Gebäude bzw. gebäudeähnliche Anlagen befinden dürfen. Zum anderen dürfen diese Gebäude bzw. gebäudegleichen Anlagen nicht in den Abstandsflächen bereits bestehender baulicher Anlagen liegen. Bei den Abstandsflächen handelt es sich also etwas vereinfacht ausgedrückt um abgeklappte Außenwände.

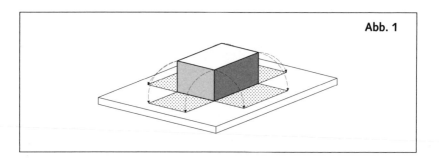

Abb. 1

2. Die erfassten Anlagen

a) Gebäude

Nach Art. 6 Abs. 1 Satz 1 BayBO müssen zunächst **Gebäude** Abstandsflächen einhalten. Erfasst werden also selbstständig benutzbare, überdeckte bauliche Anlagen, die von Menschen betreten werden können, Art. 2 Abs. 2 BayBO. In der Praxis ist die Frage, ob die zu beurteilende Anlage tatsächlich ein Gebäude in diesem Sinne ist, deshalb oft ohne Relevanz, weil es sich – bei fehlender Gebäudeeigenschaft – jedenfalls um eine Anlage nach Art. 6 Abs. 1 Satz 2 BayBO handeln wird, von der Wirkungen wie von einem Gebäude ausgehen, sodass die Abstandsflächenvorschriften ohnehin gelten. **27**

Auch und gerade im Bereich des Abstandsflächenrechts ist in diesem Zusammenhang zu beachten, dass der bauordnungsrechtliche Begriff des Gebäudes nicht mit dem bauplanungsrechtlichen Vorhaben nach § 29 BauGB identisch sein muss, das auch aus mehreren Gebäuden bestehen kann.[25] **28**

Obwohl die Vorschrift dies nicht ausdrücklich aussagt und ein Gegenschluss mit der ausdrücklichen Erwähnung oberirdischer baulicher Anlagen im zweiten Satzteil dies sogar nahelegen würde, müssen Abstandsflächen nur für **oberirdische** Gebäude bzw. oberirdische Teile dieser Gebäude eingehalten werden. Dies folgt einmal daraus, dass unterirdische Gebäude(teile) begrifflich keine „Außenwände" haben können und sich die Abstandsflächen folgerichtig nach der Höhe der über die Geländeoberfläche hinausragenden Außenwände berechnen (vgl. Art. 6 Abs. 4 Satz 1 BayBO); zum anderen zeigen die bereits oben beschriebenen Funktionen der Abstandsflächen, dass ausschließlich oberirdische Gebäude gemeint sein können. Insbesondere können Belichtung und Belüftung nur in Bezug auf oberirdische Anlagen beeinträchtigt werden.[26] Ohne Relevanz ist es dabei, wenn sich eine Außenwand als Fortsetzung eines unterirdischen Gebäudeteils darstellt; Grundlage für die Berechnung der Abstandsflächen ist dann selbstverständlich nur der oberirdische Teil.[27] Keiner Abstandsflächen bedürfen demnach beispielsweise ebenerdige bauliche Anlagen, wie nicht überdachte Stellplätze, und unterirdische Anlagen wie Tiefgaragen, Schutzräume u. Ä. **29**

---

25 Ausdrücklich zu Art. 6 BayBO BayVGH, Beschl. v. 31.5.2000 – 2 ZS 00.678.
26 Schenk in: Reichel/Schulte, Handbuch Bauordnungsrecht, Kap. 3 Rn. 43.
27 Vgl. Gr. Senat des BayVGH, Beschl. v. 21.4.1986 – Gr. S. 1/85 – 15 B 84 A.2534 – BRS 46 Nr. 103 = BayVBl. 1986, 397 = BauR 1986, 431.

30 Selten, aber immerhin von einem Obergericht entschieden, ist der Fall, dass eine Anlage aus einem Gebäude und Teilen besteht, denen die Gebäudeeigenschaft fehlt. Dann ist die Zugehörigkeit dieser Teile zu dem Gebäude und damit deren Abstandsflächenrelevanz unter Zugrundelegung einer natürlichen Betrachtungsweise zu ermitteln.[28] Ebenfalls eher selten ragen Gebäude nur zeitweise über die Geländeoberfläche hinaus (z. B. bei einer Stapelparkanlage für Kraftfahrzeuge). In diesen Fällen sind sie als oberirdische Gebäude zu behandeln und haben Abstandsflächen einzuhalten.[29]

31 Nicht im Gesetz definiert ist der Begriff der **Außenwand**. Als Außenwand bezeichnet man zunächst jede über der Geländeoberfläche liegende Wand, die eine Gebäudeseite abschließt. Ist ein Gebäude auf Stützen, Säulen oder Pfeilern errichtet, wird für die Berechnung der Abstandsflächen die Außenwand des Gebäudes gedanklich bis zur Geländeoberfläche gleichsam wie ein Vorhang nach unten verlängert. Nicht selten problematisch ist die Bestimmung der Außenwand, wenn vor dem eigentlichen Wandabschluss Bauteile – wie etwa großförmige Überdachungen oder Balkone – vortreten. Insoweit ist es – unbeschadet der Anwendung des Art. 6 Abs. 8 BayBO denkbar, dass eine fiktive Außenwand zu bilden ist. Auch ein Gebäude, das überhaupt keine raumabschließenden Wände aufweist, muss Abstandsflächen einhalten (z. B. ein überdachter Stellplatz).[30]

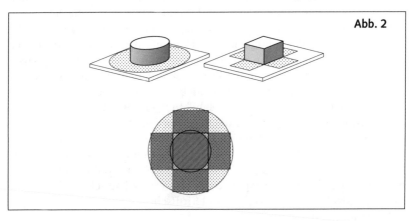

Abb. 2

---

[28] SächsOVG, Beschl. v. 11.2.1997 – 1 S 531/96 – SächsVBl. 1998, 56.
[29] Vgl. OVG Nordrhein-Westfalen, Urt. v. 11.10.1982 – 7 A 2415/81 – BRS 39 Nr. 165; so auch BayVGH, Urt. v. 30.4.2005 – 1 B 04.636 – FStBay 2006/71.
[30] BayVGH, Urt. v. 30.8.1984 – 2 B 83 A. 1265 – BRS 42 Nr. 165; OVG Berlin-Brandenburg, Beschl. v. 25.1.2013 – 2 N 47.10 – BauR 2013, 823 – nur LS .

Die **Form** des Gebäudes ist für die Erforderlichkeit von Abstandsflächen ohne Belang. Vor runden Gebäuden liegen beispielsweise auch runde Abstandsflächen. Dies kann zu einem spürbaren Unterschied zwischen den Abstandsflächen eines runden und eines vergleichbar großen Gebäudes mit quadratischem Grundriss führen. Jeweils eigene Abstandsflächen sind auch bei gegliederten und terrassierten Baukörpern zu bilden, wobei auch insoweit wieder an die durch Art. 6 Abs. 8 BayBO privilegierten Bauteile und Vorbauten zu denken ist. 32

b) Anlagen, von denen Wirkungen wie von Gebäuden ausgehen (Art. 6 Abs. 1 Satz 2 BayBO)

Art. 6 Abs. 1 Satz 2 BayBO erweitert den Anwendungsbereich der Abstandsflächenregelungen im Grundsatz über die Gebäude hinaus auf alle Anlagen, von denen Wirkungen wie von Gebäuden ausgehen. Anlagen sind dabei alle baulichen Anlagen sowie alle Anlagen und Einrichtungen, an die durch die Bauordnung oder durch Vorschriften auf Grund der Bauordnung Anforderungen gestellt werden (vgl. Art. 2 Abs. 1 Satz 4 i.V.m. Art. 1 Abs. 1 Satz 2 BayBO). Damit kann beispielsweise auch eine Hecke als Einfriedung im Prinzip von den Abstandsflächenvorschriften erfasst sein. 33

Obwohl teilweise beklagt wird, dass die Vorschrift wenig zur Erleichterung des Bauens beitrage, wäre ein Wegfall dieser Regelung aus bauordnungsrechtlicher Sicht kaum hinnehmbar. Wenn von baulichen Anlagen bzw. anderen Anlagen, die keine Gebäude sind, gleichwohl entsprechende Wirkungen – und zwar solche mit Abstandsflächenrelevanz – ausgehen, muss in dieser Hinsicht eine Gleichstellung mit Gebäuden erfolgen. So enthalten denn auch fast alle anderen Länderbauordnungen gleiche oder zumindest ähnliche Regelungen. 34

Die Bestimmung, wann von baulichen Anlagen bzw. anderen Anlagen Wirkungen wie von Gebäuden ausgehen bzw. welche Wirkungen gemeint sind, hängt wieder eng mit den Funktionen der Abstandsflächen zusammen. Immer dann, wenn diese „Anlagen und Einrichtungen" so beschaffen sind oder so genutzt werden, dass sie die Belichtung, Besonnung und Belüftung von Gebäuden nachteilig beeinflussen oder dass sie im Hinblick auf den Brandschutz problematisch sind oder dass sie Beeinträchtigungen des Wohnfriedens hervorrufen können, und wenn sie dies in einer Weise oder in einem Ausmaß tun, die mit den von Gebäuden ausgehenden Wir- 35

B. Die Grundforderung nach Abstandsflächen

kungen vergleichbar sind, unterfallen sie der Regelung des Art. 6 Abs. 1 Satz 2 BayBO.[31]

36 Aus dieser Feststellung lässt sich bereits entnehmen, dass verschiedene Parameter – entweder für sich allein oder zusammengenommen – über die Anwendbarkeit des Art. 6 Abs. 1 Satz 2 BayBO entscheiden. Zunächst ist selbstverständlich die **Größe** – und dabei vor allem die Höhe[32], aber auch die Breite – der Anlage oder Einrichtung von großer Bedeutung. Unter dem Gesichtspunkt ausreichender Belichtung, Belüftung oder Besonnung ist es häufig unerheblich, ob es sich bei der Anlage um eine schlichte Mauer oder um die Außenwand eines Gebäudes handelt. Wichtig – vor allem wegen des Brandschutzes – kann auch das **Material** der Anlage oder Einrichtung sein; so geht sicherlich von einer einfachen Erdaufschüttung eine geringere Brandgefahr aus als von einem Holzstoß. Schließlich darf auch die **Funktion** der Einrichtung oder Anlage nicht außer Acht gelassen werden, insbesondere in Bezug auf den Zweck der Abstandsflächen, störungsfreies Wohnen zu gewährleisten. Hier können Anlagen rasch Abstandsflächenrelevanz erhalten, wenn sie beispielsweise in verstärktem Maße Einsichtnahmen auf Nachbargrundstücke bzw. -gebäude ermöglichen bzw. in anderer Weise den Wohnfrieden stören[33] oder wenn von ihnen erhöhte Immissionen ausgehen[34]. Aus alledem folgt, dass eine allgemeingültige Bestimmung des Begriffs der Anlagen und Einrichtungen, von denen Wirkungen wie von Gebäuden ausgehen, nicht möglich ist. Insbesondere folgt aus einer eventuellen Verfahrensfreiheit der Anlage nach Art. 57 BayBO nicht automatisch, dass sie auch in Bezug auf die Abstandsflächen ohne Bedeutung ist; allenfalls kommt diesem Umstand bestätigende Wirkung zu. Es kommt also immer auf die jeweiligen Umstände des konkreten Einzelfalls an.[35] Der Normanwender ist also in besonderer Weise gefordert.

37 Eine ausdrückliche Festlegung des Gesetzes enthält Art. 6 Abs. 9 Satz 1 Nr. 3 BayBO allerdings für **Stützmauern** und **geschlossene Einfriedungen**. Solche Anlagen sind in Gewerbe- und Industriegebieten ohne Höhenbe-

---

31 Vgl. OVG Berlin, Urt. v. 31.7.1992 – 2 B 3.91 – BRS 54 Nr. 91.
32 Grober Anhalt: nicht unter 1,80 m, vgl. BayVGH, Beschl. v. 8.7.2008 – 14 CS 08.647.
33 Für ein Wolfsgehege OVG Nordrhein-Westfalen, Beschl. v. 5.5.2006 – 10 B 205/06 – NVwZ-RR 2006, 774 = BauR 2006, 2034 = KommJur 2006, 432 = UPR 2007, 68; keine Störung des Wohnfriedens und keine Abstandsflächenrelevanz bei einer Turmkombination mit Schaukel, die als Spielgerät auf einem Kinderspielplatz aufgestellt ist, OVG Nordrhein-Westfalen, Beschl. v. 29.8.2011 – 2 A 547/11 – BauR 2012, 81 = UPR 2012, 37 = BRS 78 Nr. 175.
34 BayVGH, Urt. v. 3.5.1999 – 15 B 96.189.
35 Der planungsrechtliche Gebietscharakter ist allerdings grundsätzlich ohne Bedeutung, OVG Nordrhein-Westfalen, Urt. v. 2.12.2003 – 10 B 1249/03 – BRS 66 Nr. 135 = BauR 2004, 656; vgl. aber Art. 6 Abs. 9 Satz 1 Nr. 3 BayBO.

I. Erforderlichkeit von Abstandsflächen

grenzung und in allen anderen Baugebieten mit einer Höhe bis zu 2 m in fremden Abstandsflächen und ohne eigene Abstandsflächen zulässig. Sie haben also mit anderen Worten keinerlei Abstandsflächenrelevanz. Die teilweise sehr ausdifferenzierte Rechtsprechung[36] zur Frage, ab wann Mauern oder Einfriedungen gebäudegleiche Wirkung besitzen, ist daher in Bayern weitgehend obsolet geworden und kann nur noch als zusätzliche Auslegungshilfe bezüglich sonstiger Anlagen und Einrichtungen benutzt werden.

Für andere Anlagen, die geschlossenen Einfriedungen **in ihrer Wirkung ähnlich** sind, gilt dieser Ausnahmetatbestand nicht. Für diese Anlagen ist auf ihre tatsächliche Abstandsrelevanz im Einzelfall abzustellen, wobei selbstverständlich die grundsätzliche gesetzgeberische Entscheidung des Art. 6 Abs. 9 Satz 1 Nr. 3 BayBO berücksichtigt werden muss. Ausgehend von dieser Wertung haben Anlagen über einer Höhe von 2 m prinzipiell Abstandsflächen einzuhalten.[37] Bei der Gesamtbetrachtung ist aber auch die Breite der Anlage oder Einrichtung einzubeziehen. Unterhalb einer Höhenentwicklung von 1,50 m wird man eine Abstandsflächenrelevanz generell verneinen können. Vergleichbar mit Stützmauern und geschlossenen Einfriedungen sind insoweit beispielsweise Aufschüttungen[38], Lärmschutzwälle[39], Holzstapel[40], Plakatwände[41] oder größere Werbetafeln[42]. Dabei gehen von einer frei stehenden Werbetafel im sog. „Euroformat" (ca.

38

---

36 Zu Mauern OVG Saarland, Urt. v. 30.11.1979 – II R 70 u. 86/79 – BRS 35 Nr. 124; BayVGH, Beschl. v. 17.3.2000 – 26 ZS 99.3064; BayVGH, Beschl. v. 10.10.2002 – 26 ZB 99.2754; zu Stützmauern OVG Nordrhein-Westfalen, Urt. v. 27.11.1989 – 11 A 195/88 – BRS 50 Nr. 185; HessVGH, Beschl. v. 15.6.2004 – 3 ZU 2302/02 – ZfBR 2004, 587 – nur LS; ThürOVG, Urt. v. 14.3.2012 – 1 KO 261/07 – ThürVBl. 2012, 282 = LKV 2012, 427 = BauR 2012, 1929 = BRS 79 Nr. 128; zu Lärmschutzwänden BayVGH, Beschl. v. 30.3.2001 – 26 B 97.174; HessVGH, Beschl. v. 17.1.1983 – IV TG 61/82 – BRS 40 Nr. 216.
37 So auch für eine Aufschüttung OVG Sachsen-Anhalt, Beschl. v. 13.4.2012 – 2 L 46/11.
38 BayVGH, Beschl. v. 12.11.2001 – 2 ZB 99.2484 – BayVBl. 2003, 120: Abstandsflächenrelevanz verneint für eine Aufschüttung von 6 m Höhe mit einer Neigung bis 33 Grad; BayVGH, Beschl. v. 17.3.2000 – 26 ZS 99.3064: Aufschüttung unter 2 m Höhe bildet eine „Steilwand" und ist daher abstandsflächenrelevant; vgl. auch OVG Nordrhein-Westfalen, Beschl. v. 22.1.2001 – 7 E 547/99 – BRS 64 Nr. 126. Eine Aufschüttung ist hinsichtlich ihrer abstandsrechtlichen Erfordernisse im Übrigen einheitlich zu bewerten. Gehen von ihr Wirkungen wie von einem Gebäude aus, darf der Böschungsfuß erst jenseits des erforderlichen Grenzabstands beginnen, OVG Nordrhein-Westfalen, Beschl. v. 17.2.2011 – 7 B 1803/10 – NWVBl. 2011, 388 = BRS 78 Nr. 188.
39 BayVGH, Beschl. v. 8.2.1999 – 15 ZS 98.3375.
40 BayVGH, Beschl. v. 22.6.1995 – 20 B 94.3355; Beschl. v. 13.3.1998 – 1 ZS/CS 97.3288.
41 OVG Niedersachsen, Urt. v. 10.5.1978 – VI A 37/76 – BRS 33 Nr. 124.
42 SächsOVG, Urt. v. 16.4.1999 – 1 S 39/99 – NVwZ-RR 1999, 560.

B. Die Grundforderung nach Abstandsflächen

3,6 m × 2,6 m) Wirkungen wie von einem Gebäude aus.[43] Bei schmäleren Anlagen können im Einzelfall auch etwas größere Höhen hingenommen werden, ohne dass Abstandsflächen eingehalten werden müssen. Von einem Verteilerkasten mit einer Höhe von 1,58 m und einer Länge von 6,62 m gehen keine Wirkungen wie von einem Gebäude aus.[44]

39 Bei **Terrassen** oder **Freisitzen** spielt eine Verschattung o. Ä. naturgemäß keine Rolle. Hier geht es vor allem um Beeinträchtigungen des sozialen Friedens und um Immissionen. Grundsätzlich dürfte Folgendes gelten: Ebenerdige, unüberdachte Terrassen haben keine Abstandsflächen einzuhalten; sie müssen auch von den Nachbarn hingenommen werden. Ist die Terrasse jedoch deutlich angehoben, was regelmäßig bei einer Erhöhung über 1 m anzunehmen ist, ist von ihr aus das Nachbargrundstück bzw. das Nachbargebäude stärkerer Einsichtnahme ausgesetzt, sodass Abstandsflächen erforderlich sind.[45] Ist die Terrasse überdacht, kann es sich bereits um ein Gebäude handeln, jedenfalls gehen dann von ihr aber Wirkungen wie von einem Gebäude aus.

40 Für **Kfz-Stellplätze** dürfte Ähnliches gelten.[46] Unüberdacht sind keine Abstandsflächen einzuhalten. Mit Überdachung ist ein Stellplatz ein Gebäude.[47] Von einem Lagerplatz gehen regelmäßig keine Wirkungen wie von einem Gebäude aus, es sei denn, er wird für Güter eingerichtet, die üblicherweise hochgestapelt werden.[48]

41 Von **Masten**, beispielsweise von Antennenträgern und Sendemasten für Mobilfunk, können wegen ihrer Höhe und wegen ihres Durchmessers Wirkungen wie von einem Gebäude ausgehen.[49] Dies gilt jedenfalls bei einem

---

43 BayVGH, Urt. v. 28.6.2005 – 15 BV 04.2876 – BayVBl. 2006, 114 = BauR 2006, 363; Urt. v. 15.5.2006 – 1 B 04.1893 – NVwZ-RR 2007, 83; OVG Niedersachsen, Urt. v. 18.2.1999 – 1 L 4263/96 – NVwZ-RR 1999, 560; a. A. BayVGH, Urt. v. 13.8.1997 – 2 B 93.4024 – BayVBl. 1998, 502 = NVwZ-RR 1998, 620 = BRS 59 Nr. 136.
44 BayVGH, Beschl. v. 20.4.2010 – 9 ZB 08.319.
45 OVG Sachsen-Anhalt, Beschl. v. 13.4.2012 – 2 L 46/11; offengelassen von BayVGH, Beschl. v. 17.3.2000 – 26 ZS 99.3064; vgl. auch BayVGH, Beschl. v. 28.2.2003 – 14 CS 03.142: gebäudegleiche Wirkungen verneint für eine um 0,75 m erhöhte Terrasse; ThürOVG, Urt. v. 26.2.2002 – 1 KO 305/99 – BRS 65 Nr. 130: gebäudegleiche Wirkungen für eine Dachterrasse bejaht; vgl. auch HessVGH, Beschl. v. 22.2.2010 – 4 A 2410/08 – NVwZ-RR 2010, 712.
46 Vgl. dazu BayVGH, Urt. v. 12.9.2013 – 14 CE 13.928.
47 Vgl. BayVGH, Urt. v. 30.8.1984 – 2 B 83 A.1265 – BRS 42 Nr. 165.
48 OVG Bremen, Beschl. v. 22.6.1994 – 1 B 61/94 – BRS 56 Nr. 211.
49 OVG Nordrhein-Westfalen, Beschl. v. 9.1.2004 – 7 B 2482/03 – BauR 2004, 792 = ZfBR 2004, 469 = NVwZ-RR 2004, 481; Beschl. v. 5.11.2007 – 7 B 1339/07 – ZfBR 2008, 190; Beschl. v. 23.7.2008 – 10 A 2957/07 – UPR 2009, 347; Urt. v. 19.4.2012 – 10 A 2310/10 – ZfBR 2012, 483 = BauR 2012, 1370 = BRS 79 Nr. 127; OVG Niedersachsen, Beschl. v. 25.8.2004 – 9 ME 206/04 – BauR 2004, 1826 – nur LS; BayVGH, Urt. v. 9.8.2007 – 25 B 05.1341 – FStBay 194/2008; für einen Gitternetzturm einer Mobilfunkanlage vgl. VGH Baden-Württemberg, Beschl. v. 15.1.2013 – 3 S 2259/12 – NVwZ-RR 2013, 300 – nur LS.

I. Erforderlichkeit von Abstandsflächen

Durchmesser von mehr als 2 m. Verjüngt sich der Mast nach oben, ist für die Abstandsfläche nur der Teil des Mastes einzubeziehen, der einen entsprechenden Durchmesser aufweist.[50] Auch Parabolantennen können gebäudegleiche Wirkungen besitzen.[51]

Von **Windkraftanlagen** können ebenfalls Wirkungen wie von einem Gebäude ausgehen.[52] Zur Berechnung der erforderlichen Abstandsflächen werden unterschiedliche Ansätze herangezogen. Richtig dürfte sein, als H das Maß von der Geländeoberfläche bis zur Achse des Rotors zuzüglich der Hälfte des Rotordurchmessers anzusehen.[53] Schwingungen der Anlage bleiben bei der Berechnung der Abstandsflächen außer Betracht.[54] 42

Art. 6 Abs. 1 Satz 2 BayBO ordnet an, dass die Forderung nach Abstandsflächen entsprechende Anwendung finden soll. Das bedeutet, dass in jedem Fall geprüft werden muss, ob und wie die in erster Linie für Gebäude ausgelegten Regelungen auch für andere Anlagen und Einrichtungen passen. Im Regelfall sind dabei zwar keine besonderen Schwierigkeiten zu erwarten. Die Anordnung einer unmittelbaren Geltung der Abstandsflächenbestimmungen war aber ebenfalls nicht möglich; man denke nur an den Begriff der Außenwand, der beispielsweise für Aufschüttungen nicht ohne Weiteres verwendet werden kann. 43

---

50 Vgl. BayVGH, Beschl. v. 13.3.1990 – 2 CS 90.532; Beschl. v. 15.12.1992 – 14 CS 3208; Beschl. v. 10.5.1993 – 26 CS 92.1538; Beschl. v. 12.3.1999 – 2 ZB 98.3014 – BayVBl. 2000, 630; Beschl. v. 17.1.2002 – 14 ZB 01.3011; Urt. v. 16.7.2008 – 14 B 06.2506; keine gebäudegleiche Wirkung bei einem Betonschleudermast mit einem Durchmesser von 1,1 m: BayVGH, Beschl. v. 27.7.2010 – 15 CS 10.37; für einen höheren Mast vgl. SächsOVG, Beschl. v. 11.2.1997 – 1 S 531/96 – SächsVBl. 1998, 56; keine gebäudegleiche Wirkung für einen konisch zulaufenden Betonschleudermast mit einem Durchmesser von 1,10 m an der Fundamentoberkante und 0,44 m an der Spitze bei 50,18 m Höhe: BayVGH, Beschl. v. 14.6.2013 – 15 ZB 13.612 – NVwZ 2013, 1238.
51 HessVGH, Urt. v. 16.7.1998 – 4 UE 1706/94 – NVwZ-RR 1999, 297, für zwei Parabolantennen auf einer Grenzgarage; offengelassen von OVG Nordrhein-Westfalen, Urt. v. 13.6.1991 – 11 A 87/90 – BRS 52 Nr. 133.
52 BayVGH, Urt. v. 23.8.2007 – 25 B 04.506; ThürOVG, Beschl. v. 24.2.2011 – 1 EO 119/11 – ThürVBl. 2011, 243.
53 BayVGH, Urt. v. 28.7.2009 – 22 BV 08.3427 – NVwZ-RR 2009, 992; SächsOVG, Urt. v. 16.9.2003 – 1 B 226/99 – SächsVBl. 2004, 106 = NJ 2004, 139; ähnlich OVG Brandenburg, Beschl. v. 30.5.2000 – 3 M 128/99 – NVwZ 2001, 454; a. A. allerdings eine eigene Lösung: OVG Nordrhein-Westfalen, Urt. v. 29.8.1997 – 7 A 629/95 – BRS 59 Nr. 110; SächsOVG, Beschl. v. 25.5.2011 – 4 A 485/09; vgl. auch OVG Niedersachsen, Beschl. v. 10.2.2014 – 12 ME 227/13 – NuR 2014, 218 = BauR 2014, 822 = NordÖR 2014, 290.
54 BayVGH, Beschl. v. 29.5.2013 – 22 CS 13.753.

B. Die Grundforderung nach Abstandsflächen

3. Errichtung, Änderung und Nutzungsänderung

44 Der Grundfall, bei dem die Einhaltung von Abstandsflächen zu prüfen ist, ist selbstverständlich die Errichtung eines Gebäudes. Unter Errichtung versteht man die Herstellung bzw. die Schaffung einer neuen baulichen Anlage. Dabei werden erstmals Außenwände erstellt, also Abstandsflächen erforderlich.

45 Nach ganz herrschender Auffassung können aber auch **Änderungen und/ oder sogar bloße Nutzungsänderungen** die Rechtsfolge des Art. 6 BayBO auslösen. Jedenfalls nicht vollständig geklärt ist dabei die Frage, was bei solchen Änderungen und Nutzungsänderungen geschieht, die für sich betrachtet abstandsflächenrechtlich ohne Relevanz sind. Dies gilt natürlich besonders für Nutzungsänderungen, die die abstandflächenrechtlich ausschlaggebenden Außenwände gerade nicht verändern, kann aber auch bei baulichen Änderungen problematisch sein, insbesondere wenn die bauliche Änderung so beschaffen ist, dass sie gar keine zusätzlichen Abstandsflächen auslöst (vgl. Art. 6 Abs. 8 BayBO) oder wenn die von der baulichen Änderung isoliert einzuhaltenden Abstandsflächen eine geringere Tiefe aufweisen als diejenigen des vorhandenen Bestands.

46 Problematisch sind vor allem folgende **Fallkonstellationen:**
– Falls ein Gebäude, das die von den geltenden Abstandsflächenvorschriften geforderten Abstandsflächen nicht einhält, aber insoweit bestandsgeschützt ist (etwa weil es zu einer Zeit genehmigt worden ist, zu der andere Regelungen gegolten haben), geändert werden soll, ist problematisch, ob für sich genommen abstandsflächenirrelevante bauliche Änderungen dazu führen können, dass der Gesamtbestand abstandsflächenrechtlich neu beurteilt werden muss.
– Falls ein Gebäude in seiner Nutzung geändert wird und – wegen dieser Nutzung – danach nicht mehr dem geltenden Abstandsflächenrecht entspricht, ist zumindest fraglich, ob dann eine Neubeurteilung in Bezug auf die Abstandsflächen angezeigt ist.

47 Dabei müssen – was im Übrigen sogar in der Rechtsprechung nicht immer trennscharf geschieht – zwei Probleme differenziert betrachtet werden. Die erste Frage lautet, ob in solchen Konstellationen Art. 6 BayBO überhaupt anzuwenden ist, also prinzipiell durch die Änderung oder Nutzungsänderung andere Abstandsflächen mit größerer Tiefe gefordert werden. Nur wenn dies so ist, stellt sich eine zweite Frage, ob dann – wegen des vorhandenen Bestands – eine Abweichung nach Art. 63 BayBO in

Frage kommt.[55] Diese Unterscheidung ist nicht nur von akademischer Bedeutung. Denn während im Falle der Unanwendbarkeit der Abstandsflächenvorschriften die Änderung oder Nutzungsänderung ohne Weiteres zulässig ist, muss die Bauaufsichtsbehörde bei der Zulassung einer Abweichung eine Ermessensentscheidung treffen, deren Ergebnis letztlich von den konkret betroffenen Belangen abhängt.

Die **Rechtsprechung** zum Thema der Abstandsflächenrelevanz ist umfangreich und nicht immer einheitlich.[56] Gleichwohl lassen sich doch Grundstrukturen einer Lösung der Problematik entwickeln. Bei **Änderungen** von baulichen Anlagen, die die notwendigen Abstandsflächen nicht einhalten, aber bestandsgeschützt sind, ist zunächst zu entscheiden, ob durch den Anbau „bei natürlicher Betrachtungsweise" eine neue bauliche Gesamtanlage entstehen soll oder lediglich eine auch funktional selbststän-

48

---

[55] BayVGH, Beschl. v. 20.8.2010 – 15 ZB 10.1014.
[56] Vgl. aus der Fülle der Judikate für die **Änderung von Dächern** BayVGH, Urt. v. 20.2.1990 – 14 B 88.02464 – BauR 1990, 455 = BayVBl. 1990, 500 = BRS 50 Nr. 112: keine Abstandsflächenrelevanz bei der Errichtung einer 1,20 m hohen und 2 m breiten Gaube auf dem Dach eines Wohnhauses, das – seit je – die nach geltendem Recht notwendige Mindestabstandsfläche von 3 m nicht eingehalten hatte; BayVGH, Beschl. v. 23.5.2005 – 25 ZB 03.881 – BauR 2005, 1515 – nur LS; ähnlich SächsOVG, Beschl. v. 25. 2.1999 – 1 S 61/99 – SächsVBl. 1999, 139: Erhöhung einer Dachneigung hat Abstandsflächenrelevanz, BayVGH, Beschl. v. 21.9.1998 – 2 ZS 98.2484: Aufsetzen eines Walmdachs besitzt Abstandsflächenrelevanz, OVG Niedersachsen, Beschl. v. 5.9.2002 – 1 ME 183/02 – BRS 65 Nr. 117: Aufsetzen von Spitzdächern auf ein Flachdach wirft die Abstandsflächenfrage nicht neu auf, allerdings unter maßgeblicher Heranziehung der landesrechtlichen Spezialvorschrift des § 99 Abs. 3 NBauO, für die **Änderung von Wänden** BayVGH, Beschl. v. 14.7.1986 – 15 C 86.01638; Beschl. v. 9.10.1986 – 1 CS/CE 86.02139: Anbau vertikal versetzter Außenwände führt zu neuer Abstandsflächenberechnung; Beschl. v. 31.3.2009 – 9 ZB 06.3073; ähnlich OVG Berlin, Urt. v. 21.8.1992 – 2 B 12.89 – BRS 54 Nr. 93; differenzierend BayVGH, Beschl. v. 27.6.2000 – 20 ZB 00.1329; ThürOVG, Beschl. v. 14.2.2000 – 1 EO 76/00 – BRS 63 Nr. 133: Anbau von Galerien wirft die Abstandsflächenfrage nicht neu auf; für **Nutzungsänderungen** am rigidesten offenbar OVG Schleswig-Holstein, Urt. v. 7.2.1995 – 1 L 41/94: Nutzungsänderungen werfen die Abstandsflächenfrage immer neu auf; differenzierend dagegen BayVGH, Urt. v. 26.11.1979 – 51 XIV 78 – BRS 36 Nr. 181; ThürOVG, Beschl. v. 25.6.1999 – 1 EO 197/99 – BRS 62 Nr. 141; SächsOVG, Beschl. v. 15.3.1994 – 1 S 633/93 – DÖV 1994, 614 = LKV 1995, 119; ähnlich beispielsweise auch BayVGH, Beschl. v. 5.12.2002 – 1 CS 02.1290: Einbau einer Heizungsanlage in eine Grenzgarage, OVG Nordrhein-Westfalen, Urt. v. 13.7.1988 – 7 A 2897/86 – BRS 48 Nr. 139, OVG Nordrhein-Westfalen, Urt. v. 15.5.1997 – 11 A 7224/95 – BRS 59 Nr. 144, auch der neueren Rechtsprechung des BayVGH lässt sich kein einheitliches Bild entnehmen vgl. BayVGH, Beschl. v. 16.2.2004 – 25 CS 03.2706: Umnutzung eines Kellergeschosses einer Lagerhalle in ein Billard-Café ohne Abstandsflächenrelevanz; BayVGH, Beschl. v. 22.7.2003 – 15 ZB 02.1223: Umnutzung eines landwirtschaftlichen Nebengebäudes in einen Pferdestall und Ferienwohnungen benötigt Abweichung von den Abstandsflächenvorschriften; ähnlich BayVGH, Beschl. v. 29.9.1999 – 26 ZS 99.184: Einbau einer Wohnung in das Obergeschoss einer Scheune; unentschieden BayVGH, Beschl. v. 19.11.2003 – 20 CS 03.2424: Umnutzung von Verkaufsflächen in Flächen für einen Erotikhandel mit Videokabinen und Kino neben einem Friedhof.

B. Die Grundforderung nach Abstandsflächen

dige, isoliert zu betrachtende Anlage.[57] Wird eine neue einheitliche Außenwand gebildet, muss in einem nächsten Schritt geprüft werden, ob die für die Bestimmung der Abstandsflächen wesentlichen Kriterien verändert werden.[58] Dies ist insbesondere dann der Fall, wenn die Außenwand in ihrer Ausdehnung – also Breite mal Höhe – abgeändert oder die Dachneigung – und damit die Firsthöhe – in einer Weise verändert wird, die zu einer veränderten Anrechnung des Dachs oder des Giebels führt. Bei Anbauten gilt im Prinzip nichts anderes; in der Regel entsteht durch einen Anbau eine neue Außenwand, was zu einer Gesamtbetrachtung unter Einbeziehung des Altbestands führt. Nur dann, wenn der Anbau – für sich betrachtet – abstandsflächenirrelevant ist, also etwa im Rahmen des Art. 6 Abs. 8 BayBO,[59] schließt sich der zweite Prüfungsschritt an.

49 Bleiben nämlich die abstandsflächenrelevanten Merkmale gleich, gilt eine – allerdings widerlegliche – Vermutung, dass die Änderung als abstandsflächenirrelevant anzusehen ist. Deshalb ist eine Gesamtbetrachtung nur erforderlich, wenn durch die Änderung die durch die Abstandsflächen geschützten Belange in besonderer Weise nachteilig betroffen sind. Dies könnte beispielsweise bei einer Erhöhung der Dachneigung innerhalb des Spielraums zwischen 45 und 70 Grad der Fall sein.

50 In der Rechtsprechung und im Schrifttum finden sich für die Schwelle einer solchen besonderen nachteiligen Betroffenheit unterschiedliche Umschreibungen, die aber allenfalls in Nuancen voneinander abweichen. Es wird von
– einer nicht unerheblich ungünstigeren abstandsflächenrechtlichen Beurteilung,[60]
– einer Verschlechterung der Situation auf dem Nachbargrundstück,[61]
– einer erkennbaren Beeinträchtigung,[62]
– einer negativen Beeinflussung[63] bzw.

---

57 Schenk in: Reichel/Schulte, Handbuch Bauordnungsrecht, Kap. 3 Rn. 51; Dhom in: Simon/Busse, Bayerische Bauordnung, Art. 6 Rn. 16.
58 Vgl. dazu VGH Baden-Württemberg, Beschl. v. 27.11.2013 – 8 S 1813/13 – KommJur 2014, 74 = ZfBR 2014, 165 = BauR 2014, 533; OVG Berlin-Brandenburg, Beschl. v. 27.1.2012 – 2 S 50.10.
59 Vgl. zu einem solchen Fall OVG Sachsen-Anhalt, Beschl. v. 19.10.2012 – 2 L 149/11 – NVwZ-RR 2013, 87.
60 BayVGH, Urt. v. 20.2.1990 – 14 B 88.02464 – BauR 1990, 455 = BayVBl. 1990, 500 = BRS 50 Nr. 112.
61 BayVGH, Beschl. v. 21.9.1998 – 2 ZS 98.2484.
62 OVG Berlin, Urt. v. 21.8.1992 – 2 B 12.89 – BRS 54 Nr. 93.
63 Dhom in: Simon/Busse, Bayerische Bauordnung, Art. 6 Rn. 17.

– einer nachteiligeren Auswirkung auf wenigstens einen von den Abstandsflächenvorschriften geschützten Belang[64] gesprochen. Den Vorzug verdient wohl die letztgenannte, vom OVG Nordrhein-Westfalen entwickelte Formel, die ausdrücklich auf die insoweit entscheidenden geschützten Belange abstellt.

Änderungen können im Übrigen dann die Abstandsflächenfrage neu aufwerfen, wenn durch die Änderung eine abstandsflächenrechtliche Privilegierung entfällt bzw. Umstände verändert werden, die ursprünglich zu einer Abweichung von den Abstandsflächen geführt haben. Dies wäre beispielsweise beim Einbau einer Feuerungsanlage in eine abstandsflächenprivilegierte Grenzgarage der Fall. 51

Die letzte Fallgruppe weist gewisse Ähnlichkeiten zur **Nutzungsänderung** auf. Denn hier gilt allgemein, dass im Prinzip dadurch die Abstandsflächenfrage nicht neu aufgeworfen wird. Deshalb muss bei Nutzungsänderungen immer nur danach gefragt werden, ob ausnahmsweise die neue Nutzung unter Einbeziehung der Zwecksetzungen des Abstandsflächenrechts zu einer zusätzlichen nachteiligen Auswirkung auf das Nachbargrundstück führen kann. Dies ist immer dann der Fall, wenn eine abstandsflächenprivilegierte Nutzung (z. B. bei einer Grenzgarage) in eine nicht privilegierte Nutzung geändert wird oder wenn – wie bei der Änderung eben beschrieben – die Umstände betroffen sind, die zu einer Abweichung von den Abstandsflächen geführt haben.[65] Genauso sind die Fälle zu betrachten, bei denen der Altbestand bereits die Abstandsfläche nicht einhält; hier ist zu prüfen, ob die neue Nutzung gegenüber der bestandsgeschützten nachteilige Auswirkungen nach sich zieht. 52

4. Freihalten von oberirdischen baulichen Anlagen

Die Abstandsflächen sind nur von **oberirdischen baulichen Anlagen** freizuhalten. Zulässig innerhalb dieser Flächen sind damit also zunächst alle vollständig unterirdischen baulichen Anlagen wie Tiefgaragen, Schutzräume, Tanks u. Ä., aber auch solche baulichen Anlagen, die begrifflich keine oberirdischen Teile haben, wie z. B. Stellplätze. Die Vorschrift erfasst ausdrücklich nicht nur Gebäude, sondern alle baulichen Anlagen, auch 53

---

64 OVG Nordrhein-Westfalen, Urt. v. 13.7.1988 – 7 A 2897/86 – BRS 48 Nr. 139.
65 Vgl. VGH Baden-Württemberg, Beschl. v. 18.3.2014 – 8 S 2628/13 – BauR 2014, 1130 = NVwZ-RR 2014, 545.

B. Die Grundforderung nach Abstandsflächen

wenn von ihnen keine Wirkungen wie von Gebäuden ausgehen, wie z.B. Mauern, Einfriedungen oder Aufschüttungen. Die baulichen Anlagen nach Art. 6 Abs. 9 BayBO dürfen natürlich auch innerhalb fremder Abstandsflächen entstehen.

54 Die Forderung, Abstandsflächen von oberirdischen Gebäuden freizuhalten, bezieht sich nur auf **selbstständige Gebäude**. Anbauten an bestehende Gebäude bleiben auch innerhalb der Abstandsflächen zulässig; es entsteht vielmehr ein neuer Baukörper, der abstandsflächenrechtlich für sich zu beurteilen ist (Abb. 3). Ob dieser Baukörper von vornherein so geplant war oder erst durch spätere Umbauten entsteht, kann für die Berechnung der Abstandsflächen keinen Unterschied machen.[66]

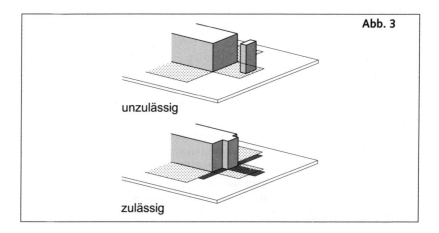

Abb. 3

unzulässig

zulässig

II. Vorrang des Planungsrechts (Art. 6 Abs. 1 Satz 3 BayBO)

1. Allgemeines

55 Art. 6 Abs. 1 Satz 3 BayBO enthält eine in der Praxis enorm wichtige Abgrenzungsentscheidung zwischen bauplanungsrechtlichen und bauordnungsrechtlichen Bestimmungen. Wenn nach planungsrechtlichen Vorschriften an die Grundstücksgrenzen gebaut werden muss bzw. gebaut werden darf, tritt das Bauordnungsrecht zurück, Abstandsflächen sind nicht erforderlich.

---

66 Vgl. BayVGH, Urt. v. 20.12.1988 – 20 B 88.00137 – BRS 49 Nr. 126.

II. Vorrang des Planungsrechts

Bei den planungsrechtlichen Vorschriften, die es erzwingen bzw. ermöglichen, an die Grundstücksgrenzen zu bauen, handelt es sich in erster Linie um die Festsetzungen über die **Bauweise**, § 22 BauNVO, die regelmäßig im Bebauungsplan enthalten sind. Sind in einem Bebauungsplan keine entsprechenden Ausweisungen vorhanden bzw. existiert für das Gebiet überhaupt kein Bebauungsplan, so ergibt sich – möglicherweise – aus der Umgebungsbebauung im Sinne des § 34 BauGB, ob an die Nachbargrenze angebaut werden muss oder kann. Aus § 35 BauGB lassen sich keine planungsrechtlichen Direktiven für einen Grenzanbau entnehmen.[67]   **56**

Planungsrechtliche Vorschriften im Sinne des Art. 6 Abs. 1 Satz 3 BayBO sind nicht die Regelungen über **Baulinien und Baugrenzen nach § 23 BauNVO**.[68] Baugrenzen geben lediglich vor, welche Grenzen bei einer Bebauung nicht überschritten werden dürfen (§ 23 Abs. 3 BauNVO). Gemäß Art. 6 Abs. 5 Satz 3 BayBO gehen lediglich dann, wenn ein Bebauungsplan über die Festsetzung einer Baulinie oder einer Baugrenze sowie über die Festsetzung der Höhenentwicklung bzw. eine Satzung nach Art. 81 BayBO Außenwände vorschreibt oder zulässt, die davon faktisch gebildeten Abstände den Abstandsflächenvorschriften vor. Insoweit anzuwenden ist daher nicht Art. 6 Abs. 1 Satz 3 BayBO, sondern über Art. 6 Abs. 5 Satz 3 BayBO der Bebauungsplan bzw. die Satzung nach Art. 81 BayBO. Dies gilt nach der seinerzeit geschaffenen Übergangsvorschrift jedoch nur für Bebauungspläne, deren Entwurf nach § 3 Abs. 2 BauGB nach dem 1. Juli 1994 öffentlich ausgelegt ist, und nur für die Fälle, in denen die Gemeinde die Anwendung der Abstandsflächenvorschriften nicht ausdrücklich angeordnet hat. Für „Altbebauungspläne" oder bei entsprechender Anordnung der Gemeinde bleibt es also dabei, dass der Bauherr aus bauordnungsrechtlichen Gründen jedenfalls nicht ohne Zulassung einer Abweichung nach Art. 63 BayBO die gesamte bauplanungsrechtlich festgesetzte überbaubare Grundstücksfläche ausnutzen kann.[69]   **57**

Selbstverständlich kann nur vor den Außenwänden auf Abstandsflächen verzichtet werden, für die die planungsrechtlichen Voraussetzungen nach Art. 6 Abs. 1 Satz 3 BayBO vorliegen; dies können im Einzelfall auch meh-   **58**

---

67 SächsOVG, Urt. v. 17.7.2003 – 1 B 438/01 – BauR 2003, 1867 = SächsVBl. 2004, 32.
68 BayVGH, Beschl. v. 4.10.2006 – 1 N 05.915; OVG Nordrhein-Westfalen, Beschl. v. 15.3.2011 – 7 A 753/10; anders für einen Anbau an die vordere Grundstücksgrenze BayVGH, Beschl. v. 10.12.2008 – 1 CS 08.2770 –FStBay 2009/169 = BayVBl. 2009, 751; eine Baugrenze ausreichend erachtet offenbar auch OVG Hamburg, Beschl. v. 16.8.2011 – 2 Bs 132/11 – NordÖR 2012, 84.
69 Vgl. BayVGH, Urt. v. 7.4.1987 – 1 N 83 A.3262 – BayVBl. 1988, 274.

rere Außenwände eines Gebäudes sein. Für alle anderen Außenwände bleibt es bei der Grundregel des Art. 6 Abs. 1 Satz 1 BayBO.

59 Ein **planungsrechtlich unzulässiges Vorhaben** kann allerdings nicht in den Genuss der Privilegierung des Art. 6 Abs. 1 Satz 3 BayBO gelangen. Fügt sich ein Vorhaben beispielsweise nach der überbaubaren Grundstücksfläche nicht in die Eigenart der näheren Umgebung ein, kann es die abstandsflächenrechtliche Erleichterung nicht gleichsam „abstrakt" für sich in Anspruch nehmen.[70]

60 Das Gesetz spricht im Übrigen von Außenwänden, die an **Grundstücksgrenzen** errichtet werden. Unterschieden wird daher nicht zwischen den Nachbargrenzen und der an der öffentlichen Verkehrsfläche liegenden, regelmäßig vorderen Grundstücksgrenze. Diese Unterscheidung ist deshalb ohne rechtliche Relevanz, weil die Bauordnung ganz allgemein nur noch von Grundstücksgrenzen ausgeht und keine inhaltliche Differenzierung mehr kennt. Die Einordnung der Grundstücksgrenzen in vordere, seitliche und hintere Grundstücksgrenzen ist daher allenfalls für die Beurteilung wichtig, ob eine offene oder geschlossene bzw. atypische Bauweise angenommen werden kann.

2. Notwendiger Grenzanbau (Art. 6 Abs. 1 Satz 3 1. Alt. BayBO)

a) Festsetzungen im Bebauungsplan

61 Ob aus planungsrechtlichen Gründen ein Grenzanbau notwendig ist, ist – wie angesprochen – in erster Linie den Festsetzungen des Bebauungsplans über die Bauweise zu entnehmen.

62 Ist eine **geschlossene Bebauung** vorgesehen, so ist an die (linke und rechte) seitliche Grundstücksgrenze zu bauen, es sei denn, die vorhandene Bebauung erfordert eine Abweichung (§ 22 Abs. 3 BauNVO). Die einzelnen Gebäude sollen sich zu einem einheitlichen Baukomplex zusammenschließen. Dabei müssen die Gebäude nicht in jedem Fall völlig deckungsgleich aneinanderstoßen; vielmehr ist häufig aus topographischen oder städtebaulichen Gründen eine **Terrassierung bzw. ein Vorrücken oder Zurückspringen der Gebäude zulässig**.[71] Grenze hierfür sind einmal die Festsetzungen

---

70 SächsOVG, Beschl. v. 30.11.1998 – 1 S 670/98 – SächsVBl. 1999, 69 = LKV 1999, 412; OVG Berlin-Brandenburg, Urt. v. 13.3.2013 – 10 B 4.12 – DÖV 2013, 948 – nur LS; offengelassen von BayVGH, Beschl. v. 10.12.2008 – 1 CS 08.2770 – FStBay 2009/169 = BayVBl. 2009, 751.
71 Vgl. OVG Niedersachsen, Beschl. v. 14.6.1982 – 1 B 32/82 – BRS 39, Nr. 54 = NVwZ 1983, 228; BayVGH, Urt. v. 15.4.1992 – 14 B 90.856 – BRS 54 Nr. 92.

des Bebauungsplans, insbesondere über die Zahl der Vollgeschosse, über die Höhe der baulichen Anlagen und die überbaubare Grundstücksfläche, und zum anderen Belange des Ortsbilds und der Nachbarschaft (vgl. Abb. 4). Unerheblich ist es aber für Art. 6 Abs. 1 Satz 3 BayBO, ob das Nachbargrundstück bereits bebaut ist und sogar ob ein etwa vorhandenes Gebäude Abstandsflächen einhält.[72]

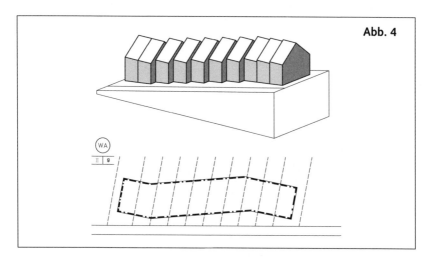

Abb. 4

Die fehlende Erforderlichkeit von Abstandsflächen bezieht sich auch bei Vor- oder Rücksprüngen immer auf die gesamte Außenwand, sodass auch die vom Nachbargebäude nicht überdeckten Teile an der Grundstücksgrenze gebaut werden dürfen. Dies gilt jedoch nur, soweit sich das Gebäude innerhalb der überbaubaren Grundstücksfläche hält; wird beispielsweise im Wege der Ausnahme eine festgesetzte Baugrenze oder Bebauungstiefe überschritten, müssen insoweit Abstandsflächen eingehalten werden.[73] 63

Grenzanbaupflichten können sich auch aus der Festsetzung einer **atypischen Bauweise** nach § 22 Abs. 4 BauNVO ergeben.[74] Praktisch wichtig ist dabei vor allem die Festsetzung einer **halboffenen Bauweise**, bei der die 64

---

72 Auch für den Fall, dass die Grenzwand des Nachbargebäudes Fenster aufweist, ist bei geschlossener Bauweise prinzipiell ein Zumauern zumutbar, vgl. BayVGH, Urt. v. 20.5.1985 – 14 B 84 A.593 – BRS 44 Nr. 104 = BauR 1986, 193; etwas anders OVG Niedersachsen, Beschl. v. 20.10.1986 – 6 B 75/86 – BRS 46 Nr. 179 = BauR 1987, 187.
73 OVG Berlin, Beschl. v. 28.1.1981 – 2 S 194.80 – BRS 38 Nr. 119 = NJW 1981, 1284.
74 Zu einem Sonderfall vgl. OVG Nordrhein-Westfalen, Beschl. v. 19.1.2009 – 10 B 1687/08 – BauR 2009, 771 = ZfBR 2009, 372.

B. Die Grundforderung nach Abstandsflächen

Gebäude an einer seitlichen Grundstücksgrenze mit und an der anderen ohne Abstandsflächen errichtet werden (Abb. 5).[75] Nach § 22 Abs. 4 BauNVO kann auch festgesetzt sein, dass Gebäude an der hinteren Grundstücksgrenze aneinandergebaut werden müssen. Schließlich ist sogar bei Festsetzung einer **offenen Bauweise** ausnahmsweise ein verpflichtender Grenzanbau denkbar, nämlich dann, wenn Doppelhäuser bzw. Hausgruppen vorgeschrieben sind (§ 22 Abs. 2 Satz 3 BauNVO) und durch weitere Festsetzungen (z. B. seitliche Baugrenzen) feststeht, an welcher (welchen) Grundstücksseite(n) angebaut werden muss.

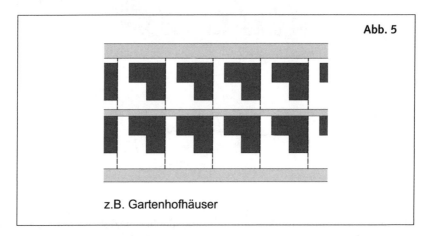

Abb. 5

z. B. Gartenhofhäuser

65 Setzt ein Bebauungsplan geschlossene oder halboffene Bauweise fest, lässt aber im Wege der Ausnahme gemäß § 31 Abs. 1 BauGB auch offene Bauweise zu, handelt es sich gleichwohl um einen Fall des Art. 6 Abs. 1 Satz 3 BayBO, bei dem nach planungsrechtlichen Vorschriften an die Grenze gebaut werden muss.[76]

b) Innenbereich nach § 34 BauGB

66 Ist kein Bebauungsplan mit einer Festsetzung der Bauweise vorhanden, so kann sich gleichwohl aus § 34 Abs. 1 BauGB ergeben, dass an die Grundstücksgrenze gebaut werden muss. Im unbeplanten Innenbereich muss sich

---

75 Vgl. dazu BayVGH, Urt. v. 19.11.1976 – 106 I 73 – BayVBl. 1977, 177; Urt. v. 19.11.1976 – 298 I 74 – BRS 32 Nr. 46.
76 VGH Baden-Württemberg, Beschl. v. 1.6.1994 – 5 S 1280/94 – BRS 56 Nr. 101.

ein Gebäude auch hinsichtlich der Bauweise in die Umgebung einfügen. Stellt sich die Umgebungsbebauung als geschlossene oder halboffene (atypische) Bauweise dar,[77] ist dies deshalb auch für ein neues Bauvorhaben ausschlaggebend. Dabei ist auch dann von geschlossener Bauweise auszugehen, wenn sie durch eine Baulücke unterbrochen wird[78] oder wenn die Gebäude nur durch sehr geringe Abstände voneinander getrennt sind (Traufgassen)[79]. Allerdings muss die Umgebungsbebauung tatsächlich durchgehend und deutlich von geschlossener Bebauung geprägt sein, damit aus § 34 Abs. 1 BauGB eine Verpflichtung zum Grenzanbau entnommen werden kann. Lässt sich aus der Umgebung eine bestimmte Bauweise nicht eindeutig ableiten, verhält sich der maßgebliche Rahmen in § 34 BauGB gewissermaßen „gleichgültig", so besitzt das Bauplanungsrecht keine ausreichende Legitimation für die Ausschaltung des bauordnungsrechtlichen Systems der Abstandsflächen.[80] Allerdings ist im Einzelfall an die Zulassung einer Abweichung nach Art. 63 BayBO zu denken.[81]

Im Innenbereich werden die Baukörper häufig nicht profilgleich aneinandergebaut sein. Unter Berücksichtigung der Umstände des Einzelfalls sind daher auch kleinere Vor- oder Rücksprünge in dem Maß zulässig, wie sie auch in der Umgebung vorhanden sind.

Eine aus der tatsächlichen Bebauung zu erschließende Bauweise kann auch nicht durch Nebengebäude oder Garagen vorgegeben werden.[82]

---

77 Zum letzten Fall vgl. OVG Nordrhein-Westfalen, Beschl. v. 19.1.2009 – 10 B 1687/08 – BauR 2009, 771 = ZfBR 2009, 372.
78 Vgl. BayVGH, Urt. v. 22.5.1967 – 39 I 67 – VRspr. 19, 60.
79 Anderer Ansicht allerdings BayVGH, Urt. v. 22.11.2006 – 25 B 05.1714 – ZfBR 2007, 282 = BayVBl. 2007, 276 = NVwZ-RR 2007, 512 = BauR 2007, 1554 = KommJur 2007, 350 = BRS 70 Nr. 121; Beschl. v. 21.1.2010 – 15 CS 09.2464; Beschl. v. 3.4.2014 – 1 ZB 13.2536 – NVwZ-RR 2014, 631; wie hier VGH Baden-Württemberg, Urt. vom 13.5.2000 – 3 S 2259/01 – BauR 2003, 1860 = BRS 65 Nr. 88; wohl auch OVG Niedersachsen, Urt. v. 25.1.1978 – I A 103/76 – BRS 33 Nr. 53 = BauR 1978, 460; unklar BayVGH, Urt. v. 13.2.2001 – 20 B 00.2213 – BauR 2001, 1248 = BayVBl. 2002, 411 = BRS 64 Nr. 129.
80 BayVGH, Urt. v. 21.1.1997 – 14 B 96.3086 – NVwZ-RR 1998, 712 = BayVBl. 1998, 534 = BRS 59 Nr. 113; vgl. auch Beschl. v. 27.6.2000 – 20 ZB 00.1329: Grenzanbau nur so wie in der Umgebung vorhanden; Beschl. v. 17.9.2004 – 14 ZB 04.1254 –; Beschl. v. 7.2.2007 – 14 CS 06.2408; a.A. – auch bei „diffusen" Verhältnissen – allerdings die wohl mittlerweile h.M., vgl. nur BayVGH, Beschl. v. 29.4.2003 – 20 B 02.1904; Urt. v. 23.3.2010 – 1 BV 07.2363 – UPR 2011, 37 = BayVBl. 2011, 81; wohl auch BayVGH, Beschl. v. 25.1.2008 – 15 ZB 06.3115: Regellosigkeit nur dann, wenn diese – gemessen am Rücksichtnahmegebot – zu städtebaulich unerwünschten Ergebnissen führt; Urt. v. 20.10.2010 – 14 B 09.1616; Beschl. v. 2.9.2013 – 9 CS 13.1226; Beschl. v. 8.10.2013 – 9 CS 13.1630; Urt. v. 25.11.2013 – 9 B 09.952; ähnlich OVG Berlin-Brandenburg, Beschl. v. 14.9.2012 – 10 S 29.12.
81 Vgl. BayVGH, Beschl. v. 19.7.1996 – 14 CS 95.4187; Beschl. v. 17.7.2002 – 15 ZB 99.1625.
82 BayVGH, Beschl. v. 23.4.2004 – 20 B 03.3002 – FStBay 2005/22.

B. Die Grundforderung nach Abstandsflächen

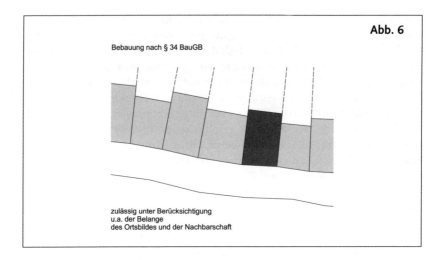

Abb. 6

3. Möglicher Grenzanbau (Art. 6 Abs. 1 Satz 3 2. Alt. BayBO)

69 Selbst wenn ein Bebauungsplan **offene Bauweise** festsetzt (§ 22 Abs. 2 BauNVO) bzw. sich die offene Bauweise im Sinne des § 34 BauGB aus der maßgeblichen Umgebungsbebauung ergibt,[83] ist ein Grenzanbau denkbar. Zwar haben die Baukörper dann grundsätzlich seitliche Grenzabstände einzuhalten; allerdings sieht § 22 Abs. 2 BauNVO selbst vor, dass auch bei offener Bauweise **Doppelhäuser bzw. Hausgruppen** mit einer Gesamtlänge bis zu 50 m errichtet werden dürfen.[84] In diesem Fall liegt zwar kein planungsrechtliches Erfordernis zum Grenzanbau vor, es darf aber im Sinne des Art. 6 Abs. 1 Satz 3 2. Alt. BayBO nach planungsrechtlichen Vorschriften mit einer Doppelhaushälfte oder einem Gebäude der Hausgruppe an die Grenze gebaut werden.

70 Im Übrigen ist nicht ausgeschlossen, dass bei festgesetzter offener Bauweise auch eine **Befreiung nach § 31 BauGB** ausgesprochen und damit ein

---

[83] OVG Nordrhein-Westfalen, Beschl. v. 26.1.1987 – 11 B 2860/86 – BRS 47 Nr. 95 = BauR 1988, 64. Soll im Innenbereich bei offener Bauweise eine grenzständige Doppelhaushälfte über einen giebelseitig profilgleichen Anbau hinaus einseitig erhöht werden, so braucht der nach außen in Erscheinung tretende Teil der Giebelwand keine Abstandsfläche einzuhalten, sofern sich das Vorhaben nach dem Maß der baulichen Nutzung in die nähere Umgebung einfügt, insbesondere soweit sie die gebotene Rücksicht auf die nachbarlichen Belange nimmt, BayVGH, Urt. v. 10.11.1998 – 14 B 96.2645 – BRS 62 Nr. 92 = BayVBl. 1999, 534.
[84] Vgl. dazu VG Regensburg, Urt. v. 28.2.1984 – RN 6 K 83 A.1527 – BayVBl. 1985, 57.

seitlicher Grenzanbau ermöglicht wird; allerdings führt diese Befreiung nicht automatisch zum Wegfall des Erfordernisses, Abstandsflächen einhalten zu müssen.[85] Schließlich können auch die Vorwirkungen eines in Aufstellung befindlichen Bebauungsplans gemäß **§ 33 BauGB** dazu führen, dass an die seitliche Grundstücksgrenze gebaut werden kann, wenn die künftigen Festsetzungen geschlossene Bauweise oder einen sonstigen Fall der Grenzbebauung vorsehen und alle Voraussetzungen des § 33 BauGB vorliegen. Im **Außenbereich** ist Art. 6 Abs. 1 Satz 3 2. Alt. BayBO aber nicht anwendbar.[86]

Die Begriffe **Doppelhaus** und **Hausgruppe** werden von der BauNVO **71** nicht definiert, sondern vorausgesetzt. Das BVerwG hat den Begriff des Doppelhauses in einer Grundsatzentscheidung geklärt. Ein Doppelhaus – im Sinne des § 22 BauNVO – ist danach eine bauliche Anlage, die dadurch entsteht, dass zwei Gebäude auf benachbarten Grundstücken durch Aneinanderbauen an der gemeinsamen Grundstücksgrenze zu einer Einheit zusammengefügt werden. Das Erfordernis der baulichen Einheit ist dabei nur erfüllt, wenn die beiden Gebäude in wechselseitig verträglicher und abgestimmter Weise aneinandergebaut werden. Insoweit ist die planerische Festsetzung von Doppelhäusern in der offenen Bauweise auch nachbarschützend. Kein Doppelhaus entsteht hingegen, wenn ein Gebäude gegen das andere so stark versetzt wird, dass es den Rahmen einer wechselseitigen Grenzbebauung überschreitet, den Eindruck eines einseitigen Grenzanbaus vermittelt und dadurch einen neuen Bodennutzungskonflikt auslöst.[87] Ein einheitlicher Baukörper ist unter den quantitativen Aspekten Geschossigkeit, Bautiefe und Gebäudehöhe der grenzständigen Gebäudeteile sowie oberirdisches Brutto-Raumvolumen des Gebäudes im Regelfall auch dann nicht mehr gegeben, wenn sich auch nur eines dieser quantitativen Merkmale bei den jeweiligen Gebäuden um mehr als die Hälfte unterscheidet; nach einem so verstandenen Grundsatz müssen in Bezug auf jedes dieser quantitativen Merkmale die Übereinstimmungen der beiden Hälften grundsätzlich mindestens doppelt so stark ausgeprägt sein wie ihre

---

85 OVG Hamburg, Beschl. v. 25.9.1992 – Bs II 81/92 – BRS 54 Nr. 94.
86 SächsOVG, Urt. v. 17.7.2003 – 1 B 438/01 – BauR 2003, 1867.
87 BVerwG, Urt. v. 24.2.2000 – 4 C 12.98 – BauR 2000, 1168 = BRS 63 Nr. 185 = BVerwGE 110, 355 = DÖV 2000, 964 = DVBl. 2000, 1338 = NJW 2000, 3658 = NVwZ 2000, 1055 = UPR 2000, 453 = Zeitschrift des BayGT 2000, 188, mit ablehnender Anmerkung Dirnberger; Beschl. v. 10.4.2012 – 4 B 42/11 – ZfBR 2012, 478 = BRS 79 Nr. 95; dem BVerwG folgend BayVGH, Beschl. v. 21.7.2000 – 26 CS 00.1348 – BauR 2001, 214 = BayVBl. 2001, 372 = BRS 63 Nr. 96 = NVwZ-RR 2001, 228; OVG Nordrhein-Westfalen, Urt. v. 26.6.2014 – 7 A 2725/12; vgl. auch VGH Baden-Württemberg, Beschl. v. 4.10.2007 – 8 S 1447/07 – VBlBW 2008, 272.

Unterschiede.[88] Maßgeblich werden aber immer die Umstände des Einzelfalls sein.[89] Mit der Entscheidung des BVerwG dürfte auch der Streit entschieden sein, ob und inwieweit Doppelhaushälften deckungsgleich sein müssen.[90] Anbauten sind jedoch möglich, wenn sie ihrerseits die Abstandsflächen einhalten.[91] Die Vorgabe, dass Doppelhaushälften nur dann ein Doppelhaus bilden, wenn sie in harmonischer und abgestimmter Weise aneinandergebaut sind, ist sowohl als Bebauungsplanfestsetzung wie auch im unbeplanten Innenbereich im Rahmen des Rücksichtnahmegebots drittschützend.[92]

72 Von einem Doppelhaus kann im Übrigen nur dann gesprochen werden, wenn es sich um ein Wohnhaus – also um ein Gebäude, das durch die Wohnnutzung überwiegend geprägt wird – handelt. Selbstverständlich sind die zum Doppelhaus angestellten Überlegungen uneingeschränkt auf Hausgruppen – also Reihenhäuser – übertragbar.

73 Ist in einem Gebiet, in dem an sich an die seitlichen Grundstücksgrenzen gebaut werden darf, das zulässige Nutzungsmaß – also insbesondere die Gebäudehöhe – auf dem Baugrundstück höher als auf dem Nachbargrundstück, kann es aus Gründen der Rücksichtnahme geboten sein, dass der Teil des Vorhabens, der über die auf dem Nachbargrundstück zulässige Gebäudehöhe hinausgeht, einen Abstand von der gemeinsamen Grenze einhält. Die Tiefe der Abstandsfläche bestimmt sich dann in der Regel nicht nach der Gesamthöhe des zurückgesetzten Wandteils, sondern nach der Höhe der freistehenden Wandfläche.[93]

74 Art. 6 Abs. 1 Satz 3 2. Alt. BayBO enthält keine Einschränkung dahingehend, dass beim fakultativen Grenzanbau **gesichert** sein müsste, dass vom Nachbargrundstück angebaut wird. Beim praktisch wichtigsten Fall, nämlich der Möglichkeit, auch in der offenen Bauweise Doppelhäuser bzw. Hausgruppen zu errichten, ist die Mitwirkung der Eigentümer der angrenzenden Grundstücke jedoch erforderlich. Das faktische Entstehen einer

---

88 OVG Nordrhein-Westfalen, Urt. v. 26.6.2014 – 7 A 2725/12.
89 So können zwei teilweise aneinander gebaute zweigeschossige Wohnhäuser selbst bei einem 3,90 m tiefen Versatz in quantitativer und qualitativer Hinsicht eine bauliche Einheit und damit ein Doppelhaus bilden, BayVGH, Beschl. v. 31.1.2011 – 1 ZB 08.2498.
90 Für Deckungsgleichheit BayVGH, Urt. v. 10.11.1998 – 14 B 96.2645 – BayVBl. 1999, 534; OVG Nordrhein-Westfalen, Beschl. v. 26.1.1987 – 11 B 2860/86 – BRS 47 Nr. 95 = BauR 1988, 64; gegen die Notwendigkeit einer Deckungsgleichheit offenbar SächsOVG, Beschl. v. 25.2.1998 – 1 S 38/98 – BRS 60 Nr. 106 = LKV 1999, 236 = SächsVBl. 1998, 261.
91 Vgl. BayVGH, Beschl. v. 23.6.1975 – 48 I 75 – BayVBl. 1975, 561.
92 BVerwG, Urt. v. 5.12.2013 – 4 C 5/12 – BVerwGE 148, 290 = NVwZ 2014, 370 = BauR 2014, 658 = ZfBR 2014, 257 = UPR 2014, 146 = DVBl. 2014, 530.
93 Vgl. BayVGH, Beschl. v. 26.1.2000 – 26 CS 99.2723 – BRS 63 Nr. 136 = BayVBl. 2001, 628 = UPR 2000, 319 = BauR 2000, 1038.

Doppelhaushälfte oder eines Reihenhausteils führt nicht dazu, dass seitliche Abstandsflächen nicht mehr eingehalten werden müssten.[94]

III. Behandlung von „Fremdkörpern"

Der Gesetzgeber hat sich – im Einklang mit der Musterbauordnung – in der Novelle 2008 entschlossen, die Regelungen des Art. 6 Abs. 1 Sätze 3 und 4 BayBO a. F. ersatzlos zu streichen. Nach diesen Vorschriften konnte – falls nach planungsrechtlichen Vorschriften nicht an die Nachbargrenze gebaut werden durfte, aber auf dem Nachbargrundstück ein Gebäude an der Grenze vorhanden war – die Bauaufsichtsbehörde zulassen oder verlangen, dass angebaut wurde. Musste nach planungsrechtlichen Vorschriften an die Grenze gebaut werden, war aber auf dem Nachbargrundstück ein Gebäude mit Grenzabstand vorhanden, konnte die Bauaufsichtsbehörde zulassen oder verlangen, dass eine Abstandsfläche eingehalten wurde.

75

Ausweislich der Begründung zum Gesetzentwurf sollen diese bauordnungsrechtlichen Instrumente zur Korrektur bauplanungsrechtlicher Vorgaben mit der höchstrichterlichen Rechtsprechung zum Verhältnis zwischen Bauweise und landesbauordnungsrechtlichen Abstandsflächenrecht nicht mehr vereinbar gewesen sein.[95] Außerdem soll es sich um überflüssige Doppelregelungen gehandelt haben, die zum Teil auch der konsequenten Umsetzung des Ansatzes widersprochen haben sollen, das Abstandsflächenrecht ausschließlich an bauordnungsrechtlichen Schutzzielen zu orientieren.

76

Dem Gesetzgeber ist zuzugestehen, dass die Streichung folgerichtig in ein System einer puristischen bauordnungsrechtlichen Sicht der Abstandsflächen eingepasst ist, wenn auch bislang – soweit ersichtlich – niemand eine Bundesrechtswidrigkeit in diesen, früher in praktisch allen Bauordnungen enthaltenen Vorschriften gesehen hatte. Bedauerlich ist im Übrigen weniger, dass eine Zulassungsmöglichkeit für die Bauaufsichtsbehörden wegfällt, dem Bauherrn über eine Bauordnungsrechtswidrigkeit hinweghelfen zu können. In der Tat reichen hier die planungsrechtlichen Möglich-

77

---

94 Vgl. BVerwG, Beschl. v. 16.12.1968 – IV B 195.68 – BRS 20 Nr. 101; OVG Nordrhein-Westfalen, Beschl. v. 17.7.2008 – 7 B 195/08 – NVwZ-RR 2008, 760 = BauR 2008, 2033; König in: König/Roeser/Stock, BauNVO, § 22 Rn. 14; anders wohl VGH Baden-Württemberg, Urt. v. 6.5.1969 – II 809/66 – BRS 22 Nr. 108; OVG Saarland, Urt. v. 24.5.1972 – II R 7/72 – BRS 25 Nr. 102.
95 Vgl. BVerwG, Beschl. v. 11.3.1994 – 4 B 53.94 – NVwZ 1994, 1008.

keiten vollauf aus. Möchte die Bauaufsichtsbehörde beispielsweise verhindern, dass an ein an der Grenze vorhandenes Gebäude in der offenen Bauweise angebaut wird, kann sie die – notwendige – Befreiung nach § 31 Abs. 2 BauGB von den Vorgaben des Planungsrechts verweigern. Ähnliches gilt, wenn in der geschlossenen Bauweise ein Gebäude mit Grenzabstand errichtet werden soll. Auch hier ist eine Befreiung erforderlich, die ggf. nicht erteilt wird.

78 Genommen wurde der Bauaufsichtsbehörde aber die Möglichkeit, ein entsprechendes Vorgehen des Bauherrn zu **verlangen**. Ein einfaches Beispiel mag die dadurch entstehende Problematik illustrieren: Bei festgesetzter offener Bauweise ist – wie dies auch immer in der Vergangenheit geschehen sein mag – ein Gebäude an der Grenze errichtet worden. Aus gestalterischer und städtebaulicher Sicht wäre ein Grenzanbau an dieses Gebäude wünschenswert. Wenn der Bauherr nun aber ein freistehendes Gebäude ausführen möchte, wäre dies planungsrechtlich und bauordnungsrechtlich ohne Weiteres zulässig. Allenfalls die Gemeinde könnte über Regelungen in einem Bebauungsplan oder einer örtlichen Bauvorschrift eventuelle Grenzanbauverpflichtungen schaffen. Durch die Streichung des Art. 6 Abs. 1 Sätze 3 und 4 BayBO a. F. wurden der Bauaufsichtsbehörde damit ohne Not flexible, einfache und in der Praxis funktionierende Instrumente aus der Hand genommen, um dem jeweiligen Einzelfall angepasste Lösungen zu finden und durchzusetzen. Es ist zu befürchten, dass sich tendenziell über gemeindliche Satzungen die baurechtlichen Vorschriften und der bürokratische Aufwand durch diese Streichung eher vermehren als vermindern werden.

C.
Die Lage der Abstandsflächen (Art. 6 Abs. 2 BayBO)

I. Grundsatz (Art. 6 Abs. 2 Satz 1 BayBO)

Gemäß Art. 6 Abs. 2 Satz 1 BayBO müssen die Abstandsflächen – sowie die Brandschutzabstände nach Art. 28 Abs. 2 Nr. 1 und Art. 30 Abs. 2 BayBO – in ihrer gesamten Breite und Tiefe grundsätzlich **vollständig auf dem Grundstück selbst** liegen. Art. 6 Abs. 2 Satz 1 BayBO ist jedoch nicht so zu verstehen, dass eine Abstandsfläche ipso iure an der Grundstücksgrenze enden würde, vielmehr ist es durchaus denkbar, dass sich über den Fall des Art. 6 Abs. 2 Satz 3 BayBO hinaus eine Abstandsfläche – in aller Regel rechtswidrig – auf ein Nachbargrundstück erstreckt.[96] Auch dann gilt im Übrigen das Überdeckungsverbot des Art. 6 Abs. 3 BayBO; allenfalls wird man mit dem Instrument des Grundsatzes von Treu und Glauben arbeiten können, wenn sich ein Nachbar, dessen Abstandsfläche rechtswidrigerweise auf dem Baugrundstück ruht, darauf beruft, dass das Überdeckungsverbot durch die neue Baumaßnahme verletzt wird, also auf dem Baugrundstück die neue Abstandsfläche auf der alten zu liegen kommt. Selbstverständlich kann die Bauaufsichtsbehörde mit den ihr zur Verfügung stehenden Mitteln auch die rechtswidrige Situation – Abstandsfläche auf einem fremden Grundstück – beseitigen. Schließlich stehen dem Eigentümer, auf dessen Grundstück die fremde Abstandsfläche ohne Rechtsgrund liegt, zivilrechtliche Abwehrmechanismen zu.

79

Unter dem Begriff des Grundstücks ist das **bürgerlich-rechtliche Buchgrundstück** zu verstehen.[97] Dies gilt für das gesamte Bauordnungsrecht. Damit wird eine Übereinstimmung mit dem planungsrechtlichen Grundstücksbegriff erreicht, wobei allerdings anerkannt ist, dass der Landesgesetzgeber den bauordnungsrechtlichen Grundstücksbegriff auch anders definieren könnte.[98] Vom bürgerlich-rechtlichen Grundstücksbegriff kann nur dann abgewichen werden, wenn bei Verwendung dieses Begriffs die

80

---

96 BayVGH, Beschl. v. 20.2.2002 – 15 B 01.2566 – FStBay 2003/99; a. A. wohl OVG Brandenburg, Beschl. v. 15.5.1996 – 3 B 57/96; jetzt auch BayVGH, Beschl. v. 14.1.2009 – 1 ZB 08.97 – NVwZ-RR 2009, 628 = BauR 2009, 1430 = BayVBl. 2009, 693; Beschl. v. 6.8.2013 – 15 CS 13.1076.
97 Vgl. BayVGH, Urt. v. 30.8.1984 – 2 B 83 A.1265 – BRS 42 Nr. 165; ThürOVG, Beschl. v. 15.5.1996 – 1 EO 423/95 – ThürVBl. 1996, 259.
98 Vgl. BVerwG, Urt. v. 14.2.1991 – 4 C 51/87 – DÖV 1991, 739.

C. Die Lage der Abstandsflächen

Gefahr entstünde, dass der Sinn der Regelung handgreiflich verfehlt würde.[99] Der bürgerlich-rechtliche Begriff des Buchgrundstücks knüpft an das Bestandsverzeichnis des Grundbuchblattes an (§ 2 Abs. 1 Satz 1 und 2 GBO). Das Buchgrundstück wird danach definiert als ein abgegrenzter Teil der Erdoberfläche, der im Grundbuch eine besondere Stelle erhalten hat und unter einer besonderen Nummer gebucht ist. Dieser bürgerlich-rechtliche Grundstücksbegriff ist insbesondere zu unterscheiden vom Grundstück im vermessungstechnischen Sinn, weil ein Grundstück im Rechtssinn aus mehreren vermessungstechnischen Grundstücken, wie sie im Liegenschaftskataster verzeichnet sind, bestehen kann. Die Abstandsflächen dürfen sich also grundsätzlich auch dann nicht auf ein Nachbargrundstück erstrecken, wenn dieses im Eigentum des Bauherrn steht. Werden der Miteigentumsanteil an einem Flurstück und ein weiteres zur Bebauung anstehendes Flurstück in einem gemeinschaftlichen Grundbuchblatt des Bauherrn unter einer einheitlichen Nummer geführt, so bilden die beiden Flurstücke gleichwohl kein einheitliches Grundstück im Sinne des Art. 6 Abs. 2 Satz 1 BayBO.[100] Die Richtigkeitsvermutung des Grundbuches (§ 891 BGB) bezüglich der Eigentumsverhältnisse an einem Grundstück erstreckt sich im Übrigen auch auf den im Liegenschaftskataster dargestellten Grenzverlauf. Stimmt das Liegenschaftskataster mit den tatsächlichen Eigentumsverhältnissen nicht überein, muss der Eigentümer seine Rechte zunächst auf dem Zivilrechtsweg geltend machen.[101]

81 Problematisch ist die Bestimmung des für die Abstandsflächen maßgeblichen Grundstücks, wenn eine bauliche Anlage ein **fremdes Grundstück überbaut**. Der BayVGH geht offenbar davon aus, dass auch in diesem Fall das überbaute Grundstück nicht zum Baugrundstück wird.[102] Dagegen spricht allerdings, dass der Überbau rein zivilrechtliche Wirkungen hat und sich auf die öffentlich-rechtliche Frage, was als Baugrundstück angesehen werden kann, nicht auswirkt.[103]

---

99 OVG Sachsen-Anhalt, Urt. v. 26.9.2013 – 2 L 202/11 – NVwZ-RR 2014, 83.
100 BayVGH, Urt. v. 27.9.1995 – 14 B 93.760.
101 OVG Nordrhein-Westfalen, Urt. v. 18.10.2011 – 10 A 26/09 – BauR 2012, 923 = BRS 78 Nr. 135.
102 BayVGH, Beschl. v. 21.10.2003 – 25 CS 03.2174.
103 Jäde, Das öffentliche Baurecht in der Rechtsprechung des Bayerischen Verwaltungsgerichtshofs 2002–2004, BayVBl. 2004, 481.

II. Abstandsflächen auf öffentlichen Flächen (Art. 6 Abs. 2 Satz 2 BayBO)

Nach Art. 6 Abs. 2 Satz 2 BayBO können sich Abstandsflächen auch auf öffentliche Verkehrsflächen, Grünflächen oder Wasserflächen erstrecken. Dazu muss die Behörde keine Entscheidung über eine Abweichung nach Art. 63 Abs. 1 BayBO treffen; vielmehr ist diese Möglichkeit für den Bauherrn bereits kraft Gesetzes gegeben.

82

Grund für diese Regelung ist die Tatsache, dass aus rechtlichen (Festsetzungen im Bebauungsplan) und/oder tatsächlichen Gründen auf öffentlichen Verkehrs-, Grün- und Wasserflächen nur in Ausnahmefällen oberirdische bauliche Anlagen errichtet werden, sodass die Zwecke der Abstandsflächen auch dann erreicht werden, wenn sie sich auf diese Flächen erstrecken. Soll dort gleichwohl ein Gebäude entstehen (z. B. eine Imbissbude auf öffentlichem Straßengrund), so ist dieses an die Abstandsflächenregelungen (Freihaltepflicht, Art. 6 Abs. 1 Satz 1 BayBO; Überdeckungsverbot, Art. 6 Abs. 3 BayBO) gebunden.

83

Unter **öffentlichen Verkehrsflächen** versteht man Bereiche, die dem öffentlichen Verkehr gewidmet sind, also insbesondere öffentliche Straßen, Wege und Plätze, Anlagen für den öffentlichen Luftverkehr und öffentliche Eisenbahnanlagen.[104] Öffentlich sind diese Flächen, wenn sie einem öffentlichen Verkehr gewidmet sind oder dienen. Das ist dann der Fall, wenn sie im Rahmen ihres Widmungszwecks grundsätzlich jedermann offenstehen bzw. wenn – bei fehlender Widmung – die öffentliche Zweckbestimmung auf Dauer gesichert ist und die Fläche von der Öffentlichkeit tatsächlich genutzt wird. Dass die öffentliche Hand Eigentümerin der Flächen ist, ist hingegen nicht erforderlich.[105] Die Begriffe **öffentliche Grünfläche** bzw. **öffentliche Wasserfläche** entsprechen den planungsrechtlichen Begriffen nach § 9 Abs. 1 Nrn. 15 und 16 BauGB. Erfasst werden beispielsweise Parkanlagen, Friedhöfe, Sport-, Spiel- und Badeplätze.

84

In Anspruch genommen werden dürfen diese Flächen bis zu deren Mitte, also mit anderen Worten zur Hälfte. Das bedeutet, dass die erforderliche Abstandsfläche auch zum Großteil oder sogar ganz auf der jeweiligen Fläche liegen kann, wenn nach den planungsrechtlichen Vorschriften an die Grenze gebaut werden darf (Abb. 7).

85

---

104 Zur Erforderlichkeit der Widmung vgl. BayVGH, Beschl. v. 19.11.2004 – 15 ZB 04.288.
105 OVG Berlin, Urt. v. 11.2.2002 – 2 S 1.02 – BauR 2002, 1381 = LKV 2002, 542 = BRS 63 Nr. 131.

C. Die Lage der Abstandsflächen

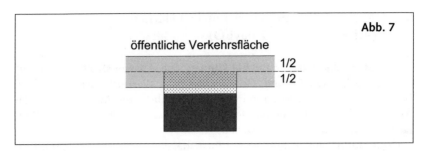

Abb. 7

86 Entscheidend für den Begriff der **Mitte** ist – falls verschiedene Arten von öffentlichen Flächen aneinander bzw. an das Grundstück grenzen – die Gesamtausdehnung der öffentlichen Flächen. Wie Abb. 8 zeigt, ist es daher beispielsweise möglich, dass die Abstandsfläche zur Gänze auf einer öffentlichen Verkehrsfläche liegt, wenn sich daran eine mindestens gleich tiefe öffentliche Wasser- bzw. Grünfläche anschließt.

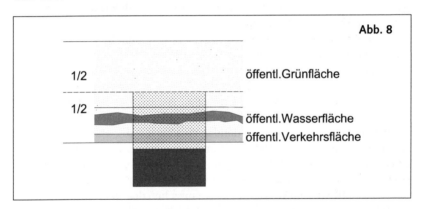

Abb. 8

87 Grund für die Einschränkung, öffentliche Flächen nur zur Hälfte für Abstandsflächen in Anspruch nehmen zu können, ist die Überlegung, dass den jeweils auf der anderen Seite dieser Flächen gelegenen Grundstückseigentümern die **gleiche Möglichkeit** eingeräumt werden soll. Deshalb ist es denkbar – falls die übrigen Voraussetzungen vorliegen – dem Bauherrn im Wege der Abweichung nach Art. 63 Abs. 1 BayBO die öffentliche Fläche in ihrer gesamten Ausdehnung für seine Abstandsflächen zur Verfügung zu stellen, wenn gewährleistet ist, dass die gegenüberliegenden Grundstücke nicht bebaut werden können.[106] Eine Verletzung der Vorschrift beeinträch-

---

106 Etwas anders OVG Niedersachsen, Beschl. v. 5.9.2002 – 1 ME 182/02 – BauR 2003, 75.

tigt Nachbarrechte.[107] Umgekehrt kann sich ein Nachbar, dessen Gebäude mit seinen Abstandsflächen entgegen Art. 6 Abs. 2 Satz 2 BayBO mehr als die Hälfte der öffentlichen Fläche einnimmt, nicht auf einen Verstoß gegen das Überdeckungsverbot des Art. 6 Abs. 3 BayBO berufen, wenn der Bauherr seinerseits mit seinem Vorhaben von der Möglichkeit des Art. 6 Abs. 2 Satz 2 BayBO Gebrauch macht.[108]

Art. 6 Abs. 2 Satz 2 BayBO ist im Übrigen nicht auf einen bestimmten Typ weniger bedeutsamer Gebäude beschränkt, sondern gilt generell für alle ggf. einzuhaltenden Abstandsflächen.[109] **88**

III. Abstandsflächen auf dem Nachbargrundstück (Art. 6 Abs. 2 Satz 3 BayBO)

1. Allgemeine Fragen

Art. 6 Abs. 2 Satz 3 BayBO regelt, dass Abstandsflächen bzw. Abstände sich dann auf ein Nachbargrundstück erstrecken dürfen, wenn rechtlich oder tatsächlich gesichert ist, dass sie nicht überbaut werden, oder wenn der Nachbar zustimmt. **89**

Geht man von den **Zwecken** aus, die der Einhaltung von Abstandsflächen zugrunde liegen – also Sicherstellung einer ausreichenden Belichtung, Besonnung und Belüftung, Gewährleistung von störungsfreiem Wohnen, Erhalt von Freiflächen und Gründe des Brandschutzes –, so wird deutlich, dass es insoweit völlig bedeutungslos ist, ob und wo zwischen den baulichen Anlagen, die zueinander Abstandsflächen aufweisen müssen, Grundstücksgrenzen verlaufen. Art. 6 BayBO enthält daher folgerichtig in erster Linie ein System von Gebäudeabständen und nicht die Festlegung von Grenzabständen; es ist insbesondere ohne Belang, ob sich die baulichen Anlagen auf einem Grundstück oder auf zwei benachbarten Grundstücken befinden. **90**

Ein gewisser Fremdkörper scheint demgegenüber Art. 6 Abs. 2 Satz 1 BayBO zu sein, der bestimmt, dass Abstandsflächen und Abstände **grundsätzlich auf dem Grundstück selbst** liegen müssen. Dieser „Systembruch" **91**

---

107 OVG Niedersachsen, Beschl. v. 30.3.1999 – 1 M 897/99 – BRS 62 Nr. 190 = ZfBR 1999, 358 – nur LS; im Prinzip auch BayVGH, Beschl. v. 11.2.2004 – 2 CS 04.18; vgl. dazu noch BayVGH, Urt. v. 29.6.2004 – 2 B 02.1239.
108 Vgl. SächsOVG, Beschl. v. 2.11.1995 – 1 S 413/95; ähnlich OVG Saarland, Beschl. v. 21.11.2012 – 2 B 284/12 – KommJur 2013, 111.
109 BayVGH, Beschl. v. 23.10.2009 – 9 ZB 08.2163.

C. Die Lage der Abstandsflächen

ist jedoch kein Rückfall in grenzabstandsflächenrechtliches Denken, sondern aus folgendem Grund erforderlich: Ließe man es zu, bauliche Anlagen zu errichten, ohne Rücksicht darauf, ob Abstandsflächen auf dem Nachbargrundstück liegen, wäre der „schnelle" Bauherr privilegiert. Er könnte die noch vorhandenen freien Flächen vollständig ausnutzen und beispielsweise ein Gebäude an seine Grundstücksgrenzen setzen. Der Nachbar wäre dann in seiner Baufreiheit auf seinem eigenen Grundstück erheblich eingeschränkt; ansonsten ohne weiteres zulässige Baukörper dürften wegen der bereits vorhandenen baulichen Anlage und deren Abstandsflächen nicht mehr entstehen. Dieser Befund führt zu der Notwendigkeit, eine die Interessen der benachbarten Grundstückseigentümer ausgleichende Regelung vorzusehen. Art. 6 Abs. 2 Satz 1 BayBO erlaubt es dem Bauherrn, nur sein eigenes Grundstück auszunutzen, sodass im Ergebnis jeder Nachbar die Abstandsfläche je zur Hälfte auf seinem Grundstück zu liegen bekommt. Sind sich die Nachbarn einig – überlässt also einer der beiden einen Teil seines Grundstücks einer fremden Abstandsfläche – oder ist das „fremde" Grundstück nicht bebaubar, wird die Verpflichtung, dass Abstandsflächen auf dem Baugrundstück selbst liegen müssen, obsolet.

92 Das **„andere" Grundstück**, auf das sich die Abstandsfläche nach Gestattung erstrecken darf, wird in der Regel ein privates Nachbargrundstück sein, da öffentliche Flächen bereits über Art. 6 Abs. 2 Satz 2 BayBO erfasst werden. Art. 6 Abs. 2 Satz 3 BayBO findet jedoch beispielsweise Anwendung auf private Verkehrsflächen. Nach dem Wortlaut der Vorschrift scheint sich deren Anwendungsbereich nur auf unmittelbar angrenzende Grundstücke zu erstrecken; man wird jedoch die Vorschrift so verstehen können, dass eine Übernahme auch dann erfolgen kann, wenn zwischen dem Baugrundstück und dem Nachbargrundstück z. B. ein weiteres (im Regelfall schmales) Grundstück liegt, das beispielsweise als Zufahrt zu einem Hinterliegergrundstück dient. Selbstverständlich muss auch für diesen Grundstücksstreifen eine „Rechtfertigung" dafür vorhanden sein, dass die fremde Abstandsfläche darauf zu liegen kommt. In Frage kommt für den erwähnten Beispielsfall einer privaten Verkehrsfläche etwa die tatsächliche Nichtbebaubarkeit oder die Zulassung einer Abweichung nach Art. 63 BayBO.

93 Die **Eigentumsverhältnisse** in Bezug auf die Grundstücke sind ohne Belang; das heißt, dass auch dann, wenn die beiden benachbarten Buchgrundstücke im Eigentum derselben Person stehen, die Regelung des Art. 6 Abs. 2 Satz 3 BayBO herangezogen werden muss, wenn sich Abstandsflächen auf ein Nachbargrundstück erstrecken sollen. Dies folgt aus der Überlegung, dass die selbstständigen Grundstücke jederzeit an andere übertragen werden können.

Nicht überbaut werden kann ein Grundstück nur dann, wenn auf ihm 94
weder ein Gebäude noch eine bauliche Anlage errichtet werden kann, von
der Wirkungen wie von einem Gebäude im Sinne des Art. 6 Abs. 1 Satz 2
BayBO ausgehen.[110]

Die Abstandsflächen und Abstände können sich **ganz oder teilweise** auf 95
das Nachbargrundstück erstrecken, das heißt über Art. 6 Abs. 2 Satz 3
BayBO kann vom Abstandsflächenrecht her auch ein Grenzanbau zugelassen werden. Eine Inanspruchnahme des Nachbargrundstücks für die bauliche Anlage selbst ist jedoch ausgeschlossen.

Die Rechtsfolge des Art. 6 Abs. 2 Satz 3 BayBO – also Erstreckung der 96
Abstandsflächen auf das Nachbargrundstück – tritt **kraft Gesetzes** ein, das
heißt, dass die Behörde keine Einzelfallentscheidung – etwa im Rahmen
der Zulassung einer Abweichung – zu treffen hat. Die Formulierung in der
Vorschrift, wonach sich die Abstandsflächen auf das fremde Grundstück
erstrecken **dürfen**, eröffnet der Behörde keinen Ermessensspielraum, sondern macht deutlich, dass die entsprechende rechtliche Möglichkeit für
den Bauherrn besteht. Selbstverständlich bleibt die Befugnis der Bauaufsichtsbehörde unberührt, die Voraussetzungen des Art. 6 Abs. 2 Satz 3
BayBO – wirksame Nachbarzustimmung oder rechtliche oder tatsächliche
Nichtbebaubarkeit – nachzuprüfen.

Die Bauaufsichtsbehörde kann – dann selbstverständlich im Rahmen 97
ihres bauaufsichtlichen Ermessens – auch ohne dass die Voraussetzungen
des Art. 6 Abs. 2 Satz 3 BayBO vorliegen müssten, und letztlich auch gegen
den Willen des Nachbarn eine problematische Situation beispielsweise an
einer unregelmäßig geschnittenen Grundstücksgrenze durch die **Zulassung
einer Abweichung** gemäß Art. 63 BayBO bereinigen. Der wesentliche
Unterschied in der Rechtsfolge der Zulassung einer Abweichung gegenüber Art. 6 Abs. 2 Satz 3 BayBO besteht darin, dass sich durch die Zulassung einer Abweichung Abstandsflächen gerade nicht mehr auf das Nachbargrundstück erstrecken, sondern in ihrer Tiefe verkürzt werden.

Mit der Erstreckung von Abstandsflächen auf **staatseigene Grundstücke** 98
beschäftigt sich ein unveröffentlichtes Schreiben des Staatsministeriums
der Finanzen vom 18.12.1995[111]. Danach prüft die zuständige Bezirksfinanzdirektion,[112] ob der von der Abstandsfläche in Anspruch genommene
Bereich für staatliche Zwecke dauernd entbehrlich ist und daher dem
Antragsteller verkauft werden kann. Ist ein Verkauf nicht möglich oder

---

110 BayVGH, Urt. v. 15.5.2006 – 1 B 04.1893 – NVwZ-RR 2007, 83 = BauR 2006, 2037.
111 Az. 43 – VV 2010 – 5/193 – 74538.
112 Vgl. 2.5 der GemBek über die Vertretung des Freistaates Bayern als Grundstückseigentümer in Verwaltungsverfahren vom 19.9.1986.

nicht zweckmäßig, so kann dem Antrag stattgegeben werden, wenn eine Bebauung der Abstandsfläche für staatliche Zwecke bzw. eine sonstige Inanspruchnahme – etwa als Abstandsfläche – nicht in Frage kommt. Für die Übernahme ist eine angemessene Entschädigung zu leisten.

2. Nichtüberbaubarkeit aus rechtlichen oder tatsächlichen Gründen

99 Gemäß Art. 6 Abs. 2 Satz 3 BayBO dürfen sich Abstandsflächen und Abstände im Sinne des Art. 6 Abs. 2 Satz 1 BayBO ganz oder teilweise auf ein Nachbargrundstück erstrecken, wenn rechtlich oder tatsächlich gesichert ist, dass sie nicht überbaut werden. Dabei muss die Möglichkeit, auf dem Nachbargrundstück zu bauen, mit an Sicherheit grenzender Wahrscheinlichkeit auf Dauer ausgeschlossen sein.[113]

100 Dabei ist zunächst problematisch, was vom Begriff der rechtlichen Sicherung umfasst wird. Eindeutig ist, dass eine **bloße privatrechtliche Vereinbarung** zwischen den Grundstückseigentümern als rechtlicher Grund nicht genügt. Ausreichend ist allerdings die **Eintragung von entsprechenden Dienstbarkeiten** ins Grundbuch. Die Nichtüberbaubarkeit der Abstandsfläche kann konkret dadurch abgesichert werden, dass das in Anspruch genommene Grundstück mit einer Grunddienstbarkeit nach § 1018 BGB zugunsten des jeweiligen Eigentümers des Baugrundstücks belastet wird mit dem Inhalt, dass die Abstandsflächen nicht überbaut werden dürfen.[114] Entscheidend ist aber insoweit die – zusätzliche – Einräumung einer inhaltsgleichen beschränkt persönlichen Dienstbarkeit nach § 1090 BGB zugunsten des Rechtsträgers der Bauaufsichtsbehörde, mit der Folge, dass die Nachbarn auch durch einvernehmliches Handeln die Belastung nicht mehr aufheben können.[115] Eine rein privatrechtliche Abrede kann aber gleichwohl Bedeutung erlangen. Ergibt sich aus ihr der eindeutige Wille der Parteien, dass eine Übernahme der Abstandsflächen ermöglicht werden soll, kann daraus – zivilrechtlich – ein Anspruch abgeleitet werden, dass der Nachbar die Handlungen vornimmt, die zur Erreichung des Ziels notwendig sind, bzw. – wegen des Verbots widersprüchlichen Verhaltens – es unterlässt, gegen eine entsprechende bauliche Anlage vorzugehen.[116]

---

113 OVG Nordrhein-Westfalen, Beschl. v. 17.3.1994 – 11 B 2666/93 – BRS 56 Nr. 111 = BauR 1994, 754.
114 Eine solche Dienstbarkeit kann allerdings nicht dahingehend ausgelegt oder umgedeutet werden, dass sie (auch) eine Dienstbarkeit zur Sicherung des Brandschutzabstands im Sinne des Art. 28 Abs. 2 Nr. 1 BayBO darstellt, BayVGH, Beschl. v. 10.7.2014 – 9 CS 14.998.
115 Vgl. BayVGH, Beschl. v. 5.3.2007 – 2 CS 07.81 – FStBay 2008/48.
116 In diesem Sinne BayVGH, Beschl. v. 20.12.2004 – 14 CS 04.2229.

III. Abstandsflächen auf dem Nachbargrundstück

Als rechtliches Sicherungsmittel werden teilweise auch **Festsetzungen in einem Bebauungsplan** angesehen. Dabei ist jedoch zu bedenken, dass zumindest theoretisch auch die Möglichkeit einer Befreiung von den entsprechenden Festsetzungen nach § 31 Abs. 2 BauGB gegeben ist, wenn die Abweichung städtebaulich vertretbar ist und die Grundzüge der Planung nicht berührt werden. Auch kann die Gemeinde ihren Planungswillen jederzeit wieder abändern; zwar ist die Bauaufsichtsbehörde an Änderungen des Bebauungsplans zu beteiligen, sodass die entsprechenden Belange eingestellt werden können, insbesondere dann, wenn bereits eine bauliche Anlage entstanden ist, deren Abstandsfläche sich auf das Nachbargrundstück erstreckt und nun die betreffenden Festsetzungen geändert werden sollen. In diesem Fall eine nachträgliche Zustimmung des Nachbarn zu fordern, dürfte aber wenig praktisch sein. Auch anzunehmen, dass dann eine Bebauungsplanänderung insoweit nicht mehr möglich ist, ist angesichts der Bedeutung der gemeindlichen Planungshoheit unzutreffend. Daraus folgt, dass Festsetzungen in einem Bebauungsplan als rechtliche Sicherung im Sinne des Art. 6 Abs. 2 Satz 3 BayBO nicht ausreichen. Ähnliches gilt im Übrigen auch für **vergleichbare öffentlich-rechtliche Regelungen**, die das Bauen verbieten, wie etwa Verordnungen nach Naturschutzrecht – einschließlich Baumschutzverordnungen –, festgesetzte Überschwemmungsgebiete oder straßenrechtliche Anbauverbote.

101

Aus rechtlichen Gründen nicht überbaubar ist jedoch eine Fläche, wenn sie als **private Zuwegung** dient und angenommen werden kann, dass eine Bebauung auf Dauer ausgeschlossen ist, weil die Eigentümer auf diese Zufahrt angewiesen sind.[117] Solche Flächen sind in entsprechender Anwendung des Art. 6 Abs. 2 Satz 2 BayBO abstandsflächenrechtlich den benachbarten bebaubaren Grundstücken zu gleichen Teilen zuzuordnen. Grenzen aber an einer Seite Grundstücke der Eigentümer der nicht überbaubaren Fläche und auf der gegenüberliegenden Seite Grundstücke von Dritten an, ist die nichtüberbaubare Fläche in vollem Umfang den Eigentümergrundstücken zugeordnet.[118] Dass eine Grundstücksfläche mit einem **Geh- und Fahrtrecht** belastet ist, führt jedenfalls nicht zwingend zu einer rechtlichen Nichtüberbaubarkeit.[119]

102

Ein **tatsächlicher Grund für die Nichtüberbaubarkeit** kann sich insbesondere aus den topographischen Gegebenheiten ableiten. Zu denken ist beispielsweise an – private – Wasserflächen auf dem Nachbargrundstück

103

---

117 BayVGH, Beschl. v. 24.8.2000 – 14 ZB 00.715; ähnlich Beschl. v. 22.2.2011 – 2 ZB 10.874.
118 BayVGH, Beschl. v. 29.9.2004 – 1 CS 04.340 – NVwZ-RR 2005, 389 = BauR 2005, 1148; vgl. auch Urt. v. 26.9.2007 – 1 B 05.2572.
119 BayVGH, Beschl. v. 3.2.2009 – 9 ZB 07.1153 – FStBay 14/2009.

oder an einen nicht zu bebauenden Steilhang, der sich auf dem Nachbargrundstück anschließt. Es muss sich dabei um eine dauerhafte und nicht ausräumbare Unbebaubarkeit handeln.

103a Eine abstandsflächenrechtliche Inanspruchnahme des Nachbargrundstücks wegen öffentlich-rechtlich gesicherter beziehungsweise sich aus tatsächlichen Gründen ergebender fehlender Überbaubarkeit der fraglichen Flächen auf dem Nachbargrundstück kann **gegen den Willen seiner Eigentümer** vor dem Hintergrund der Eigentumsgarantie (Art. 14 GG) allenfalls in **Ausnahmefällen** gerechtfertigt werden, wenn sicher feststeht, dass dem Nachbarn letztlich auch für die Zukunft „nichts genommen" wird.[120]

3. Die schriftliche Zustimmung des Nachbarn

104 Abstandsflächen dürfen sich auf das Nachbargrundstück erstrecken, wenn der Nachbar gegenüber der Bauaufsichtsbehörde schriftlich, aber nicht in elektronischer Form, zustimmt.[121]

105 Die Übernahme der Abstandsflächen hat insoweit – und dies im Übrigen seit je und unabhängig davon, in welcher Form sie erfolgt – eine **öffentlich-rechtliche Legalisierungsfunktion**.[122] Wird die auf dem Baugrundstück selbst nicht unterzubringende Abstandsfläche vom Nachbarn übernommen, darf sie auf dessen Grundstück liegen; eine dies bewirkende Baugenehmigung ist – soweit Abstandsflächen noch zum Prüfumfang der Bauaufsichtsbehörde gehören – materiell rechtmäßig. Die Bauaufsichtsbehörde ist daran gehindert, bauaufsichtliche Maßnahmen aus der Lage der Abstandsfläche auf einem Nachbargrundstück abzuleiten. Ob sich daraus auch zivilrechtliche Nebeneffekte ergeben, ist eine in Ansehung des Art. 68 Abs. 4 BayBO vom öffentlichen Baurecht jedenfalls nicht zwingend zu beantwortende Frage.[123] Die Zustimmung nach Art. 6 Abs. 2 Satz 3 BayBO stellt sich also als rein öffentlich-rechtliche Erklärung des Nachbarn gegenüber der Bauaufsichtsbehörde dar, aus der zivilrechtliche Folgen allenfalls mittelbar abgeleitet werden können.

106 Für die Abstandsflächenübernahme ist eine **gesonderte Erklärung des Nachbarn** erforderlich. In jedem Fall nicht ausreichend ist die **Unterschrift** des Nachbarn auf den Lageplänen und Bauzeichnungen im Sinne des Art. 66 Abs. 1 Satz 2 BayBO. Sie bewirkt zwar, dass eine Klage des Nach-

---

120 OVG Saarland, Beschl. v. 24.9.2012 – 2 A 223/12 – BauR 2013, 756 = BRS 79 Nr. 126.
121 Vgl. dazu auch Hauth, Gibt es eine zwangsweise Übernahme von Abstandsflächen?, BauR 2008, 775.
122 Jäde, Nochmals – Das Ende der Abstandsflächendienstbarkeit?, BayVBl. 1995, 710.
123 Vgl. zu der verwandten Fragestellung einer zivilrechtlichen Wirkung der Baulast BGH, Urt. v. 9.1.1981 – V ZR 58/79 – NJW 1981, 980.

barn unzulässig bzw. unbegründet ist, sie beinhaltet aber keinesfalls die Zustimmung des Nachbarn zu einer Abstandsflächenübernahme nach Art. 6 Abs. 2 Satz 3 BayBO. Dabei kann offenbleiben, ob die Unterschrift als eine öffentlich-rechtliche Handlung anzusehen ist; jedenfalls sichert sie die Nichtüberbaubarkeit der von den fremden Abstandsflächen in Anspruch genommenen Flächen nicht ab. Dies gilt auch dann, wenn sich aus den unterschriebenen Unterlagen eindeutig ergibt, dass das Vorhaben seine Abstandsflächen auf dem Baugrundstück selbst nicht einhalten kann und dass und wie die Abstandsflächen auf dem Nachbargrundstück lägen.

Ebenso wenig kann dann, wenn ein bebautes Grundstück **geteilt** wird und nach der Teilung die Abstandsflächen auf eigenem Grund nicht mehr eingehalten werden können, davon ausgegangen werden, dass eine Zustimmung nach Art. 6 Abs. 2 Satz 3 BayBO vorliegt. Auch hier ist eine ausdrückliche gesonderte Zustimmung erforderlich. Wird ein Grundstück geteilt, das durch eine Abstandsflächenübernahme belastet ist, ist eine „**Lastenfreistellungserklärung**" – ähnlich wie im Grundbuchrecht – nicht notwendig. Dies ergibt sich bereits daraus, dass – anders als bei Dienstbarkeiten – nicht das gesamte Grundstück, sondern nur ein bestimmter Teil – nämlich die von der Abstandsflächenübernahme konkret beanspruchte Fläche – belastet ist. **107**

Eine **wirksame Zustimmung** im Sinne des Art. 6 Abs. 2 Satz 3 BayBO kann nur angenommen werden, wenn sich aus ihr **zweifelsfrei entnehmen** lässt, ob und wo die Abstandsflächen auf dem Nachbargrundstück zu liegen kommen und dass der Nachbar sich der Rechtsfolgen einer solchen Zustimmungserklärung bewusst war. Erforderlich ist also im Regelfall eine zeichnerische und textliche Darstellung der Abstandsflächen sowie der für diese Abstandsflächen relevanten Teile der geplanten baulichen Anlage. Überdies muss sich aus der Zustimmung eindeutig ergeben, dass der Nachbar die Abstandsflächen übernehmen will und dass er die Folgen dieser Übernahme kennt. Regelmäßig muss die Erklärung also die Aussage enthalten, dass dem Nachbarn bekannt ist, dass die übernommene Fläche nicht überbaut werden darf und dass ein Gebäude auf dem Nachbargrundstück die zusätzlich erforderliche Abstandsfläche einzuhalten hat. **108**

Das Staatsministerium des Innern hat mit Bekanntmachung vom 31.10.2012 (AllMBl. S. 898) im Rahmen des Vollzugs der Bauvorlagenverordnung folgendes Formular zur Abstandsflächenübernahme **verbindlich eingeführt** (Anlage 5):[124] **109**

---

[124] Das Formular kann auch im Internet unter der Adresse http://www.stmi.bayern.de/assets/stmi/buw/baurechtundtechnik/a005_abstandsflaechenuebern.pdf heruntergeladen werden.

C. Die Lage der Abstandsflächen

Anlage 5

An (untere Bauaufsichtsbehörde)	Nr. im Bauantragsverzeichnis der unteren Bauaufsichtsbehörde	Eingangsstempel der unteren Bauaufsichtsbehörde

Zutreffendes bitte ankreuzen ☒ oder ausfüllen

Zustimmung gem. Art. 6 Abs. 2 BayBO zur
☐ Abstandsflächenübernahme   ☐ Abstandsübernahme

1. Antragsteller / Bauherr

Name	Vorname
Straße, Hausnummer	PLZ, Ort
Telefon (mit Vorwahl)	Fax
E-Mail	

Vertreter des Antragstellers / Bauherrn

Name	Vorname
Straße, Hausnummer	PLZ, Ort
Telefon (mit Vorwahl)	Fax
E-Mail	

2. Baugrundstück und Beschreibung der baulichen Anlage

Gemarkung	Flur-Nr.	Gemeinde
Straße, Hausnummer	Gemeindeteil	
Verwaltungsgemeinschaft		
Länge der baulichen Anlage		
Abstand zur Nachbargrenze Minimaler Abstand	Maximaler Abstand	

3. Nachbar

Name	Vorname
Straße, Hausnummer	PLZ, Ort
Telefon (mit Vorwahl)	Fax
E-Mail	

III. Abstandsflächen auf dem Nachbargrundstück

4. Nachbargrundstück

Gemarkung	Flur-Nr.	Gemeinde
Straße, Hausnummer		Gemeindeteil
Verwaltungsgemeinschaft		

5. Beschreibung und Darstellung der erforderlichen Abstandsflächen

Erforderliche Abstandsflächen der baulichen Anlage	Auf dem Baugrundstück einhaltbare Abstandsflächen	Auf das Nachbargrundstück zu übernehmende Abstandsflächen

☐ **Darstellung siehe Anlage** (In dem Plan sind im Maßstab 1:200 (1 cm = 2 m) darzustellen: Grenzverlauf zwischen Grundstück und Nachbargrundstück, auf den Grundstücken bereits vorhandene Gebäude, geplante(s) Gebäude (in rot), notwendige Abstandsflächen)

6. Beschreibung und Darstellung der erforderlichen Abstände

Erforderliche Abstände nach ☐ Art. 28 Abs. 2 BayBO ☐ Art. 30 Abs. 2 BayBO	Auf dem Baugrundstück einhaltbare Abstände	Auf das Nachbargrundstück zu übernehmende Abstände

☐ **Darstellung siehe Anlage** (In dem Plan sind im Maßstab 1:200 (1 cm = 2 m) darzustellen: Grenzverlauf zwischen Grundstück und Nachbargrundstück, auf den Grundstücken bereits vorhandene Gebäude, geplante(s) Gebäude (in rot), notwendige Abstände)

(Die Unterschrift des bauvorlagenberechtigten Entwurfsverfassers ist auf der Anlage erforderlich)

7. Erklärung der Abstandsflächen- / Abstandsübernahme durch den Nachbarn

☐ Ich bin verfügungsberechtigter (Allein-)Eigentümer des unter 4. näher bezeichneten Grundstücks.

☐ Ich bin verfügungsberechtigter Miteigentümer des unter 4. näher bezeichneten Grundstücks.

☐ Ich bin Miteigentümer des unter 4. näher bezeichneten Grundstücks und handle für die übrigen Miteigentümer mit Vollmacht (liegt bei).

☐ Ich verpflichte mich gegenüber dem Bauherrn unter 1., die Erstreckung der unter 5. beschriebenen Abstandsflächen auf mein unter 4. näher bezeichnetes Grundstück zu dulden, soweit sie auf dieses zu liegen kommen, also mit einer Tiefe von m.
Mir ist bekannt, dass
– diese Flächen von solchen baulichen Anlagen freizuhalten sind, die nach der Bayer. Bauordnung innerhalb der Abstandsflächen nicht zulässig sind und Gebäude auf meinem Grundstück die zusätzliche erforderlichen Abstandsflächen einzuhalten haben,
– diese Zustimmung gem. Art. 6 Abs. 2 BayBO für und gegen meine Rechtsnachfolger gilt.

☐ Ich verpflichte mich gegenüber dem Bauherrn unter 1., die Erstreckung der unter 6. beschriebenen Abstände auf mein unter 4. näher bezeichnetes Grundstück zu dulden, soweit sie auf dieses zu liegen kommen, also mit einer Tiefe von m.
Mir ist bekannt, dass
– Gebäude auf meinem Grundstück die dadurch zusätzlich erforderlichen Abstände einzuhalten haben, sofern sie von der entsprechenden Anforderung der Bayer. Bauordnung nicht ausdrücklich ausgenommen sind,
– diese Zustimmung gem. Art. 6 Abs. 2 BayBO für und gegen meine Rechtsnachfolger gilt.

8. Unterschriften

☐ Antragsteller / Bauherr
☐ Vertreter

Datum, Unterschrift
Nachbar

Datum, Unterschrift

110 Die Erklärung zur Abstandsflächenübernahme ist nur dann wirksam, wenn sie von dem oder von den **Verfügungsberechtigten** stammt.[125] Dies sind der Eigentümer oder der Erbbauberechtigte. Handelt es sich um eine Eigentümergemeinschaft, müssen grundsätzlich alle Eigentümer zustimmen.[126] Insoweit können die zur Zustimmung nach Art. 66 Abs. 1 Satz 2 BayBO entwickelten Grundsätze analog herangezogen werden. Die Bauaufsichtsbehörde kann im Übrigen auf der Grundlage der Generalklausel des § 1 Abs. 4 BauVorlV wie bisher die Vorlage eines Grundbuchauszugs für das Grundstück verlangen, auf das sich die Abstandsfläche erstrecken soll. Dies wird immer dann in Frage kommen, wenn Zweifel darüber bestehen, ob der wirklich Verfügungsberechtigte zugestimmt hat bzw. ob alle Verfügungsberechtigten zugestimmt haben. Die Verantwortung für die Wirksamkeit der Zustimmung trägt jedoch allein der Bauherr. Falls sich nachträglich herausstellt, dass die Zustimmung unwirksam war, liegt eine bauordnungsrechtswidrige Situation vor, die von der Behörde durch die ihr zukommenden bauaufsichtlichen Möglichkeiten bereinigt werden muss.

111 Art. 6 Abs. 2 Satz 3 2. Halbsatz BayBO stellt im Übrigen klar, dass die Zustimmung für den oder die **Rechtsnachfolger** des Nachbarn gilt, unabhängig davon, ob Einzel- oder Gesamtrechtsnachfolge eingetreten ist. Dabei darf – trotz des zu Zweifeln Anlass gebenden Wortlauts – die Vorschrift nicht als Fiktion verstanden werden. Die Erklärung des Nachbarn wird nicht als solche seines künftigen Rechtsnachfolgers fingiert, sondern lediglich ihre Wirkung auch für und gegen den Rechtsnachfolger des Nachbarn erstreckt.[127]

112 Die Zustimmung ist gegenüber der Bauaufsichtsbehörde zu erklären. Es handelt sich um eine **einseitige empfangsbedürftige Willenserklärung**, die mit Zugang bei der Bauaufsichtsbehörde wirksam wird. Nur bis zu diesem Zeitpunkt kann sie der Zustimmende noch frei widerrufen, es sein denn, es besteht eine Rechtspflicht – etwa aus einer privatrechtlichen Vereinbarung – zu ihrer Abgabe.[128] Damit unterscheidet sich die Behandlung der Zustimmung nach Art. 6 Abs. 2 Satz 3 BayBO nicht von der Nachbarunterschrift

---

125 Vgl. dazu ausführlich Griwotz, Amtspflichten bei der Abstandsflächenübernahme, BayVBl. 1997, 365.
126 Vgl. OVG Hamburg, Beschl. v. 25.9.1992 – Bs II 81/92 – BRS 54 Nr. 94.
127 So zu Recht Jäde, Nochmals – Das Ende der Abstandsflächendienstbarkeit?, BayVBl. 1995, 710; a. A. Mayer, Das Ende der Abstandsflächendienstbarkeit?, BayVBl. 1995, 257.
128 Griwotz, Amtspflichten bei der Abstandsflächenübernahme, BayVBl. 1997, 365.

III. Abstandsflächen auf dem Nachbargrundstück

nach Art. 66 Abs. 1 Satz 2 BayBO, die ebenfalls nur bis zum Eingang der Unterschrift bei der Bauaufsichtsbehörde frei widerrufbar ist.[129]

Wegen des starken **materiellen Bezugs zu dem konkreten Vorhaben**, dessen Abstandsflächen auf einem benachbarten Grundstück liegen und dort übernommen werden sollen, steht und fällt die Zustimmung mit diesem Vorhaben.[130] Wird also ein entsprechender Bauantrag zurückgenommen oder abgelehnt bzw. endet die Geltungsdauer der Baugenehmigung, erlischt auch die daran anknüpfende Zustimmung zur Abstandsflächenübernahme. Eine „isolierte" Abstandsflächenübernahme – gleichsam auf Vorrat – ist über die Nachbarzustimmung deshalb ebenfalls nicht möglich.[131] Insoweit steht nur der zivilrechtliche Weg über entsprechende Dienstbarkeiten zur Verfügung. 113

Die Bauaufsichtsbehörde nimmt die Zustimmung zu den **Bauakten**. Zusätzlich hat sie sie in geeigneter Form so aufzubewahren, dass für ein Grundstück jederzeit das Bestehen derartiger Erklärungen schnell geklärt werden kann. Wer ein berechtigtes Interesse glaubhaft macht – z. B. ein potenzieller Käufer eines Grundstücks –, hat gegenüber der Bauaufsichtsbehörde einen Anspruch auf Auskunft über die Existenz einer Zustimmung zur Abstandsflächenübernahme. Dadurch wird eine – auch in Ansehung des Wegfalls einer Eintragung im Grundbuch – ausreichende Rechtssicherheit erreicht.[132] 114

Selbstverständlich kann auch weiterhin die Form der grundbuchrechtlichen Sicherung der Abstandsflächenübernahme gewählt werden; dabei handelt es sich um eine anderweitige rechtliche Sicherung im Sinne des Art. 6 Abs. 2 Satz 3 BayBO. Allerdings kann die Bauaufsichtsbehörde eine solche Sicherung nicht fordern. Eine mangels Bestellung einer Grunddienstbarkeit unwirksame Abstandsflächenübernahme nach früherem Recht ist nicht durch die Möglichkeit der bloßen schriftlichen Zustimmung des Nachbarn gleichsam „geheilt" worden.[133] 115

---

129 Gr. Senat des BayVGH, Beschl. v. 3.11.2005 – 2 BV 04.1756, 1758, 1759 – DÖV 2006, 303 = BayVBl. 2006, 246 = UPR 2006, 239 = BRS 69 Nr. 154.
130 BayVGH, Beschl. v. 8.10.2002 – 25 ZB 01.1249 – FStBay 2003/227, der allenfalls geringfügige Abweichungen einbezieht.
131 Anders offenbar Grziwotz, Amtspflichten bei der Abstandsflächenübernahme, BayVBl. 1997, 365.
132 Sehr kritisch hierzu allerdings Grziwotz, Amtspflichten bei der Abstandsflächenübernahme, BayVBl. 1997, 365.
133 BayVGH, Beschl. v. 7.6.2005 – 15 CS 05.1281.

D.
Das Überdeckungsverbot (Art. 6 Abs. 3 BayBO)

I. Grundsatz (Art. 6 Abs. 3 1. Halbsatz BayBO)

116 Art. 6 Abs. 3 1. Halbsatz BayBO enthält eine der Grundregeln des Abstandsflächenrechts. Abstandsflächen dürfen sich **nicht überdecken**. Diese Forderung wird für einen großen Teil der Fälle bereits durch Art. 6 Abs. 2 Satz 1 BayBO sichergestellt. Wenn Abstandsflächen auf dem jeweiligen Baugrundstück selbst liegen müssen, bedeutet dies gleichzeitig, dass sich Abstandsflächen von Gebäuden, die sich auf benachbarten Grundstücken befinden, nicht überdecken können. Das Überdeckungsverbot des Art. 6 Abs. 3 1. Halbsatz BayBO gewinnt daher nur für zwei Fallgruppen selbständige Bedeutung: zum einen, wenn es um Abstandsflächen von Gebäuden (bzw. Gebäudeteilen) geht, die auf demselben Grundstück errichtet werden, und zum anderen, wenn sich Abstandsflächen gemäß Art. 6 Abs. 2 Satz 3 BayBO auf das Nachbargrundstück erstrecken.[134]

117 Das Überdeckungsverbot bewirkt, dass sich der zulässige **Mindestabstand** zwischen zwei sich gegenüberliegenden Gebäuden regelmäßig aus der Addition der Tiefen der jeweiligen Abstandsflächen ergibt.

II. Zulässige Überdeckungen (Art. 6 Abs. 3 2. Halbsatz BayBO)

1. Allgemeines

118 Eine ausnahmslose Geltung des Überdeckungsverbots würde dazu führen, dass beim Bauen in verschiedener Hinsicht erhebliche Einschränkungen in gestalterischer Beziehung hinzunehmen wären, die von der Funktion der Abstandsflächen her keine Rechtfertigung finden würden. Überdies würden vor allem flächensparende Wohnformen, die angesichts des in Teilen Bayerns immer noch anzutreffenden Wohnungsmangels einerseits und des Postulats eines möglichst umweltschonenden Bauens andererseits dringend notwendig sind, in besonderem Maße betroffen. Deshalb hat sich der

---

134 So auch Dhom in: Simon/Busse, Bayerische Bauordnung, Art. 6 Rn. 135 f.

Gesetzgeber entschlossen, in bestimmten Fällen auf das Überdeckungsverbot zu verzichten.

Dabei handelt es sich nicht um Abweichungen im Sinne des Art. 63 Abs. 1 BayBO. Die Sonderregel gilt vielmehr ohne behördliche (Ermessens-)Entscheidung **kraft Gesetzes**.

Hervorzuheben ist, dass die gesetzliche Freistellung vom Überdeckungsverbot keinesfalls die Grundregel des Art. 6 Abs. 1 Satz 1 BayBO außer Kraft setzt. Das heißt, dass auch in den Fällen des Art. 6 Abs. 3 2. Halbsatz BayBO gegenüberliegende Außenwände nicht so nah aufeinander zurücken dürfen, dass eine der Außenwände in der Abstandsfläche der anderen zu liegen kommt. In diesem Bereich können jedoch häufig durch geringfügige architektonische Korrekturen Lösungen gefunden werden.

2. Die Fallgruppen des Art. 6 Abs. 3 2. Halbsatz BayBO

a) Außenwände mit einem Winkel von mehr als 75 Grad

Als praktisch wichtigste Sonderregel muss die Freistellung vom Überdeckungsverbot für Außenwände, die in einem **Winkel von mehr als 75 Grad** zueinander stehen, gemäß Art. 6 Abs. 3 2. Halbsatz Nr. 1 BayBO angesehen werden. Dadurch wird vor allem der Zusammenbau von Gebäudeteilen ermöglicht. Die Freistellung gilt aber nicht nur für Außenwände, die Teile eines Gebäudes sind, sondern auch für Außenwände zweier verschiedener Gebäude. Im letzten Fall wird der Winkel dadurch ermittelt, dass die betreffenden Fluchten der Wände, deren Abstandsflächen sich überdecken, verlängert werden (Abb. 9). Der Gesetzgeber ging davon aus, dass bei einem Winkel der Außenwände über 75 Grad die Zwecke der Abstandsflächen, insbesondere Belüftung, Belichtung und Besonnung, auch bei einer (teilweisen) Überdeckung in ausreichendem Umfang gewährleistet sind bzw. der Gesetzgeber wollte entsprechende Einschränkungen bewusst in Kauf nehmen.[135]

---

135 Vgl. Boeddinghaus, Änderung der Vorschriften über den Vorrang planungsrechtlicher Regelungen vor den bauordnungsrechtlichen Abstandsregelungen, BauR 2003, 1664.

D. Das Überdeckungsverbot

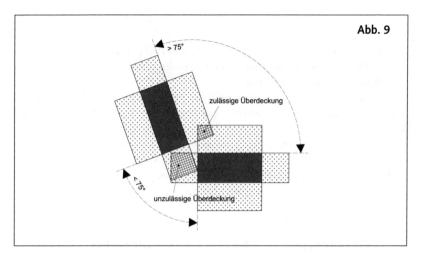

Abb. 9

122 Diese abstrakt-generelle Betrachtungsweise führt nicht immer zu einleuchtenden Ergebnissen. In Abb. 10 ist die Überdeckung der Abstandsflächen der rechtwinklig aneinanderstoßenden Gebäudeteile zulässig, während die beiden Überdeckungen der Abstandsflächen der einzeln stehenden Gebäude nach Art. 6 Abs. 3 2. Halbsatz BayBO nicht möglich sind, obwohl hier die wechselseitigen Beeinträchtigungen eher geringer sein dürften. Hier wird man über das Instrument der Abweichung nach Art. 63 Abs. 1 BayBO Lösungen finden können, die der Praxis gerecht werden.

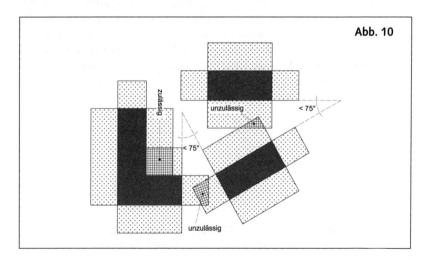

Abb. 10

Die auf Winkel über 75 Grad beschränkte Ausnahme vom Überdeckungs- **123**
verbot führt im Übrigen auch dazu, dass spitzwinklige Gebäudeanschlüsse
unzulässig wären. Allerdings kann durch eine Abschrägung am Gebäudeanschluss eine gesetzeskonforme Lösung gefunden werden.[136]

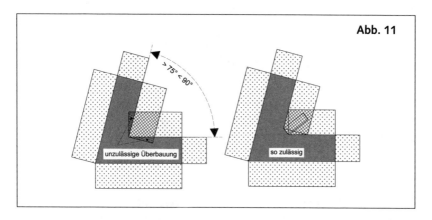

Abb. 11

b) Außenwände zu einem fremder Sicht entzogenen Gartenhof

Eine Freistellung vom Überdeckungsverbot sieht das Gesetz in Art. 6 Abs. 3 **124**
2. Halbsatz Nr. 2 BayBO jetzt auch für Außenwände **zu einem fremder Sicht entzogenen Gartenhof** bei Wohngebäuden der Gebäudeklassen 1 und 2 vor, insbesondere also für sog. Atriumhäuser (vgl. Abb. 12). Der Begriff „fremder Sicht entzogen" war früher in § 17 Abs. 2 BauNVO enthalten gewesen, ist jedoch bei der Novellierung 1990 gestrichen worden.

---

136 Boeddinghaus/Hahn/Schulte, Bauordnung für das Land Nordrhein-Westfalen, § 6 Rn. 165.

D. Das Überdeckungsverbot

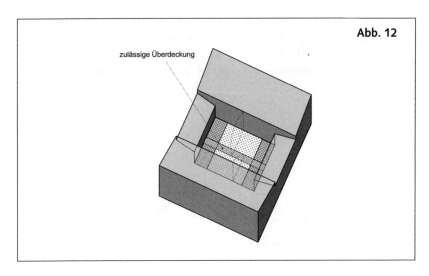

Abb. 12

125 „Fremder Sicht entzogen" ist dabei so zu verstehen, dass eine Einsichtnahme durch Nutzer des Gebäudes, dessen Abstandsflächen die Abstandsflächen des zu betrachtenden Vorhabens überdecken, ausgeschlossen ist (Abb. 13).

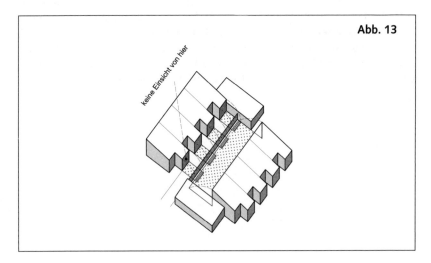

Abb. 13

Zu beachten ist hier vor allem, dass sich die Abstandsflächen zwar über- **126** decken dürfen, dass jedoch keinesfalls eine Außenwand innerhalb der Abstandsfläche der gegenüberliegenden Außenwand liegen darf (Art. 6 Abs. 1 Satz 1 BayBO). Regelmäßig muss also die Mindestbreite des (Innen-) Hofs der Tiefe der größten einzuhaltenden Abstandsfläche entsprechen (vgl. Abb. 14).

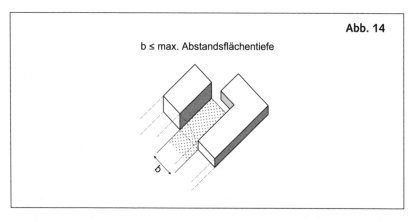

Abb. 14

b ≤ max. Abstandsflächentiefe

Die Beschränkung der Sonderregel auf Gebäude der Gebäudeklasse 1 und 2 **127** (vgl. Art. 2 Abs. 3 Satz 1 BayBO, also regelmäßig Ein- und Zweifamilienhäuser auch in Form von Doppelhäusern oder Hausgruppen) dient dazu, die Probleme zu vermindern, die zwangsläufig bei dichtem Zusammenleben entstehen und denen die Einhaltung von Abstandsflächen gerade entgegenwirken soll.

c) Bauliche Anlagen, die in Abstandsflächen zulässig sind

Art. 6 Abs. 3 2. Halbsatz Nr. 3 BayBO stellt die Selbstverständlichkeit klar, **128** dass Gebäude und andere bauliche Anlagen, die **in Abstandsflächen zulässig** sind, vom Überdeckungsverbot befreit sind. Der Anwendungsbereich dieser Vorschrift dürfte relativ schmal sein. Soweit Gebäude und andere bauliche Anlagen gemäß Art. 6 Abs. 9 BayBO ohne Abstandsflächen errichtet werden, stellt sich das Problem der Überdeckung nicht, da sie keine eigenen Abstandsflächen einhalten müssen. Übrig bleiben schwerpunktmäßig die Fälle, in denen im Wege der Abweichung eine bauliche Anlage in Abstandsflächen gestattet wird. Hier dürfte aber bereits die Abweichung auch das Überdeckungsverbot erfassen.

E.
Das Maß der Abstandsfläche H (Art. 6 Abs. 4 BayBO)

I. Grundsatz (Art. 6 Abs. 4 Satz 1 BayBO)

1. Allgemeines

129 Der Gesetzgeber hat zu Recht entschieden, dass die den Abstandsflächen zugrunde liegenden Zwecksetzungen nicht durch ein festes Maß von Gebäudeabständen, sondern nur durch die **von der jeweiligen Wandhöhe abhängige flexible Bestimmung** der Abstandsfläche erreicht werden können. Zwar kannte das Gesetz früher auch bestimmte Festmaße (z. B. in Gewerbe- und Industriegebieten). Als Grundsatz galt jedoch seit je, dass die Höhe der jeweiligen Außenwand die Tiefe der Abstandsflächen bestimmt. Ausschlaggebend ist danach ausschließlich die tatsächliche Höhe des Gebäudes und nicht etwa die Höhe, die rechtlich zulässig wäre.

130 Das Gesetz trifft nur Aussagen zur **Tiefe** der Abstandsflächen, äußert sich aber nicht in Bezug auf ihre **Breite** oder ganz allgemein auf ihre **Form**. Dies ist auch nicht erforderlich. Breite und Form der Abstandsflächen ergeben sich automatisch daraus, dass sie vor den Außenwänden, also unmittelbar an diese anschließend liegen müssen. Das bedeutet, dass sie sowohl in ihrer Breite[137] als auch – wie bereits erwähnt – in ihrer Form der jeweiligen Außenwand entsprechen. Der Normalfall einer rechteckigen Außenwand führt zu einer ebenfalls rechteckigen Abstandsfläche. Kreisrunde Gebäude weisen kreisförmige Abstandsflächen aus. Grundsätzlich stellen die Abstandsflächen gleichsam ein Spiegelbild der entsprechenden Außenwände dar. Auch wenn dies das Gesetz nicht mehr ausdrücklich feststellt, muss für Gebäude und Gebäudeteile mit versetzten Außenwänden die Wandhöhe für jeden Wandteil entsprechend ermittelt werden. Dabei ist unerheblich, ob die Außenwandteile waagrecht oder senkrecht versetzt sind.[138]

---

[137] Vgl. Gr. Senat des BayVGH, Beschl. v. 21.4.1986 – Gr. S. 1/85 – 15 B 84 A.2534 – BRS 46 Nr. 103 = BayVBl. 1986, 397 = BauR 1986, 431.
[138] Zu einem Sonderfall (Windkraftanlage) vgl. BayVGH, Urt. v. 28.7.2009 – 22 BV 08.3427 – NVwZ-RR 2009, 992.

2. Einzelfälle

Mit Hilfe der oben dargestellten Grundregeln ist es möglich, die Abhängigkeit der Abstandsfläche von der Wandhöhe auch bei komplizierten Grundrissen oder gegliederten Baukörpern darzustellen.

131

Bei **Staffelgeschossen** werden gedanklich die Abstandsflächen der einzelnen Bauteile des Gebäudes „übereinandergelegt"; die größte Tiefe der so gebildeten Flächen ist als Abstandsfläche einzuhalten.[139] Ausgangslinie für die Abstandsfläche des „äußeren" Bauteils ist dabei wie im Normalfall die Schnittlinie zwischen der Außenwand und der Geländeoberfläche. Bei dem „inneren" Bauteil existiert eine solche Schnittlinie nicht, da insoweit keine Außenwand vorhanden ist. Um hier die Ausgangslinie zu ermitteln, verlängert man die sichtbare Außenwand zur Geländeoberfläche hin.[140] Die so ermittelte Abstandsfläche liegt daher (zum Teil) unter dem „äußeren" Gebäudeteil. Je nach Höhe oder Tiefe der aneinandergefügten Bauteile können unterschiedliche Abstandsflächen maßgebend sein. In Abb. 15 zeigt sich beispielsweise, dass auch relativ hohe, aber schmale Anbauten abstandsflächenrechtlich ohne Bedeutung sein können, da die Höhe des Hauptgebäudes weiterhin maßgeblich bleibt. Anders ist es bei tiefen Anbauten; dort ist allein die Höhe des Anbaus für die Abstandsfläche von Bedeutung.

132

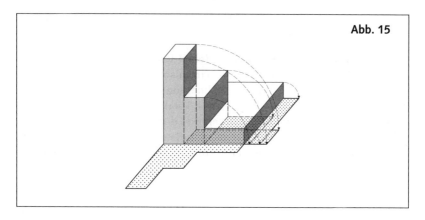

Abb. 15

---

139 Vgl. zur Berechnung einer gestaffelten Außenwand auch HessVGH, Beschl. v. 10.6.1999 – 4 TZ 1555/99 – ZfBR 1999, 359 – nur LS; OVG Saarland, Beschl. v. 10.6.2013 – 2 B 29/13 – BauR 2013, 1732 – nur LS.
140 Vgl. BayVGH, Urt. v. 20.12.1988 – 20 B 88.00137 – BayVBl. 1989, 721.

133 Gleiches gilt für **Gebäude mit versetztem Pultdach**, die insoweit wie Staffelgeschosse behandelt werden müssen. Nicht statthaft ist insbesondere eine Abstandsflächenberechnung, indem man die Traufe des niedrigeren Pultdachs – gedanklich – mit dem First des höheren Pultdachs verbindet und die Abstandsfläche nach dem dann entstehenden – fiktiven – Satteldach festlegt (vgl. Abb. 16).

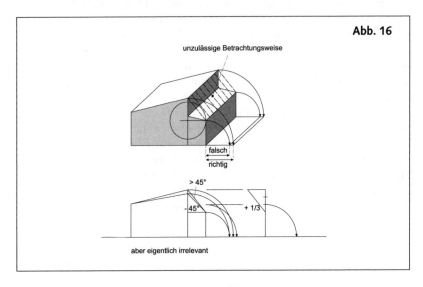

Abb. 16

134 Bei **Wänden mit unterschiedlichen Höhen** wird für jeden Wandteil eine eigene Abstandsfläche festgelegt; es wird also nicht etwa aus den Durchschnittshöhen ein Mittelwert berechnet und der Abstandsfläche eine gleichförmige mittlere Tiefe zugewiesen. Hierbei wird besonders deutlich, dass die Abstandsfläche das „Spiegelbild" der Außenwand darstellt (vgl. Abb. 17). Dies gilt auch dann, wenn sich die unterschiedliche Wandhöhe nicht aus unterschiedlich hohen Baukörpern, sondern aus der Neigung der Geländeoberfläche ergibt.

I. Grundsatz

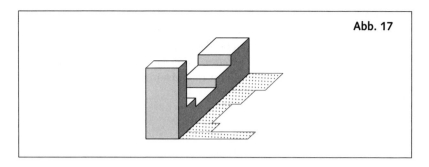

Abb. 17

Ist der Baukörper durch **Vor- und Rücksprünge** gegliedert, gilt im Grundsatz nichts anderes als im Fall unterschiedlicher Höhen. Jeder einzelne Vor- bzw. Rücksprung wird für die Abstandsfläche für sich betrachtet. Die dabei notwendigerweise entstehenden Überdeckungen der seitlichen Abstandsflächen der Vorsprünge (in der Abbildung schraffiert dargestellt) sind gemäß Art. 6 Abs. 3 2. Halbsatz Nr. 1 BayBO zulässig, soweit die Außenwände in einem Winkel von mehr als 75 Grad zueinander stehen (Abb. 18).

135

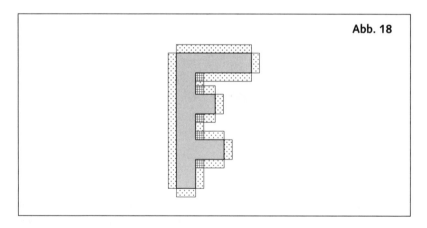

Abb. 18

Steht das Gebäude auf einer **geneigten Geländeoberfläche**, werden die zum Berg bzw. zum Tal gerichteten Abstandsflächen gleichwohl durch eine Messung senkrecht zur Außenwand bestimmt; durch Projektion der Endlinie senkrecht nach unten bzw. oben wird dann die Abstandsfläche auf der Geländeoberfläche festgelegt. Die tatsächliche Tiefe der Abstandsfläche ist daher in geneigtem Gelände stets größer als in der Ebene. Identisch bleibt

136

E. Das Maß der Abstandsfläche H

jedoch der Abstand der Außenwände voneinander, der sich aus der Addition der Wandhöhen ($h_1 + h_2$) ergibt. Ausschlaggebend ist jeweils die tatsächliche Höhe über der Geländeoberfläche. Bei beispielsweise regelmäßig quaderförmigen Baukörpern, die in den Hang gebaut sind, ist daher die talseitige Außenwand höher (und damit die talseitige Abstandsfläche tiefer) als die bergseitige (vgl. Abb. 19).

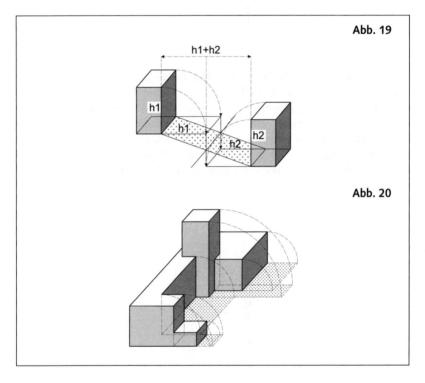

Abb. 19

Abb. 20

137 Selbstverständlich sind auch alle denkbaren Kombinationen von gegliederten, gestaffelten, vor- und rückspringenden Baukörpern von den oben geschilderten Grundregeln erfasst. Durch Grund- bzw. Aufrisse lassen sich in jedem dieser Fälle die erforderlichen Abstandsflächen auch zeichnerisch eindeutig bestimmen.

II. Die Wandhöhe (Art. 6 Abs. 4 Satz 2 BayBO)

1. Allgemeines

Das Abstandsflächenmaß H wird durch die Wandhöhe bestimmt. Sie wird senkrecht zur Wand gemessen. Grundsätzlich ist die Wandhöhe das Maß von der Geländeoberfläche bis zum – gedachten – Schnittpunkt der Wand mit der Dachhaut oder bis zum oberen Abschluss der Wand. Nicht immer reicht die Außenwand bis zur Geländeoberfläche hinab, etwa dann, wenn ein Gebäude auf Stützen steht. Dann ist die Außenwand gedanklich bis zu ihrem Schnittpunkt mit der Geländeoberfläche zu verlängern (Abb. 21).[141]

138

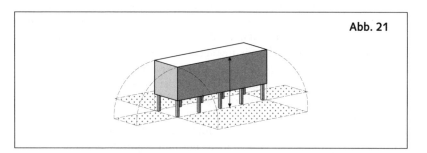

Abb. 21

2. Die Geländeoberfläche als unterer Bezugspunkt

Ausgangslinie für die Berechnung der Wandhöhe ist die **Schnittlinie** der **Außenwand mit der Geländeoberfläche**. Die BayBO enthält dabei keine ausdrückliche Definition der Geländeoberfläche. Nach allgemeiner Meinung handelt es sich bei der Geländeoberfläche grundsätzlich um die natürliche Geländeoberfläche, soweit nicht gemäß § 9 Abs. 3 Satz 1 BauGB oder in der Baugenehmigung eine andere Geländeoberfläche festgesetzt ist.

139

Auszugehen ist also von der **natürlichen** Geländeoberfläche. Gemeint ist dabei selbstverständlich die Geländeoberfläche des Baugrundstücks und nicht die des Nachbargrundstücks.[142] Natürliche Geländeoberfläche ist die nicht künstlich veränderte Geländeoberfläche. Aufschüttungen und Abgra-

140

---

141 BayVGH, Urt. v. 8.6.2010 – 9 B 08.3162.
142 Vgl. BayVGH, Beschl. v. 31.3.2009 – 9 ZB 06.3073; SächsOVG, Beschl. v. 19.3.1998 – 1 S 1/98; OVG Saarland, Urt. v. 23.4.2002 – 2 R 7/01 – BRS 65 Nr. 118 = BauR 2003, 1865; OVG Saarland, Urt. v. 7.2.2013 – 4 U 421/11 – 130, 4 U 421/11.

bungen, auch wenn sie rechtmäßig vorgenommen werden – etwa im Zuge des Bauvorhabens – verändern die natürliche Geländeoberfläche nicht.[143] Allenfalls nach längerer Zeit (25 bis 30 Jahre) nach der Geländeveränderung kann gleichsam eine neue natürliche Geländeoberfläche entstehen.[144] Liegt das Nachbargrundstück allerdings tiefer als das Baugrundstück und gräbt der Bauherr das zum Nachbargrundstück weisende Gelände dauerhaft ab, so ist die Wandhöhe seines Gebäudes von der geplanten neuen Geländeoberfläche ausgehend zu berechnen.[145]

141 Ist gemäß § 9 Abs. 3 Satz 1 BauGB oder in der Baugenehmigung eine Geländeoberfläche festgelegt, geht diese Festlegung vor. Zunächst beachtlich sind also die **Festsetzungen** über die Höhenlage. Soll hiervon abgewichen werden, ist eine Befreiung erforderlich. Da auch die Bauaufsichtsbehörde an diese Festsetzung gebunden ist, darf die abweichende Festlegung der Geländeoberfläche nicht dazu führen, dass die in Abhängigkeit von der Höhenlage getroffenen Ausweisungen generell unterlaufen werden.[146]

142 Enthält der Bebauungsplan keine entsprechenden Festsetzungen, ergibt sich die Geländeoberfläche im Regelfall aus der **Baugenehmigung**. Aus den eingereichten Unterlagen, insbesondere dem Lageplan und den Bauzeichnungen, auf denen die Baugenehmigung beruht, lässt sich die Geländeoberfläche hinreichend genau bestimmen.[147] Die Bauaufsichtsbehörde wird darüber hinaus nur in seltenen, besonders problematischen Fällen eine selbstständige Entscheidung über die Festlegung der Geländeoberfläche treffen. Dies kommt insbesondere dann in Frage, wenn die Geländeoberfläche uneben, hängig oder – nach Abgrabungen oder Aufschüttungen – in ihrem ursprünglichen Verlauf nicht mehr feststellbar ist.[148] Diese Entscheidung steht im Ermessen der Bauaufsichtsbehörde, die dabei alle

---

143 Dirnberger in: Jäde/Dirnberger, Bauordnungsrecht Thüringen, § 6 Rn. 118; anders wohl Molodovsky/Famers/Kraus, Bayerische Bauordnung, Art. 2 Rn. 96; insoweit kann es sich aber um eine festgesetzte Geländeoberfläche handeln; deutlich weiter OVG Sachsen-Anhalt, Beschl. v. 24.1.2012 – 2 M 157/11.
144 Vgl. BayVGH, Beschl. v. 14.1.1991 – 14 CS 90.3270; Beschl. v. 2.3.1998 – 20 B 97.912; Urt. v. 8.6.2010 – 9 B 08.3162; sehr instruktiv OVG Rheinland-Pfalz, Urt. v. 28.9.2006 – 8 A 10424/05 – ZfBR 2006, 266; vgl. auch BayVGH, Beschl. v. 16.10.2007 – 25 CS 07.2040.
145 BayVGH, Beschl. v. 23.12.2013 – 15 CS 13.2479.
146 Vgl. OVG Saarland, Beschl. v. 17.9.1979 – II W 1.2047/79 – BRS 35 Nr. 99; Beschl. v. 20.5.1990 – 2 W 16/90 – BRS 50 Nr. 118.
147 SächsOVG, Beschl. v. 22.4.1997 – 1 S 200/97; OVG Saarland, Urt. v. 23.4.2002 – 2 R 7/01 – BRS 65 Nr. 118 = BauR 2003, 1865; enger offenbar BayVGH, Beschl. v. 30.4.2007 – 1 CS 06.3335 – NVwZ-RR 2008, 80, der eine ausdrückliche Festlegung verlangt.
148 BayVGH, Beschl. v. 2.3.1998 – 20 B 97.912; OVG Saarland, Urt. v. 30.9.1997 – 2 R 30/96 – BauR 1998, 315 = BRS 59 Nr. 121; vgl. Molodovsky/Famers/Kraus, Bayerische Bauordnung, Art. 2 Rn. 98.

Umstände des konkreten Einzelfalls zu berücksichtigen hat (z. B. früherer natürlicher Geländeverlauf, die unterschiedlichen Höhenlagen von Baugrundstück und angrenzenden Grundstücken sowie nachbarliche Belange).

Für **geneigte Geländeoberflächen** enthält Art. 6 BayBO keine Sonderregelungen. Das bedeutet, dass sich hier grundsätzlich für dieselbe Wand unterschiedliche Wandhöhen ergeben, sodass eine unregelmäßige Abstandsfläche entsteht (vgl. Abb. 22). Die Bauaufsichtsbehörde kann aber in diesen Fällen auch eine – in der Höhe gemittelte – Geländeoberfläche festlegen.

143

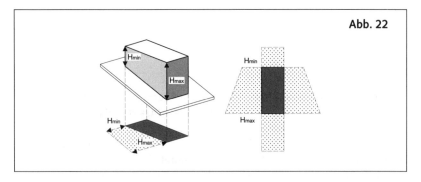

Abb. 22

Gemessen wird die Abstandsfläche ab der Schnittlinie der **Außenbegrenzung der fertigen Außenwand** mit der Geländeoberfläche; nicht herangezogen wird insbesondere das Rohbau-Fertigmaß, das durch Putz und Wärmedämmung noch verändert wird bzw. verändert werden kann. Werden bei bestehenden Gebäuden Außenwände nachträglich verkleidet, um einen besseren Wärmeschutz zu erreichen, können die – regelmäßig unerheblichen – geringeren Tiefen im Einzelfall über eine Abweichung nach Art. 63 BayBO zugelassen werden, soweit deren Voraussetzungen vorliegen.

144

3. Die Schnittlinie mit der Dachhaut bzw. der Wandabschluss als oberer Bezugspunkt

Die Wandhöhe wird grundsätzlich begrenzt von der **Schnittlinie der Außenfläche der Wand mit der Dachhaut**. Maßgebend ist also der Schnittpunkt der Wandoberflächenlinie mit der obersten Deckschicht des Dachs (Abb. 23). Diese Linie ist nicht identisch mit der im allgemeinen Sprachge-

145

brauch als Gebäudeabschluss bezeichneten Traufkante. Wesensmerkmal eines **Dachs** ist dabei, dass es eine bauliche Anlage überdeckt und sie nach oben abschließt.[149]

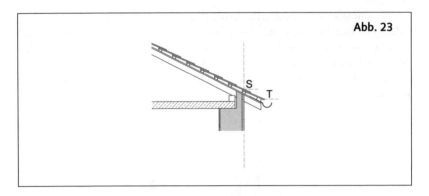

Abb. 23

146 Ist kein Dach vorhanden, z. B. bei einer Dachterrasse mit Brüstung, ist zur Bestimmung der Wandhöhe der **obere Abschluss der Wand** maßgebend. Wird eine Brüstung konstruktiv – durch anderes Material oder durch Durchbrechungen – von der Wand abgesetzt, verbleibt es zunächst dabei, dass es auf die Brüstungshöhe nicht ankommt. Dann aber ist Art. 6 Abs. 1 Satz 2 BayBO – jedenfalls entsprechend – heranzuziehen, wonach das Erfordernis, Abstandsflächen einhalten zu müssen, sinngemäß auch für Anlagen gilt, von denen Wirkungen wie von Gebäuden ausgehen. Zu fragen ist dann, anders ausgedrückt, ob – aus der Perspektive des Nachbarn – von der Brüstung eine „wandgleiche" (den Nachbarn wie eine Wand oder doch damit vergleichbar beeinträchtigende) Wirkung ausgeht. Ist dies zu bejahen – wie etwa bei einer nur teilweise durch Eisengitter durchbrochenen massiven Umwehrung –, ist Wandhöhe die Brüstungshöhe, andernfalls – beispielsweise bei einem luftig-filigranen Geländer – wird die Brüstung nicht mitgerechnet.

---

149 BayVGH, Beschl. v. 25.10.2006 – 25 CS 06.2205 – BauR 2007, 355 = FStBay 2007/46 = NVwZ 2007, 579 = BRS 70 Nr. 130.

III. Berücksichtigung von Dach- und Giebelflächen (Art. 6 Abs. 4 Sätze 3 und 4 BayBO)

1. Allgemeines

Art. 6 Abs. 4 Sätze 3 und 4 BayBO enthält eine ausführliche Regelung über die Anrechnung von Dach- bzw. Giebelhöhen. Hintergrund dieser Regelung ist der bereits angesprochene 45 Grad-Gedanke der Abstandsflächen. Dächer, deren Neigung nicht größer als 45 Grad ist, sind – jedenfalls was Belichtung und Besonnung betrifft – für die Abstandsflächen im Wesentlichen ohne Belang. Dies veranschaulicht Abb. 24.

147

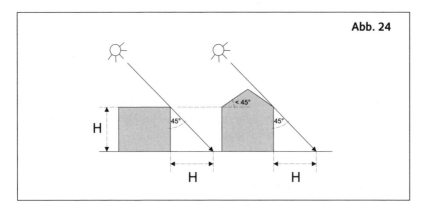

Abb. 24

Die Regelung unterscheidet zum einen hinzuzurechnende **Dach**höhen (Art. 6 Abs. 4 Satz 3 BayBO) und hinzuzurechnende **Giebel**höhen (Art. 6 Abs. 4 Satz 4 BayBO) und zum anderen Fälle mit Anrechnung der **vollen Höhe** der Dach- bzw. Giebelhöhen und mit Anrechnung dieser Höhe zu einem **Drittel**.

148

Wichtigste Größe dabei ist die **Dach- oder Giebelhöhe**. Ausgangspunkt für die **Dachhöhe** ist wieder die Linie, die die Schnittpunkte der Außenwand mit der Dachhaut verbindet, also die gleiche Linie, die den oberen Bezugspunkt der Wandhöhe bildet. Dadurch wird sichergestellt, dass die entsprechenden Höhenanteile entweder bei der Wandhöhe (H_W) oder bei der Dachhöhe (H_D) jeweils nur einmal zum Ansatz kommen. Endpunkt bei der Ermittlung der Dachhöhe ist der First. Die Berechnung der **Giebelhöhe** entspricht völlig der der Dachhöhe. Sowohl an der Giebelseite als auch an der Traufseite wird von der Schnittlinie der Außenwand mit der

149

E. Das Maß der Abstandsfläche H

Dachhaut aus gemessen; Endpunkt ist ebenfalls der Dachfirst. Die Dachhöhe (H_D) und die Giebelhöhe (H_G) sind daher im Regelfall identisch (vgl. Abb. 25).

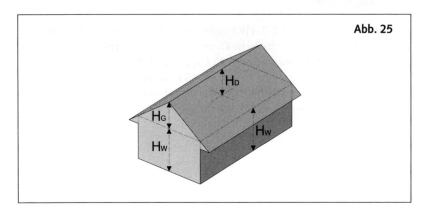

Abb. 25

150 Die Anrechnungsmethode des Gesetzes führt dazu, dass – unabhängig von der Art und Form des Dachs oder des Giebels – die Abstandsfläche auf ebenem Gelände – ein **Rechteck** ergibt.

2. Hinzurechnen von Dachhöhen

151 Für die Anrechnung von **Dachhöhen** gilt folgende Regelung: Dächer mit einer Neigung von mehr als 70 Grad werden mit der vollen Dachhöhe berücksichtigt. Bei einer Neigung von mehr als 45 Grad bis zu 70 Grad wird ein Drittel der Dachhöhe hinzugerechnet. Beträgt die Neigung bis zu 45 Grad, bleibt das Dach unberücksichtigt (Abb. 26); insoweit unterscheidet sich die Anrechnung von Dachflächen von der entsprechenden Anrechnung von Giebelflächen, bei denen auch unter einer Dachneigung von 45 Grad eine Berücksichtigung von einem Drittel der Giebelhöhe stattfindet.

III. Berücksichtigung von Dach- und Giebelflächen

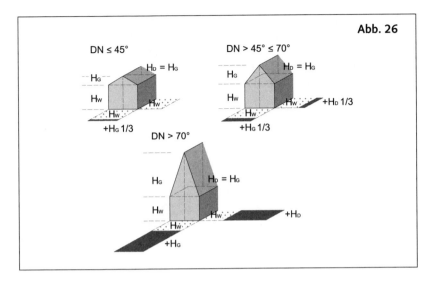

Abb. 26

Dass der Gesetzgeber in der Novelle 2008 die Grenze zur Vollanrechnung der Dachhöhe bei 70 Grad gezogen hat, basiert auf der Abstandsflächensystematik der Musterbauordnung, die eine Regelabstandsflächentiefe von 0,4 H vorsieht. Zieht man von dem Endpunkt einer solchen Abstandsfläche eine Gerade durch den Schnittpunkt der Außenwand mit der Dachhaut, entsteht zwischen dieser Geraden und der Trennlinie zwischen Giebel und Wand ein Winkel, der knapp 70 Grad beträgt. Dächer, die insoweit aus diesem fiktiven „Zelt" herausragen, sollen als Wandteile betrachtet werden.

152

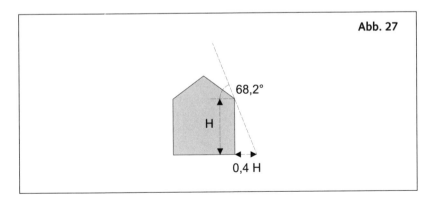

Abb. 27

E. Das Maß der Abstandsfläche H

153 Bei einem **„Nur-Dachhaus"** (Abb. 28), das im engeren Sinne keine Außenwände aufweist, sind nur die Abstandsflächen einzuhalten, die bei einem Dach anzusetzen sind. Beträgt die Dachneigung beidseits nicht mehr als 45 Grad, ist auf den Dachseiten lediglich die Mindestabstandsfläche von 3 m einzuhalten (Art. 6 Abs. 5 Satz 1 BayBO).

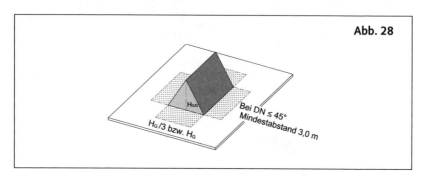

Abb. 28

154 Die beschriebenen Regeln ermöglichen es, eine Anrechnung auch bei unregelmäßigen bzw. besonderen Dachformen durchzuführen. Wichtigster Grundsatz dabei ist, dass die Hinzurechnung insbesondere bei unterschiedlicher Dachneigung für jede Außenwand für sich erfolgen muss. Ändert sich die Dachneigung einer Dachfläche (Mansarddach), so ist für jeden Neigungsabschnitt eine eigene Dachhöhe zu ermitteln, die je nach Neigungswinkel ganz, zu einem Drittel oder gar nicht berücksichtigt wird (Abb. 29).

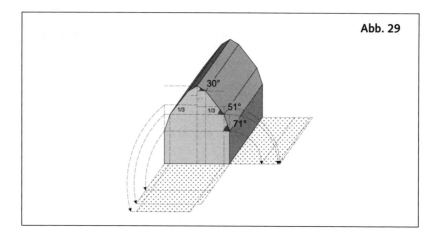

Abb. 29

Kuppel- oder Tonnendächer sind je nach ihrer Ausführung und Verschattungswirkung Dächern mit ebenen Dachflächen gedanklich anzunähern und entsprechend zu behandeln. So ist beispielsweise bei einem „halben" Tonnendach folgende Vorgehensweise angebracht: Die Dachfläche ist in drei Abschnitte zu unterteilen. Diese Abschnitte werden durch Anlegen eines 70 Grad- und eines 45 Grad-Winkels und den dabei entstehenden Schnittpunkten mit der gewölbten Dachfläche gebildet. Schenkelschnittpunkt ist dabei der Beginn der Dachwölbung. Der unterste Abschnitt wird dann in seiner Höhe voll, der mittlere Abschnitt zu einem Drittel der Wandhöhe zugerechnet (Abb. 30).[150]

155

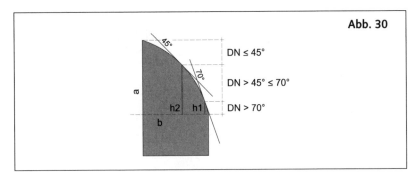

Abb. 30

Auch **andere Dachformen** (Zeltdächer, Walmdächer, Sheddächer, Segmentbogendächer usw.) lassen sich von diesem Ausgangspunkt her in die Systematik des Art. 6 BayBO einpassen, wenn auch im Einzelfall schwierige Fragen beantwortet werden müssen (vgl. Abb. 31 sowie Abb. 32 für Segmentbögen).

156

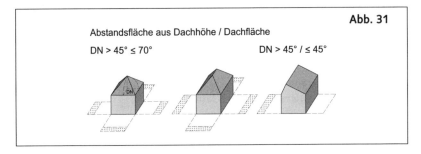

Abb. 31

---

150 Vgl. dazu OVG Sachsen-Anhalt, Beschl. v. 1.10.2012 – 2 M 114/12 – NVwZ-RR 2013, 93 – nur LS.

E. Das Maß der Abstandsfläche H

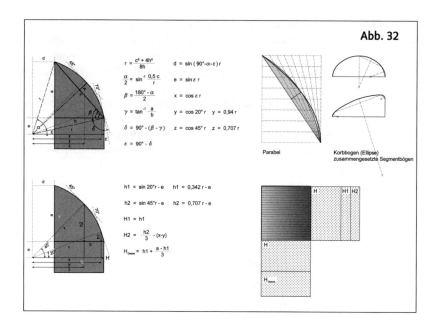

Abb. 32

3. Anrechnung von Dachaufbauten

157 Dachaufbauten – also Dachgauben, Zwerchgiebel u. Ä. – erhalten gemäß Art. 6 Abs. 4 Satz 5 BayBO eigene Abstandsflächen. Dabei ist eine **Dachgaube** ein aus dem Dach herausgebautes, senkrechtes Dachfenster, wohingegen **Zwerch- oder Standgiebel** Bauteile sind, die nicht aus dem Dach, sondern aus der Fassade aufsteigen.[151] Für jeden Dachaufbau, der insoweit über eine Außenwand verfügt, ist also eine eigene Abstandsfläche zu bilden. Oft werden diese Abstandsflächen aber gegenüber der durch die eigentliche Gebäudewand hervorgerufenen Abstandsfläche keine eigenständige Bedeutung gewinnen (Abb. 33). Obgleich dies das Gesetz nicht ausdrücklich vorsieht, dürfte im Übrigen Art. 6 Abs. 8 BayBO analog auf Dachaufbauten angewendet werden können.

---

151 BayVGH, Beschl. v. 19.7.1999 – 15 ZB 98.3178; Beschl. v. 20.12.2000 – 1 ZB 99.1605; a. A. OVG Nordrhein-Westfalen, Beschl. v. 14.11.2000 – 10 B 860/01 – BRS 64 Nr. 122; HessVGH, Beschl. v. 10.7.2007 – 3 ZU 433/07 – NVwZ-RR 2007, 748.

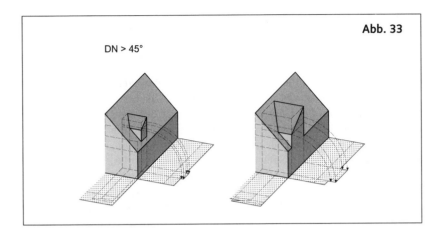

Abb. 33

DN > 45°

4. Hinzurechnen von Giebelhöhen

Als **Giebel** bezeichnet man den meist dreieckigen Wandteil in der Regel an den Schmalseiten eines Gebäudes, der auf beiden Seiten von den Schnittlinien der Wand mit den Dachflächen eines Satteldachs begrenzt wird (vgl. oben Abb. 25). Damit sind auch **Kniestöcke** abstandsflächenrechtlich als Bestandteil der Wandfläche und nicht des Giebels zu werten. Dabei ist davon auszugehen, dass Art. 6 Abs. 4 Satz 4 BayBO auch auf Wandteile anzuwenden ist, die sich von diesem „Normalfall" unterscheiden, die also nicht im Sinne der genannten Definition des Begriffs durch die Dachschrägen eines Satteldachs begrenzt werden, sondern durch Dachflächen, die sich nicht wesentlich von dieser Dachform unterscheiden oder die sich von ihr ableiten lassen. Diese weite Auslegung findet dort ihre Grenze, wo schlechterdings nicht mehr von einem Giebel die Rede sein kann, weil der Wandteil in einem nennenswerten, auch deutlich in Erscheinung tretenden Bereich nicht durch die Flächen eines Satteldachs begrenzt wird, also das den Giebel kennzeichnende Element nicht gegeben ist.[152]

Ebenso wie bei der Hinzurechnung der Dachhöhen ist auch bei den Giebelhöhen zu unterscheiden, welchen Neigungswinkel die zugehörigen Dachteile aufweisen. Beträgt der Neigungswinkel beidseitig mehr als 70 Grad, ist die volle Giebelhöhe für die Berechnung der Tiefe der Abstands-

---

152 Vgl. BayVGH, Beschl. v. 9.2.1994 – 26 CS 93.3436.

fläche zu berücksichtigen. Ist nur ein Neigungswinkel kleiner, wird nur ein Drittel der Giebelhöhe hinzugerechnet. Auch die Abstandsflächen vor Giebeln oder Giebelseiten sind daher stets **Rechtecke** (vgl. bereits oben Abb. 26).

160 Auch für Giebelwände ergeben sich Schwierigkeiten in besonderen Fällen. Beim **„Nur-Dachhaus"** werden die Abstandsflächen für die jeweiligen Schmalseiten wie für Giebel berechnet. Liegt der Neigungswinkel der Dachflächen nicht über 70 Grad – was der Regelfall sein dürfte, – ist als Abstandsfläche ein Drittel der „Giebelhöhe" anzusetzen, mindestens jedoch 3 m (Art. 6 Abs. 5 Satz 1 BayBO, vgl. oben Abb. 28).

161 Bei Gebäuden mit einem **Pultdach**, also Gebäuden mit schräg verlaufendem oberen Wandabschluss, wird die Höhe der Giebelfläche nicht etwa durch einen Mittelwert ausgedrückt; vielmehr ist wie im „Normalfall" vom Schnittpunkt der niedrigeren Wand mit der Dachhaut eine waagerechte Linie zu ziehen, die den Giebel von der Außenwand trennt, und sowohl den oberen Bezugspunkt für die Bestimmung der Wandhöhe als auch den unteren Bezugspunkt für die Bestimmung der Giebelhöhe bildet. Oberer Bezugspunkt für die Giebelhöhe ist der Dachfirst, also die Schnittlinie der höheren Außenwand mit der Dachhaut. Die so bestimmte Giebelhöhe wird dann je nach Dachneigung bei der Berechnung der Abstandsflächen berücksichtigt (vgl. Abb. 34 für eine Dachneigung bis zu 70 Grad). Die Richtigkeit dieser Vorgehensweise wird durch die Überlegung bekräftigt, dass sich die gleiche Abstandsfläche ergäbe, wenn man an das Pultdachhaus spiegelbildlich ein zweites anfügen würde.

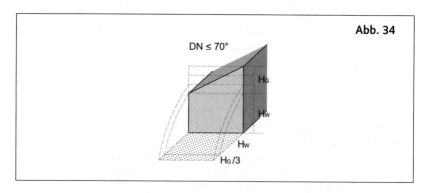

Abb. 34

162 Bei Dächern mit **Krüppelwalm** bestimmt sich die Giebelhöhe nicht stets aus dem Unterschied zwischen der Höhe des Schnittpunktes Wand/Dachhaut als dem unteren und der Höhe des Giebels bis zum First als dem obe-

ren Bezugspunkt. Die Höhe der Abwalmung des Krüppelwalms ist vielmehr bei der Berechnung der Giebelhöhe nicht zu berücksichtigen, wenn die Neigung der Walmfläche nicht mehr als 45 Grad aufweist. In diesem Fall ist die Höhe der Giebelfläche lediglich vom Schnittpunkt Wand/Dachhaut bis zum unteren Ansatz des Krüppelwalms zu berücksichtigen. Beträgt die Neigung der Walmfläche zwischen 45 und 70 Grad, so ist deren Höhe mit einem Drittel zu der Höhe der Giebelfläche vom Schnittpunkt Wand/Dachhaut bis zum unteren Ansatz des Krüppelwalms hinzuzusetzen. Bei einer Neigung der Walmfläche von über 70 Grad geht die Höhe der Abwalmung vollständig in die Berechnung ein. Die so ermittelte Höhe der Giebelfläche ist sodann je nachdem, ob das Dach des Gebäudes eine Neigung von unter oder über 70 Grad aufweist, ihrerseits mit einem Drittel bzw. in vollem Umfang bei der Berechnung des Maßes H einzustellen (Abb. 35).[153] Dabei ist allerdings zuzugestehen, dass diese Methode nicht immer zu absolut gerechten Ergebnissen führt. Dies veranschaulicht ein Blick auf das – jedoch wenig praktische – in Abb. 35 ebenfalls gezeigte Beispiel eines „Nur-Dach-Krüppelwalmgebäudes". Die Bildung von Wandabschnitten könnte insoweit eine bedenkenswerte Alternative sein (Abb. 35 linkes Beispiel).

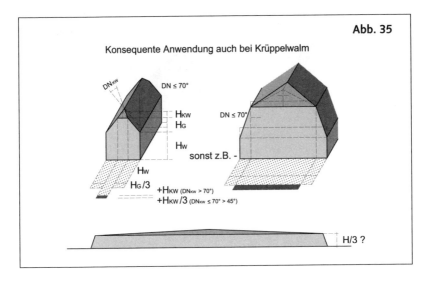

[153] OVG Nordrhein-Westfalen, Beschl. v. 31.1.1994 – 10 B 1414/93 – BRS 56 Nr. 97.

163 Ein besonderes Problem ergibt sich bei der Bestimmung der Abstandsfläche vor einer Giebelwand mit **abgeschlepptem Satteldach** (asymmetrischer Giebel mit unterschiedlichen Wandhöhen). Hier ist folgende Vorgehensweise angebracht, wie sie auch Abb. 36 veranschaulicht: Zunächst ist die gesamte Giebelfläche in Wandabschnitte mit zugehörigen Teilgiebelflächen aufzuteilen. Die Wandabschnitte entstehen, indem durch den Schnittpunkt der höheren Wand mit der Dachhaut eine Horizontale und durch deren Schnittpunkt mit der gegenüberliegenden Dachhaut eine Vertikale bis zur Geländeoberfläche gezogen wird. Dadurch entstehen eine regelmäßige Giebelfläche und ein pultdachförmiger Abschnitt. Für jeden Wandabschnitt mit zugehöriger Teilgiebelfläche ist das Maß H und mithin die jeweilige Tiefe der Abstandsfläche getrennt zu ermitteln. Für die symmetrische Giebelfläche gelten keine Besonderheiten. Für den Restabschnitt ist zunächst eine Waagerechte vom Schnittpunkt der niedrigeren Wand mit der Dachhaut bis zur Vertikalen zu ziehen. Diese Linie teilt für den Restteil Wand- und Giebelfläche voneinander ab. Dann ist H nach den für ein Pultdach geltenden Regeln zu bestimmen. Die daraus resultierenden Abstandsflächen (zwei Rechtecke mit unterschiedlicher Tiefe) gelten für den jeweiligen Wandabschnitt.[154]

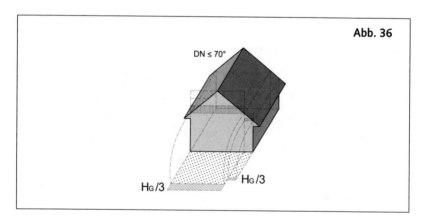

Abb. 36

---

[154] Wie hier wohl auch: Molodovsky/Famers/Kraus, Bayerische Bauordnung, Art. 6 Rn. 138; Boeddinghaus/Hahn/Schulte, Bauordnung für das Land Nordrhein-Westfalen, § 6 Rn. 197 f.; offengelassen von BayVGH, Beschl. v. 10.2.1984 – 2 CS 83 A.3071 – BRS 42 Nr. 115; BayVGH, Beschl. v. 30.4.2007 – 1 CS 06.3335 – NVwZ-RR 2008, 80.

Bei **besonderen Giebelformen** kann die Anrechnung bzw. die Umsetzung in Abstandsflächen im Einzelnen schwierig sein; sie lässt sich aber im Prinzip unter Anwendung der beschriebenen Grundregeln auch in atypischen Fällen leisten.[155] Insbesondere ist insoweit an die Bildung einzelner Wandabschnitte mit jeweils eigenständigen Abstandsflächen zu denken (vgl. Abb. 37).

164

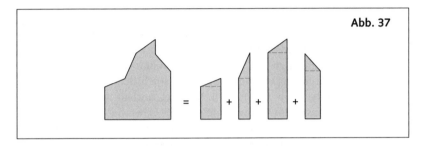

Abb. 37

---

155 Vgl. zur Berechnung der Abstandsflächen bei einem segmentbogenförmigen Giebel BayVGH, Beschl. v. 10.4.2006 – 1 ZB 04.3506 – BauR 2006, 1027 – nur LS.

F.
Die Bemessung der Abstandsflächen (Art. 6 Abs. 5 BayBO)

I. Allgemeines

165 Art. 6 Abs. 5 BayBO enthält die Grundregel für die konkrete Bemessung der Abstandsflächen. Grundsätzlich ist die Tiefe der Abstandsflächen gleichzusetzen mit der nach Art. 6 Abs. 4 BayBO ermittelten **Größe H** (Art. 6 Abs. 5 Satz 1 BayBO). Abhängig von der bauplanungsrechtlichen Situation, in der sich das zu überbauende Grundstück befindet, enthält die Regelung aber Sonderbestimmungen für Kerngebiete und für Gewerbe- und Industriegebiete. Die früher im Gesetz enthaltene Spezialregelung für Sondergebiete ist mit der Novelle 2008 weggefallen. Den Besonderheiten der Sondergebiete kann nämlich im Rahmen der zugrunde liegenden Bauleitplanung bzw. über die Zulassung von Abweichungen nach Art. 63 BayBO hinreichend Rechnung getragen werden.

166 Die **Mindesttiefe** der Abstandsfläche beträgt in jedem Fall 3 m unabhängig vom jeweiligen Gebietscharakter. Eine Unterschreitung dieser Mindesttiefe ist allenfalls im Rahmen des Art. 6 Abs. 5 Satz 3 BayBO oder im Wege der Zulassung einer Abweichung nach Art. 63 Abs. 1 BayBO möglich. Für vortretende Bauteile und Vorbauten hält zudem Art. 6 Abs. 8 BayBO eine besondere Vorschrift bereit. Die Mindesttiefe ist im Übrigen nur dann anzusetzen, wenn die über das Maß H ermittelte Größe unter 3 m liegt.

II. Abhängigkeit der Abstandsfläche vom Gebietscharakter (Art. 6 Abs. 5 Satz 2 BayBO)

167 Art. 6 Abs. 5 Satz 2 BayBO verbindet die bauordnungsrechtlichen Abstandsflächen mit den **bauplanungsrechtlichen Gebietskategorien**. Während in Kerngebieten als Tiefe 0,5 H und in Gewerbe- und Industriegebieten eine Tiefe von 0,25 H ausreicht, gilt – wie bereits angesprochen – für alle übrigen Gebiete eine Tiefe von 1 H.

168 Die angesprochenen Gebietskategorien werden in der **Baunutzungsverordnung** (BauNVO) näher beschrieben. Den Baugebietsbegriffen, die den jeweiligen Baugebieten der BauNVO entsprechen, können auch vor Inkrafttreten der BauNVO festgesetzte Baugebiete unterfallen, deren Bezeichnung mit den Baugebietstypen der BauNVO nicht übereinstimmen. Voraussetzung dafür ist, dass das in einem übergeleiteten Bebauungsplan festgesetzte Baugebiet nach der Art der zugelassenen baulichen Nutzung im Wesentlichen einem Baugebietstyp der BauNVO entspricht.[156] **Kerngebiete** (MK) dienen nach § 7 BauNVO vorwiegend der Unterbringung von Handelsbetrieben sowie der zentralen Einrichtungen der Wirtschaft, der Verwaltung und der Kultur; bei Kerngebieten wird es sich häufig um innerstädtische Bereiche handeln. Hier ist insbesondere wegen der häufig gewachsenen Struktur auch eine relativ enge Anordnung der Baukörper unvermeidlich. **Gewerbe- und Industriegebiete** (§ 8 und § 9 BauNVO) dienen der Unterbringung von Gewerbebetrieben, wobei in Gewerbegebieten (GE) die weniger belästigenden Betriebe und in Industriegebieten (GI) vorwiegend die Betriebe untergebracht werden sollen, die in anderen Baugebieten unzulässig sind. Wegen der in diesen Gebieten ausgeübten Nutzungen und wegen des weitgehenden Fehlens von Wohnungen können nach der Entscheidung des Gesetzgebers dort auch relativ geringe Gebäudeabstände hingenommen werden.

In allen **übrigen Gebieten der BauNVO** bleibt es beim Grundsatz, dass die Tiefe der Abstandsfläche 1 H beträgt. Bei diesen Gebieten handelt es sich um Kleinsiedlungsgebiete (§ 2 BauNVO, WS), reine Wohngebiete (§ 3 BauNVO, WR), allgemeine Wohngebiete (§ 4 BauNVO, WA), besondere Wohngebiete (§ 4a BauNVO, WB), Dorfgebiete (§ 5 BauNVO, MD), Mischgebiete (§ 6 BauNVO, MI) und Sondergebiete (§§ 10 f. BauNVO, SO).

Maßgebend für die Feststellung, in welchem Baugebiet ein Grundstück gelegen ist, sind in erster Linie die **Festsetzungen eines** (qualifizierten oder einfachen) **Bebauungsplans** in Bezug auf die Art der baulichen Nutzung. Aus dem Bebauungsplan lassen sich im Allgemeinen die entsprechenden Ausweisungen und die Grenzen der jeweiligen Baugebiete zweifelsfrei entnehmen. Die Festsetzungen eines Bebauungsplans können jedoch dann nicht zugrunde gelegt werden, wenn sich das Baugebiet faktisch anders entwickelt hat, beispielsweise wenn trotz Festsetzung eines Gewerbegebiets faktisch ein allgemeines Wohngebiet entstanden ist.[157] In diesen Fällen ist der Bebauungsplan obsolet geworden und kann auch für die abstandsflächenrechtliche Beurteilung keine Bedeutung mehr gewinnen.

---

156 OVG Nordrhein-Westfalen, Beschl. v. 22.3.2002 – 10 B 201/02 – NVwZ-RR 2003, 263 = BRS 65 Nr. 120.
157 OVG Sachsen-Anhalt, Beschl. v. 19.10.2011 – 2 M 129/11 – NVwZ-RR 2012, 137.

F. Die Bemessung der Abstandsflächen

171 Existiert kein Bebauungsplan bzw. enthält der Bebauungsplan keine näheren Festsetzungen zur Nutzungsart, so liegen rein begrifflich keine Baugebiete gemäß der BauNVO vor. Trotzdem können die Sonderregeln des Art. 6 Abs. 5 Satz 2 BayBO in diesen Fällen angewendet werden. Wenn die Eigenart der näheren Umgebung eines Grundstücks einem der Baugebiete nach der BauNVO entspricht, ist dieses Vorhaben gemäß **§ 34 Abs. 2 BauGB** planungsrechtlich in erster Linie an den Vorschriften eben dieser BauNVO zu messen. Für die abstandsflächenrechtliche Beurteilung kann nichts anderes gelten. Im Übrigen gebietet auch eine an Sinn und Zweck der Abstandsflächenvorschriften ausgerichtete Auslegung eine entsprechende Anwendung des Art. 6 Abs. 5 Satz 2 BayBO auf „**faktische Baugebiete**". Die geringeren Tiefen basieren auf der jeweils vom Bebauungsplan gesteuerten konkreten Nutzung der Grundstücke; von daher ist es unerheblich, ob sich diese Nutzung gleichsam ungesteuert entwickelt hat. Stellt sich ein bestimmter Bereich beispielsweise als Industriegebiet dar, macht es keinen Unterschied, ob das Gebiet „von selbst" entstanden ist oder ob es „zufällig" auf den Festsetzungen eines Bebauungsplans beruht.[158]

172 Ergibt die planungsrechtliche Analyse jedoch, dass der betrachtete Bereich keinem der in der BauNVO beschriebenen Baugebiete entspricht, also § 34 Abs. 1 BauGB zugrunde zu legen ist, bleibt es bei der Grundregel des Art. 6 Abs. 5 Satz 1 BayBO. Die konkrete Nutzung der gegenüberliegenden Gebäude kann nicht herangezogen werden,[159] auch nicht in Gemengelagen.[160] Dagegen spricht vor allem der eindeutige Wortlaut der Vorschrift. Allerdings kann die konkrete Situation im Rahmen der Zulassung einer Abweichung nach Art. 63 Abs. 1 BayBO berücksichtigt werden.

173 Im **Außenbereich** ist ebenfalls von der Grundregel des Art. 6 Abs. 5 Satz 1 BayBO auszugehen. Dies gilt aber beispielsweise nicht für ein gewerblich genutztes Grundstück im Außenbereich (etwa eine nach § 35 Abs. 1 Nr. 4 BauGB privilegierte Mühle), wenn die Nutzung nicht nur als gänzlich untergeordnet angesehen werden kann. Jedenfalls kann in einem solchen Fall über Art. 63 BayBO die Abstandsfläche vor dem Hintergrund des Art. 6 Abs. 5 Satz 2 BayBO verkürzt werden, wenn wegen der vorhandenen gewerblichen Nutzung – etwa wegen der davon ausgehenden Emissionen – vom Nachbargrundstück wiederum allenfalls eine gewerbliche Nutzung heranrücken könnte.

---

158 Reichel/Schulte, Handbuch Bauordnungsrecht, 3. Kapitel, Rn. 118.
159 Boeddinghaus/Hahn/Schulte, Bauordnung für das Land Nordrhein-Westfalen, § 6 Rn. 220.
160 So jetzt auch unter Aufgabe der früher vertretenen a. A. Molodovsky/Famers/Kraus, Bayerische Bauordnung, Art. 6 Rn. 147.

Die Zugehörigkeit eines Grundstücks zu einem bestimmten Baugebiet **174** bleibt auch dann maßgebend, wenn das Grundstück an der **Grenze des Baugebiets** liegt.[161] Deshalb ist es denkbar, dass identische Baukörper mit identischer Nutzung, die sich gegenüber, aber in verschiedenen Baugebieten liegen, unterschiedlich tiefe Abstandsflächen einzuhalten haben (vgl. Abb. 38). Korrekturen können nur über Festsetzungen im Bebauungsplan (z. B. Baugrenzen im Gewerbegebiet) oder über die Zulassung einer Abweichung erfolgen.

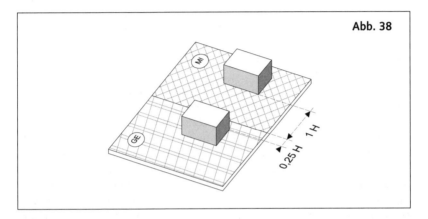

Abb. 38

Ergeben sich aufgrund von geringen Abstandsflächentiefen **Nutzungskon-** **175** **flikte**, beispielsweise wenn ein Gewerbegebiet (3 m Tiefe der Abstandsfläche bei einem Baukörper von 12 m Höhe genügt) an ein Wohngebiet grenzt, sind auch hier die Lösungen über bauplanungsrechtliche Instrumente, insbesondere über das Rücksichtnahmegebot zu suchen.

Naturgemäß entstehen Schwierigkeiten, saubere **Trennlinien** zwischen **176** Baugebieten zu finden, wenn sie sich aus den tatsächlichen Umständen im Sinne von § 34 Abs. 2 BauGB ergeben. Relativ einfach ist es dort, wo etwa Straßen oder Flussläufe die entsprechenden Bereiche trennen. Lässt sich für ein Grundstück jedoch eine eindeutige Zuordnung zu einem Baugebiet nicht finden, bleibt es bei der Bemessung nach Art. 6 Abs. 5 Satz 1 BayBO.

---

161 Anderer Ansicht OVG Nordrhein-Westfalen, Beschl. v. 30.1.1995 – 10 B 2560/94 – BauR 1995, 526 = BRS 57 Nr. 146; Urt. v. 5.2.1998 – 10 A 6361/95 – BRS 60 Nr. 110.

III. Vorrang gemeindlicher Entscheidungen (Art. 6 Abs. 5 Satz 3 BayBO)

1. Allgemeines

177 Zwischen den planungsrechtlichen Vorgaben der Gemeinde, die in verschiedenster Weise durch Festsetzungen in Bebauungsplänen und sonstigen Regelungen in Satzungen – gleichsam mittelbar – die Abstände zwischen den Baukörpern bestimmen, und den bauordnungsrechtlichen Vorschriften über die Abstandsflächen besteht ganz allgemein ein **Koordinationsbedürfnis**. Grundsätzlich müssen Bauvorhaben sowohl alle planungsrechtlichen als auch alle bauordnungsrechtlichen Regelungen beachten. Damit entsteht insbesondere im Bereich der Abstandsflächen ein Spannungsverhältnis.

178 Bereits die Bauordnungsnovelle 1994 hat ein **neues Verhältnis** zwischen bauordnungsrechtlichen Abstandsflächen einerseits und gemeindlichen Regelungen in einer städtebaulichen Satzung – also insbesondere in einem Bebauungsplan – oder in einer Satzung nach Art. 81 BayBO andererseits geschaffen. Art. 6 Abs. 5 Satz 3 BayBO ordnet an, dass dann, wenn von solchen Festsetzungen bzw. Regelungen Außenwände zugelassen oder vorgeschrieben werden, vor denen Abstandsflächen größerer oder geringerer Tiefe als nach Art. 6 Abs. 5 Sätze 1 und 2 BayBO liegen müssten, diese Vorschriften grundsätzlich keine Anwendung finden. Dies gilt nur dann nicht, wenn die Gemeinde ausdrücklich anordnet, dass diese Vorschriften gelten sollen. Mit dieser gesetzgeberischen Zwecksetzung ist es unvereinbar anzunehmen, der Vorrang des bauplanungsrechtlich Zulässigen sei auf Ausnahmefälle beschränkt.[162]

179 Dieser grundsätzliche Vorrang gemeindlicher – im weiteren Sinne – Planungsentscheidungen gegenüber den bauordnungsrechtlichen Vorgaben des Landesgesetzgebers findet seine **Berechtigung** in folgender Überlegung: Die Vorschriften über die Abstandsflächen in Art. 6 BayBO bilden eine notwendigerweise sehr starre Regelung, die sich auf den gesamten Geltungsbereich der Bayerischen Bauordnung erstreckt. Werden sie eingehalten, ist sichergestellt, dass alle den Abstandsflächen zugrunde liegenden Belange wie Belichtung, Besonnung, Belüftung, Brandschutz, Erhalt von Freiflächen und ausreichender Sozialabstand in hinreichender Weise berücksich-

---

[162] So aber offenbar BayVGH, Beschl. v. 18.8.1997 – 27 ZE 97.1932; wie hier Jäde, Die bayerische Bauordnungsreform in der Rechtsprechung des Bayerischen Verwaltungsgerichtshofs, BayVBl. 2000, 481.

tigt werden. Örtliche Besonderheiten können darin naturgemäß nicht einbezogen werden. Häufig existieren aber spezielle topographische oder städtebauliche Situationen, in denen die abstrakt-generellen Regelungen des Abstandsflächenrechts nicht passen. Zu denken ist dabei beispielsweise an stark – insbesondere in ihrer Höhenentwicklung – differierende Baukörper unmittelbar nebeneinander oder ganz allgemein an Altstadtbereiche. Von der Regel abweichende Abstandsflächen können aber nicht nur dort sinnvoll sein, wo bereits gewachsene Strukturen aufgenommen oder bereinigt werden sollen, sondern auch bei Neuausweisungen von Baugebieten etwa bei Hangbebauungen.[163] Durch die Regelung des Art. 6 Abs. 5 Satz 3 BayBO kommt der kommunalen Planungsentscheidung – die zunächst die bauordnungsrechtlichen Komponenten nicht in den Blick nimmt – der Vorrang zu. Die Gemeinde hat lediglich – im Rahmen einer Ergebniskontrolle – zu untersuchen, ob die von ihr in der Abwägung gefundenen Festlegungen auch vor dem Hintergrund der durch Art. 6 BayBO geschützten Belange Bestand haben können. Aus diesen Überlegungen heraus wird auch deutlich, warum eine ähnliche Vorrangstellung für das Bauplanungsrecht dort nicht eingeräumt werden kann, wo keine aktive planerische Entscheidung der Gemeinde existiert, sondern (nur) ein gewachsener im Zusammenhang bebauter Ortsteil im Sinne des § 34 BauGB vorliegt. Häufig lässt sich dort nur schwer bestimmen, wann sich – mit der gebotenen Eindeutigkeit – abweichende Gebäudeabstände aus der umgebenden Bebauung ergeben; eine solche Herangehensweise würde auch ein nicht unerhebliches Streitpotenzial beinhalten.

Verfassungsrechtliche Bedenken an diesem Rückzug des Landesrechts **180** gegenüber gemeindlicher Planungshoheit bestehen nicht. Insbesondere durfte der Gesetzgeber unter Übernahme bundesrechtlicher Institute – des Bebauungsplans bzw. den städtebaulichen Satzungen nach § 34 Abs. 4 und § 35 Abs. 6 BauGB – die Reichweite des Geltungsanspruchs bauordnungsrechtlicher Regelungen begrenzen.[164]

---

163 Vgl. BayVGH, Urt. v. 7.2.1994 – 2 B 89.1918 – BayVBl. 1994, 307.
164 Vgl. BayVerfGH, Entsch. v. 10.10.1966 – 31-VII-64 – BayVBl. 1967, 21; BVerwG, Beschl. v. 22.9.1989 – 4 NB 24.89 – BRS 49 Nr. 5 = DVBl. 1990, 364 = NVwZ 1990, 361 = UPR 1990, 182.

2. Voraussetzungen

a) Städtebauliche Satzungen und Satzungen nach Art. 81 BayBO

181 Die gemeindliche Entscheidung über die Gebäudeabstände muss sich aus Festsetzungen einer städtebaulichen Satzung oder einer Satzung nach Art. 81 BayBO ergeben. Die genannten Satzungen müssen wirksam sein, insbesondere den materiellen und formellen Anforderungen des Planungsrechts genügen;[165] ein planreifer Bebauungsplan im Sinne des § 33 BauGB ist keine hinreichende Grundlage für die Anwendung des Art. 6 Abs. 5 Satz 3 BayBO.

182 Städtebauliche Satzung ist zunächst der **Bebauungsplan**; dabei ist nicht nur der Bebauungsplan nach Art. 81 Abs. 3 BayBO gemeint, sondern jede Satzung im Sinne des § 8 BauGB. Es muss sich auch nicht notwendig um einen qualifizierten Bebauungsplan gemäß § 30 Abs. 1 BauGB handeln; es reicht vielmehr aus, wenn er die Festsetzungen enthält, die erforderlich sind, um eine Außenwand im Sinne des Art. 6 Abs. 5 Satz 3 BayBO zu umschreiben. Erfasst wird selbstverständlich auch der vorhabenbezogene Bebauungsplan nach §§ 12, 30 Abs. 2 BauGB, wenn er die entsprechenden Festsetzungen besitzt. Nicht ausreichend ist aber regelmäßig ein übergeleiteter Bebauungsplan nach § 173 Abs. 3 BauGB.[166]

183 Über den weiten Begriff der städtebaulichen Satzungen werden auch die **Innenbereichssatzungen** des § 34 Abs. 4 BauGB und die **Außenbereichssatzung** des § 35 Abs. 6 BauGB einbezogen; auch in ihnen sind Festsetzungen möglich, die Außenwände im Sinne des Art. 6 Abs. 5 Satz 3 BayBO determinieren können (vgl. § 34 Abs. 5 Satz 2, § 35 Abs. 6 Satz 3 BauGB). Darüber hinaus sind städtebauliche Satzungen mit abstandsflächenrelevanten Regelungen nicht denkbar.

184 Schließlich kommen auch **ortsrechtliche Vorschriften** im Sinne des Art. 81 BayBO für Art. 6 Abs. 5 Satz 3 BayBO in Frage. Allerdings sind diese örtlichen Bauvorschriften ganz regelmäßig nicht in der Lage, Außenwände im Sinne der genannten Vorschrift zu beschreiben. Gemeint ist aber offenbar die Satzung nach Art. 81 Abs. 1 Nr. 6 BayBO.[167] Darin kann die Gemeinde von Art. 6 BayBO abweichende Maße der Abstandsflächen bestimmen, soweit dies zur Gestaltung des Ortsbildes oder zur Verwirkli-

---

[165] BayVGH, Urt. v. 11.11.2009 – 2 N 08.2837.
[166] BayVGH, Beschl. v. 4.6.2007 – 25 CS 07.940 – FStBay 2008/92 = ZfBR 2007, 584 = NVwZ-RR 2007, 578 = BauR 2007, 1716 = KommJur 2007, 389 = BayVBl. 2008, 183.
[167] So auch Molodovsky/Famers/Kraus, Bayerische Bauordnung, Art. 6 Rn. 157; a.A. offensichtlich BayVGH, Beschl. v. 17.9.2007 – 1 CS 07.1704.

chung der Festsetzungen einer städtebaulichen Satzung erforderlich ist oder der Verbesserung der Wohnqualität dient.

b) Determinierung von Außenwänden

Die Festsetzungen in den genannten Satzungen – insbesondere im Bebauungsplan – müssen **Außenwände** zulassen oder vorschreiben, vor denen Abstandsflächen geringerer oder größerer Tiefe als nach Art. 6 Abs. 5 Sätze 1 und 2 BayBO liegen müssten. Dies kann grundsätzlich auf zweierlei Weise geschehen. Es können – wie in Art. 81 Abs. 1 Nr. 6 BayBO vorgesehen – ausdrücklich abweichende Abstandsflächen festgelegt werden. Möglich ist aber auch, dass sich aus anderen Festsetzungen und Regelungen Außenwände gleichsam mittelbar ergeben, was ebenfalls zum Anwendungsvorrang der gemeindlichen Entscheidung führt.[168]   185

Um insoweit Außenwände im Sinne des Art. 6 Abs. 5 Satz 3 BayBO zu determinieren, sind immer **zwei Festlegungen** erforderlich: Zum einen muss die Lage der Außenwand auf dem Baugrundstück beschrieben werden – dies geschieht durch die Festsetzung der überbaubaren Grundstücksfläche, regelmäßig also durch Baulinien und Baugrenzen (vgl. § 23 BauNVO)[169] – und zum anderen muss eine Festsetzung in Bezug auf die **Höhenentwicklung** der baulichen Anlage vorgenommen werden – also durch eine Festsetzung der Höhe oder der Zahl der Vollgeschosse (vgl. § 18 BauNVO). In jedem Falle müssen diese Festsetzungen klar und eindeutig sein.[170] Dabei ist es nicht notwendig, dass die gemeindlichen Festsetzungen für den Bauherrn zwingend sind (wie etwa die Festsetzung einer Baulinie oder die zwingende Festsetzung der Höhe nach § 16 Abs. 4 Satz 2 BauNVO); es genügt vielmehr, dass insoweit „Obergrenzen" angegeben sind, die der Bauherr vollständig ausschöpfen darf; auch dann ist er nicht an die bauordnungsrechtlichen Vorschriften über die Abstandsflächen gebunden.[171]   186

Dabei genügt für die Determinierung der Lage der Außenwand gemessen am **Bestimmtheitsgebot** die zeichnerische Festlegung im Bebauungsplan oder der sonstigen städtebaulichen Satzung; eine Vermaßung ist nicht   187

---

168 BayVGH, Beschl. v. 31.3.2005 – 2 ZB 04.2673; Beschl. v. 29.12.2005 – 1 NE 05.2818 – BayVBl. 2006, 670 = NVwZ-RR 2006, 761.
169 OVG Saarland, Beschl. v. 8.8.2001 – 2 V 4/01 – BRS 64 Nr. 191.
170 Vgl. Jäde/Weinl/Dirnberger, Schwerpunkte des neuen Bauordnungsrechts, BayVBl. 1994, 321.
171 BayVGH, Urt. v. 25.11.1999 – 2 N 97.2923.

erforderlich.¹⁷² Die dagegen vorgebrachten Erwägungen können schon deshalb nicht überzeugen, weil dann – gesetzt die Bedenken hinsichtlich der Bestimmtheit träfen zu – die Festsetzung des Bebauungsplans insgesamt unwirksam sein müsste, da zwischen seinen bauplanungs- und bauordnungsrechtlichen Auswirkungen nicht unterschieden werden kann. Allenfalls kann dann eine – aber den gesamten Bebauungsplan erfassende – Unwirksamkeit angenommen werden, wenn ein zu kleiner Maßstab der zeichnerischen Darstellung gewählt wurde.¹⁷³

188 Dieses Ergebnis wird auch aus Sicht des **Nachbarschutzes** bestätigt. Sinn und Zweck des Art. 6 Abs. 5 Satz 3 BayBO bestehen nicht darin, irgendwelche Modalitäten der Abstandsflächenberechnung zu verändern, um nur auf andere Weise zu notwendig zentimeterscharfen Abstandsflächen zu gelangen; der Vorschrift geht es vielmehr darum, dem Bauplanungsrecht den Vorrang gegenüber dem Bauordnungsrecht einzuräumen, und zwar auch hinsichtlich des Nachbarschutzes. Ergibt sich bauplanungsrechtlich ein „unscharfer" Rechtsschutz, so gilt bauordnungsrechtlich Entsprechendes, sofern eine solche „Unbestimmtheit" auch planungsrechtlich hingenommen werden kann.

189 In Bebauungsplänen und sonstigen städtebaulichen Satzungen können **Grundstücksgrenzen** – die für die bauordnungsrechtlichen Abstandsflächen von großer Bedeutung sind (vgl. Art. 6 Abs. 2 Satz 1 BayBO) – nicht festgesetzt werden. Daraus folgt, dass sich die Abstände, die sich mittelbar aus den Festsetzungen über die überbaubaren Grundstücksflächen und die Höhenentwicklung ergeben, immer auf andere, im Bebauungsplan determinierte Außenwände oder auf die Grenze des Bebauungsplans beziehen. Das bedeutet andererseits zwingend, dass Art. 6 Abs. 5 Satz 3 BayBO innerhalb eines Bauraums nicht herangezogen werden kann; insoweit fehlt es an dem Bezug zu dieser „anderen" Außenwand bzw. zur Grenze des Plangebiets.¹⁷⁴ Innerhalb eines Bauraums müssen daher Gebäude die bauordnungsrechtlichen Abstandsflächen immer einhalten (vgl. Abb. 39). Etwas anderes kann nur dann gelten, wenn der Bebauungsplan Grundstücksgrenzen vorschlägt und diese bereits tatsächlich verwirklicht sind.¹⁷⁵

---

172 BayVGH, Beschl. v. 19.7.1999 – 15 ZE 99.1682; Beschl. v. 12.8.2002 – 2 CE 02.1647 – FStBay 2003/182; im Ergebnis auch Dhom in: Simon/Busse, Bayerische Bauordnung, Art. 6 Rn. 311; a. A. BayVGH, Beschl. v. 18.8.1997 – 27 ZE 97.1932.
173 Vgl. BayVGH, Urt. v. 15.3.1983 – 36 I 78 – BayVBl. 1984, 82, für einen Maßstab 1:5.000.
174 Vgl. Jäde/Weinl/Dirnberger, Schwerpunkte des neuen Bauordnungsrechts, BayVBl. 1994, 321; zustimmend Molodovsky/Famers/Kraus, Bayerische Bauordnung, Art. 6 Rn. 161b; Dhom in: Simon/Busse, Bayerische Bauordnung, Art. 6 Rn. 314.
175 BayVGH, Beschl. v. 21.10.2003 – 25 CS 03.2174.

III. Vorrang gemeindlicher Entscheidungen

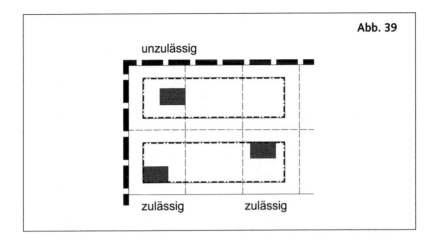

Abb. 39

c) Berücksichtigung der abstandsflächenrechtlichen Zwecksetzungen

Die gemeindliche Planungsentscheidung, die von den bauordnungsrechtlichen Abstandsflächen abweicht, hat die Zwecksetzungen einzubeziehen, die letztlich hinter den entsprechenden Vorschriften des Art. 6 BayBO stehen. Art. 6 Abs. 5 Satz 3 2. Halbsatz BayBO stellt dies insofern klar, als vorgeschrieben wird, dass in jedem Fall eine ausreichende Belichtung und Belüftung nicht beeinträchtigt werden darf und dass die Flächen für notwendige Nebenanlagen, insbesondere für Kinderspielplätze, Garagen und Stellplätze, nicht eingeschränkt werden dürfen.

190

Die Gemeinde hat dabei diese – in erster Linie bauordnungsrechtlichen – Überlegungen grundsätzlich **nicht** etwa **in ihre Abwägung einzustellen**, sondern es verbleibt dabei, dass im Rahmen der Abwägungsentscheidung vornehmlich städtebauliche und ortsplanerische Überlegungen anzustellen sind.[176] Dabei ist jedoch eine Überschneidung der bauordnungsrechtlichen Belange und des bauplanungsrechtlichen Abwägungsmaterials möglich. Dies zeigt bereits ein Blick in den Katalog des § 1 Abs. 6 BauGB, der beispielsweise auch die allgemeinen Anforderungen an gesunde Wohn- und Arbeitsverhältnisse in die gemeindliche Bauleitplanung zwingend implementiert. Auch der Gedanke des ausreichenden Sozialabstands weist eine städtebauliche Komponente auf, deren Nichtberücksichtigung bereits die Abwägungsentscheidung in Frage stellen kann. Deshalb konnte der

191

---

176 Weiter wohl OVG Berlin-Brandenburg, Urt. v. 18.12.2007 – 2 A 3.07 – BauR 2008, 1089.

Gesetzgeber auch darauf verzichten, diese Zwecksetzungen eigens in Art. 6 Abs. 5 Satz 3 BayBO nochmals herauszustellen.[177]

192 Allerdings gehen gewisse Zwecksetzungen – eben ausreichende **Belüftung** und **Belichtung** sowie die **Freihaltefunktion** – jedenfalls nicht vollständig in die Abwägung ein. Hier hat die Gemeinde, nachdem sie ihre planerische Entscheidung getroffen hat, diese an den genannten Kriterien zu messen. Sie hat also zunächst festzustellen, welche Abstände von den zulässigen Baukörpern bei maximaler Ausnutzung der Festsetzungen noch eingehalten werden. Danach hat sie dieses Ergebnis daraufhin zu untersuchen, ob es im Hinblick auf Belichtung und Belüftung hingenommen werden kann und ob die Flächen für die notwendigen Nebenanlagen nicht eingeschränkt werden. Fällt diese Ergebniskontrolle positiv aus, verdrängen die entsprechenden Festsetzungen die bauordnungsrechtlichen Abstandsflächen. Anhaltspunkt für diesen abstandsflächenrechtlichen Mindeststandard ist für den Bereich der Belüftung und Belichtung beispielsweise das Verbot enger Reihen.[178]

193 Art. 6 Abs. 5 Satz 3 BayBO nennt den **Brandschutz** als zu berücksichtigenden Belang nicht ausdrücklich. Damit geht aber keine inhaltliche Verschlechterung der entsprechenden Belange einher. Die Vorgaben der Art. 24 ff. BayBO sind auch im Rahmen des Art. 6 Abs. 5 Satz 3 BayBO beachtlich, insbesondere sind auch weiterhin die aus Brandschutzgründen notwendigen Abstände einzuhalten.

194 Werden Abstandsflächen nach **Art. 81 Abs. 1 Nr. 6 BayBO** festgelegt, sind selbstverständlich die dort genannten Einschränkungen zu beachten. Die „anderen" Abstandsflächen müssen also zur Gestaltung des Ortsbilds oder zur Verwirklichung der Festsetzungen einer städtebaulichen Satzung erforderlich sein oder der Verbesserung der Wohnqualität dienen.

3. Rechtsfolgen

195 Art. 6 Abs. 5 Satz 3 BayBO bestimmt, dass Art. 6 Abs. 5 Sätze 1 und 2 BayBO keine Anwendung findet, wenn die genannten Voraussetzungen erfüllt werden. Dies bedeutet, dass die Festsetzungen im Bebauungsplan bzw. die Regelungen in einer sonstigen Satzung uneingeschränkt an die

---

[177] Vgl. zu einer in diesem Sinne ordnungsgemäßen Abwägung BayVGH, Urt. v. 25.11.1999 – 2 N 97.2923.
[178] Vgl. BayVGH, Urt. v. 18.5.1984 – 26 B 81 A.215 – BayVBl. 1985, 177; Urt. v. 20.12.1990 – 1 N 89.2294 – BayVBl. 1991, 335.

Stelle der bauordnungsrechtlichen Regelungen über die Abstandsflächen treten. Daraus erklärt sich auch die auf den ersten Blick unnötige Anordnung, dass die bauordnungsrechtlichen Vorschriften auch dann nicht angewendet werden, wenn die planungsrechtlichen Regelungen strenger sind. Auch in diesem Fall wird das Bauordnungsrecht von der Entscheidung der Gemeinde vollständig abgelöst. Dies gilt im Übrigen konsequenterweise auch für den **Nachbarschutz**, der nur noch aus dem Bebauungsplan bzw. der sonstigen Satzung folgt. Ergeben sich also aus den gemeindlichen Festsetzungen Abstandsflächen, die tiefer sind, als sie nach Art. 6 Abs. 5 Sätze 1 und 2 BayBO erforderlich wären, sind die Festsetzungen, die über die Regelabstandsflächentiefen hinausgehen im Zweifel nachbarschützend.[179] Dies gilt nicht, wenn der gemeindliche Wille dahin verstanden werden kann, dass mit dem überschießenden Teil rein öffentliche – im Regelfall städtebauliche – Interessen verfolgt worden sind. Ein solcher Wille muss nicht ausdrücklich geäußert, sondern kann auch aus den Begleitumständen der Planung geschlossen werden.[180]

Einen **völligen Verzicht auf Abstandsflächen** – also eine Tiefe 0 – lässt auch die Regelung des Art. 6 Abs. 5 Satz 3 BayBO nicht zu.[181] Dies ergibt sich bereits aus dem Wortlaut der Vorschrift, die insoweit nur „geringere" Tiefen gestattet, aber auch aus der Anordnung, dass eine ausreichende Belichtung und Belüftung gewährleistet sein muss, die nur dann einen Sinn hat, wenn überhaupt Abstandsflächen vorhanden sind. Die Gemeinde kann allerdings durch andere Festsetzungen (etwa geschlossene Bauweise oder zwingende Festsetzung einer Doppelhausbebauung) eine Grenzbebauung erreichen. Ferner betrifft das durch Art. 6 Abs. 5 Satz 3 BayBO begründete Vorrangverhältnis zwischen Bebauungsplanfestsetzungen und Abstandsflächenrecht allein die Frage der Tiefe der Abstandsfläche, **nicht** etwa auch deren **Lage**.[182] Die Gemeinde kann auch über Art. 6 Abs. 5 Satz 3 BayBO keine anderen Abstandsflächenmaße festlegen.[183]

---

179 Dirnberger in: Simon/Busse, Bayerische Bauordnung, Art. 66 Rn. 258; a. A. Molodovsky/Famers/Kraus, Bayerische Bauordnung, Art. 6 Rn. 151; wohl auch BayVGH, Beschl. v. 18.8.1997 – 27 ZE 97.1932; Beschl. v. 16.7.2002 – 2 CS 02.1236 – BayVBl. 2003, 599.
180 Etwas anders, im Sinne einer Vermutung fehlenden Nachbarschutzes, wenn erweiterte Tiefen vorgeschrieben werden, Jäde in: Jäde/Dirnberger/Weiß, BauGB/BauNVO, § 29 Rn. 53 BauGB.
181 BayVGH, Urt. v. 4.10.2006 – 1 N 05.915; Molodovsky/Famers/Kraus, Bayerische Bauordnung, Art. 6 Rn. 152.
182 BayVGH, Beschl. v. 25.7.1996 – 26 CS 96.1808; Jäde, Die bayerische Bauordnungsreform in der Rechtsprechung des Bayerischen Verwaltungsgerichtshofs, BayVBl. 2000, 481.
183 BayVGH, Beschl. v. 17.9.2007 – 1 CS 07.1704 – FStBay 162/2008.

197 Möchte die Gemeinde trotz entsprechender Festsetzungen bzw. Regelungen mit abstandsflächenrechtlichem Determinierungscharakter, dass die bauordnungsrechtlichen Abstandsflächenvorschriften gelten sollen, muss sie dies **ausdrücklich** im Bebauungsplan oder in der sonstigen Satzung **anordnen**. Einer besonderen Begründung oder Rechtfertigung bedarf diese Anordnung jedoch nicht. Insbesondere muss die Gemeinde nicht darlegen, dass ihre Festsetzungen oder ihre Regelungen in Ansehung der bauordnungsrechtlichen Zwecksetzungen zu nicht mehr hinnehmbaren Zuständen führen würden. Ordnet die Gemeinde die Geltung des Art. 6 Abs. 5 Sätze 1 und 2 BayBO an, so zieht sich der Bebauungsplan bzw. die sonstige Satzung mit seiner/ihrer Vorrangwirkung wieder zurück, das heißt, die Abstandsflächenvorschriften des Bauordnungsrechts beanspruchen wieder **unmittelbare Geltung** und leiten sich nicht von dem Bebauungsplan oder der sonstigen Satzung ab. Der Bauherr hat nach einer entsprechenden Anordnung wieder sowohl die Festsetzungen des Bebauungsplans bzw. der sonstigen Satzung als auch die bauordnungsrechtlichen Vorgaben einzuhalten. Eine solche Anordnung der Gemeinde dürfte im Übrigen **dynamisch** zu verstehen sein und sich auf das jeweils geltende Bauordnungsrecht beziehen. Die Gemeinde will den Vorrang des Bauplanungsrechts vor dem Bauordnungsrecht nicht eintreten lassen, sondern sie will, dass das – jeweils gültige – Abstandsflächenrecht eingehalten wird.

IV. Einheitlich abweichende Abstandsflächen in der umgebenden Bebauung (Art. 6 Abs. 5 Satz 4 BayBO)

198 Die Novelle 2009 hat die von Art. 6 Abs. 5 Satz 3 BayBO umschriebene Rechtslage auf Fälle ausgedehnt, bei denen sich **einheitlich abweichende Abstandsflächentiefen aus der umgebenden Bebauung im Sinne des § 34 Abs. 1 Satz 1 BauGB** ergeben; diffuse oder unterschiedliche Tiefen genügen nicht. Festzustellen, ob diese Voraussetzung der Vorschrift vorliegt, wird die eigentliche Schwierigkeit sein. Denn in der Praxis dürften die Fälle, bei denen die Umgebung eine einem Bebauungsplan entsprechende Regelungsgenauigkeit hergibt, eher überschaubar sein. Allerdings trifft der Vorwurf, die Vorschrift sei zu unbestimmt,[184] jedenfalls nicht vollständig zu. Bei der Beurteilung der planungsrechtlichen Zulässigkeit im Innenbe-

---

184 In diese Richtung Molodovsky/Famers/Kraus, Bayerische Bauordnung, Art. 6 Rn. 173b.

reich ist seit je Aufgabe der Bauaufsichtsbehörde und bei der Entscheidung über das Einvernehmen auch der Gemeinde, die Maßstäbe in Bezug auf die Art und das Maß der baulichen Nutzung, die überbaubare Grundstücksfläche und – bereits hier mit Bezug zu den Abstandsflächen – die Bauweise aus der vorhandenen Bebauung abzuleiten. Was erschwerend im Vollzug wirkt, ist allerdings die Tatsache, dass die Regelung des Art. 6 BayBO seit der Bauordnungsnovelle 2008 nicht mehr Prüfungsmaßstab im vereinfachten Verfahren ist und daher die Beurteilung, ob und inwieweit einheitlich abweichende Abstandsflächentiefen vorliegen, dem Bauherrn obliegt. Allerdings kann hier der (klarstellende) neue Art. 68 Abs. 1 Satz 1 2. Halbsatz BayBO eingesetzt werden.

Voraussetzung für den Einsatz des Art. 6 Abs. 5 Satz 4 BayBO ist das Vorhandensein eines **im Zusammenhang bebauten Ortsteils** nach § 34 BauGB. Im Außenbereich ist die Vorschrift also nicht anwendbar. Offenbleiben kann in diesem Zusammenhang die Frage, ob die Anwendung des Art. 6 Abs. 5 Satz 4 BayBO voraussetzt, dass das Vorhaben sämtliche Tatbestandsmerkmale des § 34 BauGB erfüllt.[185] Denn selbst wenn Art. 6 Abs. 5 Satz 4 BayBO isoliert betrachtet werden könnte, würde das Vorhaben an den – ggf. nicht eingehaltenen – Tatbestandsmerkmalen des § 34 BauGB scheitern.

199

Wie bereits erwähnt, dürfte die Hauptschwierigkeit der Vorschrift in der Feststellung liegen, ob und ggf. welches **abweichende Abstandsflächensystem** aus der Umgebungsbebauung abgelesen werden kann. Dabei ist die maßgebliche Umgebungsbebauung zunächst in gleicher Weise zu bestimmen wie bei der planungsrechtlichen Zulässigkeit nach § 34 BauGB.[186] Die tatsächlich vorhandene Abstandsflächensystematik der umgebenden Bebauung muss dabei in einer Weise verfestigt sein, die es zulässt, daraus quasi eine Norm, die auch Inhalt einer entsprechenden Satzung sein könnte, abzuleiten. Einzelne Ausreißer können dabei jedoch unberücksichtigt bleiben. Dabei ist davon auszugehen, dass der Gesetzgeber bei den im Tatbestand vorausgesetzten einheitlich von den gesetzlichen Anforderungen abweichenden Abstandsflächentiefen absolute Maße vor Augen hatte und nicht eine einheitliche Relation zwischen Gebäudehöhe und Grenzabstand fordern wollte. Es reicht demnach grundsätzlich aus, dass in der umgebenden Bebauung im Sinne des § 34 Abs. 1 Satz 1 BauGB einheitliche Gebäude- bzw. Grenzabstände vorzufinden sind. Hierfür genügt einerseits eine diffuse Bebauung nicht, andererseits ist aber auch nicht eine zentimetergenaue Übereinstimmung der Gebäude- bzw. Grenzabstände zu fordern.

200

---

185 So Molodovsky/Famers/Kraus, Bayerische Bauordnung, Art. 6 Rn. 173 h.
186 Vgl. dazu Jäde in: Jäde/Dirnberger/Weiß, BauGB/BauNVO, § 34 Rn. 65 ff. BauGB.

Bei markanten Unterschieden in der Bauweise, der Lage der Baukörper oder der Gebäudehöhen in der maßgeblichen Umgebung wird man jedoch nicht mehr von einheitlich abweichenden Abstandsflächentiefen im Sinne des Art. 6 Abs. 5 Satz 4 BayBO sprechen können.[187]

201 Die Rechtsfolge des Art. 6 Abs. 5 Satz 4 BayBO ist die entsprechende Anwendung des Art. 6 Abs. 5 Satz 3 BayBO. Mithin gilt das in Rn. 195 ff. Ausgeführte analog. Insbesondere erlaubt auch Art. 6 Abs. 5 Satz 4 BayBO nicht den völligen Verzicht auf Abstandsflächen.[188]

202 Ausweislich der Begründung zum Gesetzentwurf und auch der Vollzugshinweise will das Gesetz vor allem zwei Probleme lösen. Zunächst die Frage der **Traufgassen**. Nach der Rechtsprechung des BayVGH ist bei Traufgassen bzw. bei den sog. „engen Reihen" kein Fall des Art. 6 Abs. 1 Satz 2 BayBO gegeben, da die Vorschrift nur den unmittelbaren Anbau an die Grundstücksgrenze erfasst, nicht aber Fälle geringerer oder ungenügender Abstandsflächen.[189] Um solche gewachsenen Strukturen zu erhalten, musste die Gemeinde bislang zumindest eine Satzung im Sinne des Art. 6 Abs. 5 Satz 3 BayBO erlassen. Nun orientiert sich ein Vorhaben nach § 34 BauGB auch abstandsflächenrechtlich an der vorhandenen Umgebungsbebauung. Das zweite Problem, auf das Art. 6 Abs. 5 Satz 4 BayBO eine Antwort gibt, ist der **Ersatzbau**. Bauplanungsrechtlich wirkt ein beseitigter Baubestand im Sinne des § 34 BauGB noch nach, solange nach der Verkehrsanschauung das Baugrundstück für eine Neubebauung im Umfang des beseitigten Altbestands aufnahmefähig ist,[190] sodass etwa in einer Ortsrandlage die entsprechende Fläche weiterhin dem Bebauungszusammenhang zugerechnet werden muss. Dies soll aber nach einer in der Rechtsprechung vertretenen Ansicht nicht in Bezug auf Abstandsflächen gelten.[191] Art. 6 Abs. 5 Satz 4 BayBO nimmt die fortdauernde prägende Wirkung des beseitigten Bestands auch insoweit auf und bewirkt damit die notwendige Harmonisierung der bauplanungs- und bauordnungsrechtlichen Maßstäbe.[192]

---

187 BayVGH, Urt. v. 7.3.2013 – 2 BV 11.882 – NVwZ-RR 2013, 791 = BayVBl. 2013, 634; vgl. auch Beschl. v. 30.6.2011 – 2 CS 11.828; Beschl. v. 4.8.2011 – 2 CS 11.997.
188 BayVGH, Urt. v. 20.10.2010 – 14 B 09.1616.
189 BayVGH, Urt. v. 22.11.2006 – 25 B 05.1714; a. A. oben Rn. 66; König in König/Roeser/Stock, BauNVO, § 22 Rn. 23.
190 BVerwG, Beschl. v. 24.5.1988 – 4 CB 12.88 – BauR 1988, 574 = BRS 48 Nr. 137.
191 BayVGH, Urt. v. 13.2.2001 – 20 B 00.2213 – BauR 2001, 1248; Beschl. v. 17.8.2001 – 20 ZS 01.2025.
192 Vgl. Vollzugshinweise zur BayBO 2009, Schreiben des StMI v. 24.7.2009, S. 4.

G.
Das „16 m-Privileg" (Art. 6 Abs. 6 BayBO)

I. Allgemeines (Normalfall)

Art. 6 Abs. 6 BayBO enthält eine Verringerung der Abstandsflächentiefe vor jeweils zwei Außenwänden eines Gebäudes von nicht mehr als je 16 m Länge. Grund für diese Regelung ist es, ein möglichst flächenschonendes Bauen unter optimaler Ausnutzung des vorhandenen Baugrundstücks zu ermöglichen. Der Gesetzgeber ging davon aus, dass mit Außenwänden bis zu 16 m keine erheblichen Störungen bzw. Beeinträchtigungen für das Nachbargrundstück verbunden seien, die einen größeren Abstand erforderten. Eine ausreichende Belichtung und Belüftung der Aufenthaltsräume sei auch über die Gebäudeseiten zu gewährleisten, die nicht dem 16 m-Privileg unterfielen.[193] 203

Die Reduzierung der Abstandsflächen gilt bei Vorliegen der Voraussetzungen **kraft Gesetzes**, das heißt, dass eine (Ermessens)Entscheidung der Bauaufsichtsbehörde im Wege der Ausnahme nicht erforderlich ist. 204

Die Tiefe der Abstandsflächen vermindert sich auf die Hälfte der nach Art. 6 Abs. 5 BayBO erforderlichen Tiefe, also im Regelfall auf **0,5 H, mindestens 3 m**. Für Kern- und Industriegebiete, deren Regelabstandsflächentiefe bereits auf 0,5 bzw. 0,25 H reduziert ist, gilt das 16 m-Privileg nicht. Anwendbar ist die Vorschrift hingegen auf Sondergebiete. 205

Die Privilegierung gilt grundsätzlich für **zwei Außenwände** eines Gebäudes, wobei der Bauherr ein Wahlrecht besitzt, auf welche Außenwände sich die Verminderung erstrecken soll.[194] Er ist nicht gehalten, die Außenwände an den Schmalseiten oder die von anderen Gebäuden am weitesten entfernten Außenwände zu wählen. Deshalb ist die für die Regelung in Art. 6 Abs. 6 BayBO teilweise verwendete Bezeichnung „Schmalseitenprivileg" zumindest ungenau. Unerheblich ist es im Übrigen, ob die betreffende Außenwand notwendige Fenster von Aufenthaltsräumen aufweist. In Anspruch genommen werden kann die Privilegierung – ebenfalls nach 206

---

193 Vgl. dazu auch Gr. Senat des BayVGH, Beschl. v. 21.4.1986 – Gr. S. 1/85 – 15 B 84 A.2534 – BRS 46, 242 = BayVBl. 1986, 397 = BauR 1986, 431; Beschl. v. 21.5.1990 – Gr. S. 2/1989 – BayVBl. 1990, 498; kritisch zum Schmalseitenprivileg Boeddinghaus, Was ist ausreichende Tagesbeleuchtung?, ZfBR 1999, 77.
194 OVG Nordrhein-Westfalen, Beschl. v. 22.11.2013 – 7 B 1120/13.

Wahl des Bauherrn – sowohl gegenüber allen Grundstücksgrenzen als auch gegenüber anderen Gebäuden (bzw. deren Abstandsflächen) auf dem gleichen Grundstück. Art. 6 Abs. 6 BayBO enthält keine Beschränkung hinsichtlich der Nutzungsart des Gebäudes oder der Höhe des Baukörpers. Die Regelung ist daher beispielsweise auch auf Hochhäuser anwendbar, soweit diese Gebäude Außenwände aufweisen, die nicht länger als 16 m sind.

207 Der **„Normalfall"** des 16 m-Privilegs (Gebäude mit rechteckigem Grundriss) lässt sich – wie in Abb. 40 – einfach darstellen und weist keine größeren Auslegungsprobleme auf. Schwierigkeiten entstehen erst dann, wenn das Gebäude einen unregelmäßigen Grundriss beispielsweise mit Vor- und Rücksprüngen besitzt.

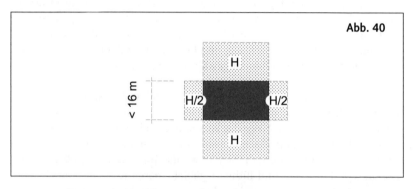

Abb. 40

208 Art. 6 Abs. 6 BayBO ist grundsätzlich auch auf **runde** Gebäude oder auf runde bauliche Anlagen, von denen Wirkungen wie von Gebäuden ausgehen (z. B. Masten), anwendbar.[195] Auszugehen ist dabei vom Durchmesser der baulichen Anlage. Liegt er unter 16 m, genügt in einem Winkel von 180 Grad (entspricht zwei Außenwänden) die halbe Abstandsflächentiefe (Abb. 41).[196] Bei Windkraftanlagen kommt es auf den Durchmesser des Rotors an; er darf nicht mehr als 16 m betragen. Die Rechtsprechung zum 16 m-Privileg bei Windkraftanlagen ist allerdings uneinheitlich.[197]

---

[195] Vgl. SächsOVG, Beschl. v. 17.7.1997 – 1 S 746/96 – BRS 59 Nr. 118.
[196] Vgl. auch Dhom in: Simon/Busse, Bayerische Bauordnung, Art. 6 Rn. 346.
[197] Für eine grundsätzliche Anwendung des 16 m-Privilegs: OVG Niedersachsen, Urt. v. 28.10.1996 – 6 L 4040/94; gegen eine Anwendung des 16 m-Privilegs OVG Nordrhein-Westfalen, Urt. v. 29.8.1997 – 7 A 629/25 – BRS 59 Nr. 110; ausdrücklich offengelassen von BayVGH, Beschl. v. 12.3.1999 – 2 ZB 98.3014 – BayVBl. 2000, 630, sowie von OVG Brandenburg, Beschl. v. 30.5.2000 – 3 M 128/99 – NVwZ 2001, 454.

I. Allgemeines Normalfall

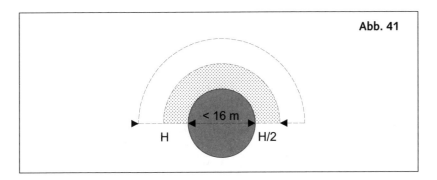

Abb. 41

Aus sich selbst heraus verständlich sind – jedenfalls für den Normalfall – **209** die Anordnungen des **Art. 6 Abs. 6 Satz 2 BayBO**. Wird ein Gebäude mit einer Außenwand an die Grundstücksgrenze gebaut, so verliert es für diese Außenwand die Privilegierung, sodass sie folgerichtig nur noch einmal in Anspruch genommen werden kann. Werden zwei Außenmauern an die Grenze gebaut, geht die Privilegierung gänzlich verloren. Art. 6 Abs. 2 BayBO gilt aber nicht, wenn das Gebäude zwar an die Grenze gebaut, die anfallende Abstandsfläche aber von Nachbarn übernommen worden ist;[198] ebenso wenig, wenn ein Gebäude nach Art. 6 Abs. 9 Satz 1 BayBO zulässigerweise an die Grenze gebaut worden ist.[199]

Grundstücksgrenzen zu **öffentlichen Verkehrsflächen, öffentlichen** **210** **Grünflächen und öffentlichen Wasserflächen** bleiben insoweit jedoch außer Betracht. Der Bauherr wird in seinem Wahlrecht also nicht eingeschränkt, wenn er eine geringere Abstandsflächentiefe – nämlich nach Art. 6 Abs. 2 Satz 2 BayBO – zu einer entsprechenden Grundstücksgrenze einhält. Dabei ist auch unerheblich, ob das Gebäude unmittelbar an die Grundstücksgrenze gebaut ist oder nicht.[200] Ebenso kann die Privilegierung des Art. 6 Abs. 6 BayBO mit derjenigen des Art. 6 Abs. 2 Satz 2 BayBO dergestalt verbunden werden, dass sich entweder die volle oder die halbierte Abstandsfläche auch auf die öffentliche Fläche erstrecken darf.[201]

Art. 6 Abs. 6 Satz 3 BayBO ordnet an, dass **aneinandergebaute Gebäude** **211** wie ein Gebäude zu behandeln sind. Diese Vorschrift ist die Konsequenz aus dem Umstand, dass auch bauliche Anlagen, die nach außen als ein einheitlicher Baukörper erscheinen,

---

198 BayVGH, Beschl. v. 5.3.2007 – 2 CS 07.81 – FStBay 2008/48.
199 BayVGH, Beschl. v. 23.1.2008 – 15 ZB 06.3020.
200 Vgl. BayVGH, Urt. v. 14.7.1988 – 2 B 87.03746 – BRS 48, 230 = BayVBl. 1989, 182.
201 OVG Saarland, Beschl. v. 30.5.1994 – 2 W 20/94 – BRS 56 Nr. 109.

G. Das „16 m-Privileg"

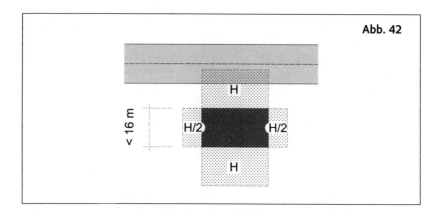

Abb. 42

aus mehreren Gebäuden bestehen können. Ein selbstständiges Gebäude liegt nämlich gemäß Art. 2 Abs. 2 BayBO schon dann vor, wenn es selbstständig benutzbar ist, also wenn es seine Funktion unabhängig von anderen baulichen Anlagen erfüllen kann. Regelmäßiges Merkmal für die selbstständige Benutzbarkeit sind der eigene Eingang und bei mehrgeschossigen Anlagen die eigene notwendige Treppe bzw. der Treppenraum. Die selbstständige Benutzbarkeit setzt aber nicht voraus, dass die Anlage abgetrennt oder abtrennbar von anderen Gebäuden ist. Das bedeutet, dass Doppel- oder Reihenhäuser, auch wenn sie eine gemeinsame Brandwand haben, grundsätzlich selbstständig benutzbar sind.[202] Die selbstständige Benutzbarkeit und damit die Gebäudeeigenschaft entfällt nur dann, wenn zwischen den einzelnen Gebäudeteilen ein funktionaler Zusammenhang besteht, etwa wenn mehrere Reihenhäuser eine gemeinsame Tiefgaragenzufahrt besitzen.[203]

212 Die Vorschrift des Art. 6 Abs. 6 Satz 3 BayBO soll – insbesondere für Doppelhäuser – verhindern, dass mit Hilfe des 16 m-Privilegs Baukörper entstehen, die Außenwandlängen bis zu 32 m aufweisen, jedoch gleichwohl das 16 m-Privileg für sich in Anspruch nehmen können. Dies wäre dann denkbar, wenn die Bauherren (oder der Bauherr) für beide Gebäude die für die Wahl verbleibende Außenwand einheitlich bestimmen würden (vgl. Abb. 43).

---

202 Vgl. VGH Baden-Württemberg, Beschl. v. 8.3.1988 – 8 S 1021/88 – BRS 48 Nr. 169.
203 OVG Saarland, Urt. v. 27.1.1989 – 2 R 346/86 – BRS 49 Nr. 157.

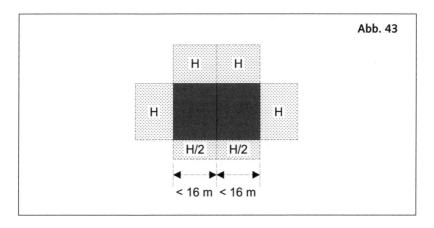

Abb. 43

213 Aneinandergebaut im Sinne dieser Vorschrift sind Gebäude dann, wenn vom entstehenden Baukörper bei objektiver Betrachtungsweise Wirkungen wie von einem Gebäude ausgehen. Das bedeutet, dass die Gebäude nicht notwendigerweise profilgleich aneinandergebaut sein müssen; vielmehr können auch versetzte Doppelhäuser oder Hausgruppen im Sinne von Art. 6 Abs. 6 Satz 3 BayBO aneinandergebaut sein.

214 Ohne Belang ist auch, ob sich die aneinandergebauten Gebäude auf einem oder – wie bei Doppelhäusern und Hausgruppen – auf verschiedenen Buchgrundstücken befinden.[204] Für die tatsächliche bauliche Situation und insbesondere aus Sicht des Nachbarn kann es keinen Unterschied machen, wie – bei einem sonst völlig identischen Baukörper mit gleicher Nutzung – sich die grundbuchrechtliche Grenzziehung darstellt.

215 Vieles spricht dafür, dass das 16 m-Privileg und das Wahlrecht des Bauherrn auch dann in vollem Umfang erhalten bleibt, wenn für weitere Außenwände **aufgrund anderer Vorschriften** – insbesondere durch die Zulassung einer Abweichung nach Art. 63 Abs. 1 BayBO – eine Reduzierung der Abstandsflächentiefe gewährt wurde. Weder Wortlaut noch Sinn und Zweck der Vorschrift sprechen insoweit gegen eine einengende Auslegung des Art. 6 Abs. 6 BayBO.[205]

---

204 Vgl. Gr. Senat des BayVGH, Beschl. v. 21.5.1990 – Gr. S. 2/1989 – BayVBl. 1990, 498; Dhom in: Simon/Busse, Bayerische Bauordnung, Art. 6 Rn. 358.
205 Molodovsky/Famers/Kraus, Bayerische Bauordnung, Art. 6 Rn. 178; Hauth, Rechtsfragen zum Abstandsflächenrecht, BayVBl. 2000, 545; Boeddinghaus, Schmalseitenprivileg, BauR 2001, 735; a. A. Dhom in: Simon/Busse, Bayerische Bauordnung, Art. 6 Rn. 366 ff.; vgl. auch die uneinheitliche Rspr. des BayVGH z. B. BayVGH, Beschl. v. 1.7.1992 – 1 CS

G. Das „16 m-Privileg"

216 Der Große Senat des BayVGH hat sich allerdings für die **Gegenauffassung** entschieden und damit die **Streitfrage für Bayern abschließend geklärt**.[206] Diese Meinung sieht in Art. 6 Abs. 6 BayBO eine Ausnahmevorschrift zu Art. 6 Abs. 5 BayBO, was nach Auffassung des Gerichts dazu führe, dass bei Fehlen der Voraussetzungen des Schmalseitenprivilegs automatisch wieder die Grundregel gelten müsse. Wenn das Gesetz einerseits 1 H als Abstandsflächentiefe vorschreibe, andererseits aber vor zwei Außenwänden von nicht mehr als 16 m Länge die Hälfte der an sich erforderlichen Abstandsflächen genügen lasse, liege es nahe, Letzteres als Ausnahmeregelung anzusehen, die nur gelte, wenn an den übrigen Seiten die Grundregel auch tatsächlich eingehalten werde. Die zahlenmäßige Begrenzung der Verkürzungsmöglichkeit zielt nach diesem Verständnis des Wortlauts auf ein tatsächliches Ergebnis ab; Verkürzungen der Abstandsflächentiefen an weiteren Seiten sind damit unverträglich. So verstanden stellt Art. 6 Abs. 6 BayBO eine gesetzliche Planungsentscheidung dar, die standardisierend für einen bestimmten Typ von Vorhaben aufgrund einer vorweggenommenen generellen Abwägung der Interessen des Bauherrn mit Gemeinwohl- und Nachbarinteressen Verkürzungen der grundsätzlich vorgesehenen Abstandsflächentiefe zulässt und dadurch die Genehmigung erleichtert bzw. beschleunigt. Zusätzlich wird vorgebracht, dass die Zulassung einer Abweichung neben dem Schmalseitenprivileg es dem Bauherrn unzulässigerweise ermögliche, eine Differenzierung in Bezug auf die Rechtsverletzung und auf die Rechtsschutzmöglichkeiten vorzunehmen.

217 Die Auffassung verkennt jedoch den teleologischen Hintergrund des Art. 6 Abs. 6 BayBO im Verhältnis zur Abweichensregelung. Die Abweichung setzt auf der geltenden abstrakt-generellen Rechtslage auf und ermöglicht es, im Einzelfall richtige und vernünftige Lösungen zu finden. Die Abweichung setzt also immer erst dann ein, wenn das Schmalseitenprivileg bereits ausgenutzt ist und gleichwohl noch zusätzliche Verkürzungen in Rede stehen. Selbstverständlich hat die Bauaufsichtsbehörde zu beachten, dass das entsprechende Gebäude bereits an zwei Seiten die Regelabstandsfläche nicht einhält; die Beschränkung auf zwei Seiten hat ihren Grund aber nicht in Überlegungen des Nachbarschutzes – denn jeder Nachbar muss damit rechnen, dass ihm gegenüber das Schmalseitenprivi-

---

92.1244 – BRS 54 Nr. 96 einerseits und BayVGH, Urt. v. 14.10.1985 – 14 B 85 A.1224 – BRS 44 Nr. 100 = BayVBl. 1986, 143 andererseits.
206 Gr. Senat des BayVGH, Beschl. v. 17.4.2000 – Gr. S. 1/1999 – BayVBl. 2000, 562 = DÖV 2000, 830 = DVBl. 2000, 1359 = BauR 2000, 1728; für eine rechtswidrige Abweichung wohl auch ThürOVG, Beschl. v. 5.9.1999 – 1 EO 698/99 – ThürVBl. 2000, 132 = ZfBR 2000, 144 – nur LS = DÖV 2000, 433 – nur LS = BauR 2000, 869 – nur LS.

leg zur Anwendung kommt –, sondern in objektiv-rechtlichen Umständen, insbesondere in Bezug auf Freihaltebelange.

Auch auf der Grundlage der Entscheidung des Großen Senats ist es aber nicht ausgeschlossen, dass über die Erteilung von Abweichungen auf drei Seiten eine Abstandsflächenverkürzung erfolgt.[207] Für eine Doppelhaushälfte ist dies möglich, wenn das Gebäude noch dem „Typ von Vorhaben" entspricht, für den die abstandsflächenrechtliche Privilegierung des Art. 6 Abs. 6 BayBO gedacht ist.[208]

218

II. Der Begriff der Außenwandlänge

1. Die Außenwand

Weist ein Gebäude einen unregelmäßigen – z.B. vieleckigen oder durch Vor- und Rücksprünge gegliederten – Grundriss auf, stellt sich die Frage, ob und wann für Art. 6 Abs. 6 BayBO selbstständig zu betrachtende Außenwände oder lediglich Teile einer einheitlichen Außenwand vorliegen. Möglich wären bereits in dieser Hinsicht zwei Betrachtungsweisen: Einmal könnte man den Begriff der Außenwand „technisch" bestimmen und z.B. sämtliche Vor- und Rücksprünge als Beginn und Ende eigener Außenwände ansehen. Richtig dürfte demgegenüber eine Bestimmung des Außenwandbegriffs sein, die sich an einer „**natürlichen Betrachtungsweise**" orientiert.[209] Außenwand ist danach jede über der Geländeoberfläche liegende Wand, die eine Gebäudeseite abschließt. Mehrere Außenwandteile einer Gebäudeseite sind zusammenzuzählen; sie bilden eine einheitliche Außenwand. Die Frage, wo eine Gebäudeseite und damit eine Außenwand endet und eine andere beginnt, beantwortet sich also nach dieser natürlichen Betrachtungsweise, die den Abstand der Außenwandflä-

219

---

207 Vgl. BayVGH, Beschl. v. 11.6.2002 – 26 CS 02.714 – BayVBl. 2003, 470 = BRS 65 Nr. 126; Urt. v. 27.3.2003 – 2 B 00.262 – FStBay 2004/8.
208 BayVGH, Beschl. v. 16.7.2003 – 1 CS 03.1011 – BauR 2004, 65.
209 Vgl. Gr. Senat des BayVGH, Beschl. v. 21.4.1986 – Gr. S. 1/85 – 15 B 84 A.2534 – BRS 46 Nr. 103 = BayVBl. 1986, 397 = BauR 1986, 431; OVG Nordrhein-Westfalen, Beschl. v. 20.12.1990 – 7 B 3222/90 – BRS 52 Nr. 100; SächsOVG, Beschl. v. 16.2.1999 – 1 S 53/99 – SächsVBl. 1999, 137. Bei einem Haus, dessen Ecken so abgeschrägt sind, dass im Erdgeschoss und im 1. Obergeschoss über Eck Terrassen und Loggien entstehen, während sich im 2. Obergeschoss über die volle, nicht an den Ecken abgeschrägte Breite des Baukörpers eine Terrasse mit einer Brüstung befindet, ist für die Abstandsflächenberechnung von der Hauslänge des 2. Obergeschosses ohne Abschrägungen auszugehen, BayVGH, Beschl. v. 5.4.1995 – 2 CS 95.439.

chen, ihre Höhe, ihr Erscheinungsbild und ihre Funktion einzubeziehen hat.[210]

220 Daraus folgt, dass ein Gebäude im Regelfall – auch wenn es Vor- oder Rücksprünge aufweist – vier Außenwände hat. Abweichungen sind dann denkbar, wenn ein Gebäude – wieder unter Zugrundelegung einer natürlichen Betrachtungsweise – aus mehreren (zusammengefügten) Gebäudeteilen besteht oder wenn es einen vieleckigen Grundriss besitzt. Dabei ist davon auszugehen, dass eine neue Gebäudeseite nur dann beginnt, wenn die Außenwand um mindestens 45 Grad abknickt und nicht später die frühere Richtung wieder aufnimmt.[211]

2. Die Länge der Außenwand

221 Mit der Bestimmung, was im Sinne des Art. 6 Abs. 6 BayBO unter einer Außenwand zu verstehen ist, ist die Frage noch nicht beantwortet, wann diese Außenwand nach dieser Vorschrift mehr als 16 m Länge aufweist. Auch hier sind wieder zwei Auslegungsmöglichkeiten denkbar. Zum einen könnte man auch hier wieder eine „natürliche oder technische Betrachtungsweise" zugrunde legen. Würde danach die betreffende Wand zwischen ihren Eckpunkten mehr als 16 m messen, käme sie für die Privilegierung nicht mehr in Frage. Zum anderen wäre auch eine **normative Betrachtungsweise** denkbar. Hier stünde nicht die tatsächliche Länge der Außenwand im Vordergrund, sondern die (Teil)Länge der Außenwand, wenn und soweit sie die volle Tiefe der Abstandsflächen nicht einhalten kann.

222 Der letztgenannten Auffassung ist zu folgen. Es ist ein Fehlschluss, wenn man unter Hinweis auf das Regel-Ausnahme-Verhältnis von Art. 6 Abs. 5 und Abs. 6 BayBO eine einschränkende Auslegung des 16 m-Privilegs fordert; vielmehr ist die Interpretation zu wählen, die dem objektiven Willen des Gesetzgebers – stärker verdichtetes, flächensparendes Bauen zu ermöglichen – am besten gerecht wird. Sinn und Zweck der Regelung ist es, zur besseren Ausnutzung der vorhandenen Baugrundstücke die sonst erforderliche Tiefe von Abstandsflächen zu halbieren in Fällen, in denen dies wegen der geringen Länge der betreffenden Außenwand im Hinblick auf

---

210 OVG Nordrhein-Westfalen, Urt. v. 17.8.2001 – 7 A 2286/00 – BauR 2002, 1075 = BRS 64 Nr. 118; vgl. auch OVG Nordrhein-Westfalen, Beschl. v. 20.8.2001 – 10 B 733/01 – BRS 64 Nr. 119.
211 Vgl. dazu OVG Berlin, Beschl. v. 9.11.1999 – 2 SN 25.99 – BRS 62 Nr. 27.

die Interessen der dieser Wand gegenüberliegenden Grundstücksnachbarn, aber auch im öffentlichen Interesse wegen der Belichtung usw. eines dieser Wand gegenüberliegenden Gebäudes zumutbar erscheint. Ausschlaggebend kann also nicht nur die bloße reale Länge einer Außenwand sein, sondern die Länge des Teils der Wand, bei der wegen ihres geringen Störungspotenzials eine Halbierung der Abstandsflächen vom Gesetzgeber gewollt ist.

Soweit die gleiche Außenwand die volle Tiefe einhält, muss dies für die Ermittlung ihrer Länge im Sinne des Art. 6 Abs. 6 BayBO außer Betracht bleiben. Maßgeblich sind daher nur die **abstandsflächenrelevanten Außenwandteile**.[212] Die abstandsflächenrelevante Länge ist damit ein rechnerisches Maß, das allein dadurch bestimmt wird, ab welchem und bis zu welchem Punkt der Wandteil näher als das Tiefenmaß nach Art. 6 Abs. 5 BayBO an die Grundstücksgrenze bzw. an die Abstandsfläche eines anderen Gebäudes auf dem gleichen Grundstück herangerückt werden soll. Es kommt nur darauf an, ob die Gesamtlänge der abstandsflächenrelevanten Wandteile auf der jeweiligen Gebäudeseite 16 m nicht überschreitet und ob von jedem abstandsflächenrelevanten Wandteil das (je gesondert zu ermittelnde) Tiefenmaß des Art. 6 Abs. 6 BayBO eingehalten wird. **223**

Dass eine Außenwand insoweit teilweise abstandsflächenrelevante Wandteile und teilweise Wandteile aufweist, die die volle Abstandsfläche einhalten, kann sich einmal daraus ergeben, dass die entsprechende Außenwand **Vor- oder Rücksprünge** aufweist oder sonst **gegliedert** ist (vgl. Abb. 44). Dies folgt daraus, dass bei unterschiedlichen Wandhöhen bzw. Vor- und Rücksprüngen jeweils eigene Abstandsflächen für die betreffenden Wandteile zu bilden sind. **224**

---

212 Gr. Senat des BayVGH, Beschl. v. 21.4.1986 – Gr. S. 1/85 – 15 B 84 A.2534 – BRS 46 Nr. 103 = BayVBl. 1986, 397 = BauR 1986, 431; OVG Nordrhein-Westfalen, Urt. v. 18.12.1987 – 10 A 1952/85 – BRS 48 Nr. 98; OVG Rheinland-Pfalz, Beschl. v. 15.9.1988 – 1 B 50/88 – BRS 48 Nr. 97; OVG Saarland, Urt. v. 30.7.1991 – 2 R 451/88 – BRS 52 Nr. 99; OVG Hamburg, Urt. v. 19.12.1996 – Bf II 12/94 – BRS 59 Nr. 117; anders SächsOVG, Beschl. v. 1.12.1994 – 1 S 441/94 – Beschl. v. 15.6.1995 – 1 S 259/95 – für die frühere Sächsische Rechtslage.

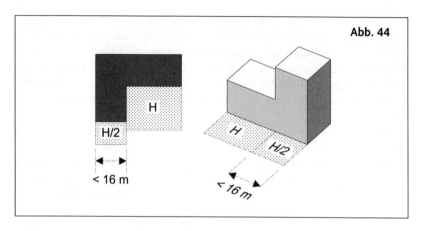

Abb. 44

225 Allerdings ist dabei zu bedenken, dass das 16 m-Privileg **nur einmal je Außenwand** bzw. je Gebäudeseite in Anspruch genommen werden kann. Das bedeutet, dass mehrere abstandsflächenrelevante Außenwände zu addieren sind und gemeinsam 16 m Länge nicht überschreiten dürfen.[213] Wie Abb. 45 zeigt, bedeutet dies beispielsweise bei hufeisenförmigen Gebäuden, dass die Länge der Vorsprünge zusammengezählt nicht über 16 m betragen darf.

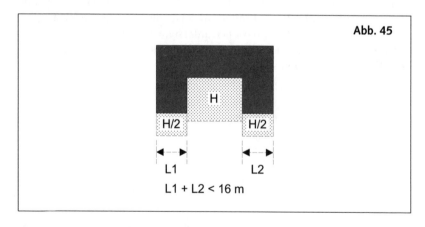

Abb. 45

---

[213] Gr. Senat des BayVGH, Beschl. v. 21.4.1986 – Gr. S. 1/85 – 15 B 84 A.2534 – BRS 46 Nr. 103 = BayVBl. 1986, 397 = BauR 1986, 431; BayVGH, Beschl. v. 25.3.1999 – 2 ZS 98.3142; wohl auch OVG Nordrhein-Westfalen, Beschl. v. 20.12.1990 – 7 B 3222/90 – BRS 52 Nr. 100; Molodovsky/Famers/Kraus, Bayerische Bauordnung, Art. 6 Rn. 193.

Die unterschiedliche Abstandsflächenrelevanz einer Außenwand kann **226** sich aber – bei regelmäßigen Außenwänden – auch lediglich aus dem **Verlauf der Grundstücksgrenze** ergeben, gegenüber der die Abstandsfläche eingehalten werden soll, insbesondere bei abgeknickt oder schräg verlaufender Grundstücksgrenze (vgl. Abb. 46). Es ist kein Grund ersichtlich, warum die Privilegierung des Art. 6 Abs. 6 BayBO nur greifen soll, wenn die besondere Form des Gebäudes zu einer unterschiedlichen Abstandsflächenrelevanz der betreffenden Außenwandteile führt, und nicht, wenn die Form der Grundstücksgrenze hierfür verantwortlich ist. Vom Schutzzweck der Norm her ergibt sich kein Unterschied: Dem Nachbarn wird in beiden Fällen ein höchstens 16 m langer Außenwandteil in einem Abstand von 0,5 H zur Grundstücksgrenze zugemutet. Entsprechendes gilt, wenn die Grundstücksgrenze zwar parallel zur Wand verläuft, die Abstandsfläche aber infolge einer Abstandsflächenübernahme zum Teil auf einem Nachbargrundstück liegen darf.[214]

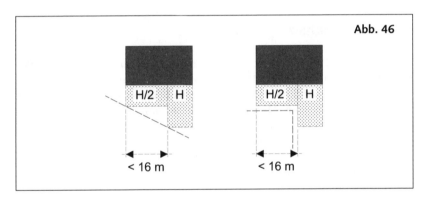

Abb. 46

Diese Überlegung trifft auch auf den Fall zu, dass die unterschiedliche **227** Abstandsflächenrelevanz nicht durch den Verlauf der Grundstücksgrenze bestimmt wird, sondern dadurch, dass sich auf demselben Grundstück ein **weiteres Gebäude** befindet (vgl. Abb. 47). Es kann keinen Unterschied machen, ob die Halbierung der Abstandsflächentiefe gegenüber einer Grundstücksgrenze oder gegenüber der Abstandsfläche eines anderen Gebäudes (Überdeckungsverbot des Art. 6 Abs. 3 BayBO) zugelassen wird.[215]

---

214 BayVGH, Beschl. v. 5.2.2009 – 1 ZB 08.910 – BauR 2009, 1632 – nur LS.
215 BayVGH, Urt. v. 25.5.1998 – 2 B 94.2682 – BayVBl. 1999, 246; Beschl. v. 8.11.2005 – 14 CS 05.2847; Beschl. v. 30.11.2005 – 1 CS 05.2535.

G. Das „16 m-Privileg"

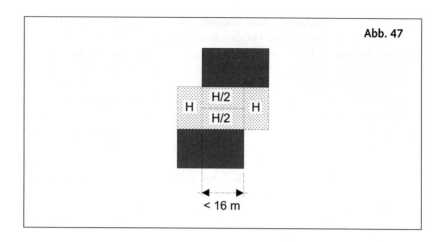

Abb. 47

III. Nachbarschutz

228 Ein besonderes Problem stellt im Rahmen des 16 m-Privilegs der **Nachbarschutz** dar. Art. 6 Abs. 6 BayBO mutet es dem Nachbarn grundsätzlich zu, dass eine Außenwand mit einer abstandsflächenrelevanten Länge von bis zu 16 m lediglich eine Abstandsflächentiefe von 0,5 H zur Grenze des Grundstücks einhalten muss. Wird diese Tiefe unterschritten, liegt fraglos ein Verstoß gegen eine drittschützende Norm vor. Schwieriger ist jedoch die Beantwortung der Frage, ob Nachbarrechte auch dadurch verletzt werden, dass der Bauherr für mehr als zwei Außenwände das 16 m-Privileg in Anspruch nimmt.

229 Hier lassen sich im Grundsatz **zwei Positionen** vertreten. Einmal könnte man argumentieren, dass der Nachbar die konkrete Wand (in Abb. 48 die südliche Außenwand), die tatsächlich nicht mehr als 16 m aufweist, nach dem Willen des Gesetzgebers in einem Abstand von 0,5 H zu seiner Grundstücksgrenze hinzunehmen habe. Inwieweit der Bauherr an den anderen Grundstücksgrenzen seine Abstandsflächen einhalte, betreffe den Nachbarn nicht. Der Nachbar könne nicht verlangen, dass der Bauherr sein Wahlrecht zu seinen Gunsten ausübe und ihn von der Halbierung der Abstandsflächentiefe verschone.[216] In Abb. 48 könnte der Bauherr in der

---

216 Vgl. Molodovsky/Famers/Kraus, Bayerische Bauordnung, Art. 6 Rn. 18 f.; König, Einhaltung von Abstandsflächen nach der neuen Bayerischen Bauordnung, BayVBl. 1986, 147.

Tat – ohne die südliche Wand in irgendeiner Weise zu verändern – durch bloßes Wegrücken der nördlichen Wand von der dortigen Grundstücksgrenze sein Vorhaben rechtmäßig gestalten. Im Ergebnis könnte im Beispiel der Abb. 48 keiner der Nachbarn erfolgreich gegen das (wegen der dreifachen Inanspruchnahme des 16 m-Privilegs) rechtswidrige Vorhaben vorgehen.

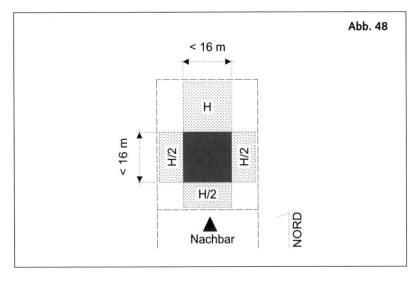

Abb. 48

Diese Auffassung verkennt, dass die Privilegierung des Art. 6 Abs. 6 BayBO **230** und das Wahlrecht des Bauherrn nur einheitlich gesehen werden kann. Nimmt der Bauherr drei Außenwände in Anspruch und wird dies von der Bauaufsichtsbehörde in der Baugenehmigung rechtswidrig gestattet, liegt ein Verstoß gegen Art. 6 Abs. 6 BayBO vor, und zwar im Hinblick auf jede der Außenwände, deren Abstandsfläche nach dieser Vorschrift halbiert werden soll. Das Vorhaben ist rechtswidrig und verletzt durch den Verstoß gegen Art. 6 Abs. 5 BayBO auch die Rechte des Nachbarn.[217] Damit könnte

---

217 Gr. Senat des BayVGH, Beschl. v. 17.4.2000 – Gr. S. 1/1999 – BayVBl. 2000, 562 = DÖV 2000, 830 = DVBl. 2000, 1359 = BauR 2000, 1728; vgl. auch VGH Baden-Württemberg, Beschl. v. 20.12.1984 – 3 S 2738/84 – BRS 42 Nr. 202 = NVwZ 1986, 143; OVG Nordrhein-Westfalen, Beschl. v. 5.7.1985 – 7 B 876/85 – BRS 44 Nr. 144 = BauR 1985, 664; BayVGH, Urt. v. 14.10.1985 – 14 B 85 A.1224 – BRS 44 Nr. 100 = BayVBl. 1986, 143; Beschl. v. 15.9.1989 – 20 CS 88.2354 – BayVBl. 1989, 19; Beschl. v. 7.2.1991 – 14 CS 90.3361 – BRS 52 Nr. 101 = BayVBl. 1991, 438; Urt. v. 25.5.1998 – 2 B 94.2682 – BayVBl. 1999, 246; ThürOVG, Beschl. v. 5.10.1999 – 1 EO 698/99 – BauR 2000, 869 = ThürVBl. 2000, 132.

G. Das „16 m-Privileg"

im Beispiel der Abb. 48 jeder der betroffenen Nachbarn die Baugenehmigung erfolgreich anfechten.

231 Anders liegt es dann, wenn der Bauherr in seinem Antrag – und die Behörde in ihrer Baugenehmigung – die beiden Außenwände, für die das 16 m-Privileg in Anspruch genommen werden soll, genau bezeichnet. Die insoweit betroffenen Nachbarn haben diese Wahl im Rahmen des Art. 6 Abs. 6 BayBO hinzunehmen. Lediglich der Nachbar, dessen Grundstücksgrenze **darüber hinaus** die Abstandsfläche unterschreitet, kann mit dem Erfolg seines Rechtsbehelfs rechnen. Allerdings ist auch hier grundsätzlich denkbar, dass die Behörde neben dem 16 m-Privileg für eine dritte Außenwand rechtmäßig eine Abweichung nach Art. 63 Abs. 1 BayBO zulassen könnte.

H.
Die „Experimentierklausel" (Art. 6 Abs. 7 BayBO)

I. Allgemeines

Der Gesetzgeber hat sich im Ergebnis nicht dazu entschieden, die Regelungen der Abstandsflächen, die die Musterbauordnung enthält, vollständig in die BayBO zu übernehmen. Dies gilt namentlich für die Kernbestandteile dieses Systems, nämlich die Anrechnungsregeln für Dächer und Giebel sowie die Regelabstandsflächentiefe von 0,4 H – bzw. im Gewerbegebiet (GE) und Industriegebiet (GI) 0,2 H – unter Wegfall des 16 m-Privilegs. Ausweislich des Gesetzentwurfs waren diese Bestimmungen in Bayern „noch nicht hinreichend konsensfähig". Allerdings hat der Gesetzgeber der Gemeinde die Möglichkeit eingeräumt, für dieses neue Abstandsflächensystem zu optieren, indem sie eine Satzung beschließen kann, die das neue Recht einführt. Diese Vorgehensweise kann dazu führen, dass in Bayern ein – zumindest (vgl. zusätzlich Art. 81 Abs. 1 Nr. 6 BayBO und dazu unten Rn. 245 ff.) – zweigleisiges Abstandsflächenrecht entsteht, falls die Gemeinden in spürbarer Weise von dieser neuen Möglichkeit Gebrauch machen. Der Bayerische Landtag hat den Wunsch geäußert, nach einer gewissen Zeit – etwa nach fünf bis sechs Jahren – darüber informiert zu werden, ob die Gemeinden die Ermächtigung des Art. 6 Abs. 7 BayBO benutzt bzw. welche Erfahrungen sie dabei gemacht haben. Die Ergebnisse dieses Berichts sollen die Grundlage einer endgültigen Entscheidung bilden, ob flächendeckend das neue Abstandsflächenrecht eingeführt werden, ob wieder einheitlich zum herkömmlichen Recht zurückgekehrt werden oder ob die Zweigleisigkeit auf Dauer beibehalten werden soll. Damit stellt sich Art. 6 Abs. 7 BayBO – wie dies auch die Begründung zum Gesetzentwurf ausdrücklich zum Ausdruck bringt – als gesetzgeberisches Experiment dar. Bislang scheinen nur sehr wenige Gemeinden Satzungen nach Art. 6 Abs. 7 BayBO erlassen zu haben.

232

Die Vorschrift des Art. 6 Abs. 7 BayBO ist ein Beispiel für eine außergewöhnlich schlanke Bestimmung. Der Gesetzgeber beschränkt sich darauf, nur das zu regeln, was gesetzestechnisch unbedingt erforderlich ist. Diese lobenswerte Zurückhaltung des Gesetzes, die gerade in Regelungen des

233

öffentlichen Baurechts nicht immer anzutreffen ist,[218] bringt es allerdings mit sich, dass sie sich auf den ersten Blick jedenfalls nicht vollständig erschließt. Um ein umfängliches Verständnis für die Regelung in ihrer Gesamtheit zu erreichen, bietet es sich an, an ihrem Wortlaut entlang die entsprechenden Anordnungen zu betrachten.

II. Die Voraussetzungen des Art. 6 Abs. 7 BayBO

1. Rechtsnatur der gemeindlichen Satzung

234 Das Gesetz spricht zunächst davon, dass die Gemeinde das System der Musterbauordnung durch **Satzung** einführen kann. Unklar ist dabei zunächst, ob es sich um eine örtliche Bauvorschrift im Sinne des Art. 81 BayBO bzw. um eine Satzung im eigenen Wirkungskreis der Gemeinde handelt oder nicht. Die Einordnung in die jeweilige Kategorie ist nicht trivial, sondern hat durchaus spürbare Auswirkungen. Wenn das optierte Abstandsflächenrecht als örtliche Bauvorschrift angesehen werden müsste, würde dies zum einen bedeuten, dass Abweichungen von den entsprechenden Regelungen nur im Einvernehmen mit der Gemeinde zugelassen werden könnten (vgl. Art. 63 Abs. 3 Satz 2 BayBO) und zum anderen dass die Abstandsflächenvorschriften zu den im vereinfachten Verfahren obligatorisch zu prüfenden Regelungen gehören würden (Art. 59 Satz 1 Nr. 1 BayBO).

235 Angesetzt werden muss dabei am Wortlaut der Vorschrift. Während in den Vorentwürfen zu dem Gesetzentwurf immer von „örtlicher Bauvorschrift" die Rede war, spricht das Gesetz jetzt nur noch von „Satzung". Allerdings ist in der Inkrafttretensvorschrift des § 4 Abs. 2 Nr. 2 des Gesetzes zur Änderung der Bayerischen Bauordnung und Änderungsgesetz vom 24. Juli 2007 davon die Rede, dass auch die Ermächtigung des Art. 6 Abs. 7 als „örtliche Bauvorschrift" bereits zum 1. September 2007 in Kraft getreten ist. Im Übrigen deutet auch der Begriff der Satzung eher auf eine Regelung hin, die im eigenen Wirkungskreis der Gemeinde erlassen werden soll.

---

218 Vgl. aus der jüngeren Vergangenheit beispielsweise die fast schon monströs anmutende Regelung des § 13a BauGB, der es trotz ihres Umfangs aber nicht gelingt, hinreichende Klarheit etwa in Bezug auf ihren Anwendungsbereich zu schaffen.

Letztlich kommt es aber auf diese Unterscheidung im Ergebnis gar nicht an. Ausschlaggebend ist nämlich der Inhalt der von der Gemeinde – unterstellt im eigenen Wirkungskreis – gefundenen Entscheidung. Sie trifft lediglich eine Wahl zwischen zwei vom Gesetzgeber zur Verfügung gestellten Abstandsflächensystemen. Mit anderen Worten sind nicht die in Art. 6 Abs. 7 BayBO enthaltenen inhaltlichen Regelungen über die Abstandsflächen Inhalt der gemeindlichen Satzung, sondern nur die Anordnung, dass diese gelten sollen. Die Satzung regelt also nicht materiell eigenes gemeindliches Abstandsflächenrecht, sondern sie optiert lediglich für ein anderes – aber staatliches – System. Das bedeutet logischerweise, dass auch bei einer Abweichung von den Abstandsflächenregelungen des durch die Satzung übernommenen Rechts keine Abweichung von der gemeindlichen Entscheidung für dieses Recht liegt. Vielmehr bewegt sich auch die Abweichung innerhalb des von der Gemeinde gewählten Systems. Ein Einvernehmen der Gemeinde zu einer Abweichung ist daher nicht erforderlich. Die Inhalte des neuen Abstandsflächenrechts werden auch nicht zu einer im vereinfachten Verfahren zu prüfenden Bauvorschrift im Sinne des Art. 59 Satz 1 Nr. 1 BayBO, denn die Bauvorschrift der Gemeinde erschöpft sich in ihrer Wahl, die Regelungen der Musterbauordnung übernehmen zu wollen. **236**

2. Satzung oder Bebauungsplan

Die Entscheidung der Gemeinde für das Abstandsflächensystem der Musterbauordnung kann auch durch eine Satzung erfolgen, die nach Art. 81 Abs. 2 BayBO erlassen wird. Dabei handelt es sich um Bebauungspläne oder um andere Satzungen nach dem Baugesetzbuch, soweit entsprechende Festsetzungen gemacht werden können, also insbesondere bei Einbeziehungssatzungen nach § 34 Abs. 4 Satz 1 Nr. 3, Abs. 5 Satz 2 BauGB oder Außenbereichssatzungen nach § 35 Abs. 5 BauGB. Das heißt, dass die Gemeinde bei einer Satzung nach Art. 6 Abs. 7 BayBO die Wahl hat: Sie kann – auch für Teile des Gemeindegebiets (dazu sogleich) – eine isolierte Abstandsflächensatzung erlassen oder sie kann die Anordnung im Rahmen einer planungsrechtlichen Satzung treffen. Selbst wenn bereits ein Bebauungsplan oder eine andere Satzung nach dem BauGB existiert, kann die Gemeinde eine Satzung nach Art. 6 Abs. 7 BayBO gleichsam „über diese Norm" legen. **237**

H. Die „Experimentierklausel"

238 Entscheidet sich die Gemeinde dafür, die Abstandsflächenregelungen der Musterbauordnung im Rahmen der Änderung eines Bebauungsplans anzuordnen, stellt sich die Frage, ob dies durch ein **vereinfachtes Verfahren** im Sinne des § 13 BauGB geschehen kann. Dies wäre dann der Fall, wenn dadurch die Grundzüge der Planung nicht berührt würden. Die Grundzüge der Planung werden dabei nach herrschender Meinung gewahrt, wenn das dem Bebauungsplan zugrunde liegende Leitbild, der planerische Grundgedanke bzw. die zugrunde liegende planerische Grundkonzeption erhalten bleiben.[219] Als Faustregel gilt dabei, dass dann, wenn Festsetzungen verändert werden, die einen Bebauungsplan zu einem qualifizierten Bebauungsplan im Sinne des § 30 Abs. 1 BauGB machen, regelmäßig Grundzüge der Planung berührt sind.[220] Auf den ersten Blick scheint dies bei einem bloßen Wechsel des Abstandsflächensystems nicht der Fall zu sein, da eine Regelung des Bauordnungsrechts, insbesondere in Bezug auf Abstandsflächen, die bauplanungsrechtlichen Grundspielregeln des Bebauungsplans nicht betreffen kann. Allerdings hat das BVerwG in einer frühen Entscheidung angenommen, dass bei der Festsetzung der überbaubaren Grundstücksfläche beispielsweise die Festlegung einer vorderen Baugrenze ausreiche, um die Anforderung des § 30 Abs. 1 BauGB zu erfüllen und zwar offensichtlich deshalb, weil im Übrigen die Abstandsflächenvorschriften einen hinreichenden seitlichen Grenzabstand gewährleisten.[221] Damit würden die Abstandsflächen eine „quasi planungsrechtliche" Funktion erhalten. In diesem Sinne kann die Entscheidung aber nicht verstanden werden. Das BVerwG hat in jüngeren Judikaten immer wieder betont, dass sich bauordnungsrechtliche und bauplanungsrechtliche Anforderungen nicht überschneiden.[222] Damit bleibt es dabei, dass die Entscheidung der Gemeinde im Rahmen einer Satzung nach Art. 6 Abs. 7 BayBO eine rein bauordnungsrechtliche Funktion besitzt und damit definitionsgemäß die Grundzüge einer Planung nicht berühren kann.[223]

---

[219] Vgl. dazu Jäde in: Jäde/Dirnberger/Weiß, BauGB/BauNVO, § 13 Rn. 5 BauGB.
[220] Zu dieser Regel etwa BVerwG, Beschl. v. 15.3.2000 – 4 B 18.00 – NVwZ-RR 2000, 759 = BauR 2001, 207 = BRS 63 Nr. 41.
[221] BVerwG, Urt. v. 12.1.1968 – IV C 167.65 – BVerwGE 29, 49 = DÖV 1968, 581 = DVBl. 1968, 515.
[222] BVerwG, Urt. v. 11.5.2000 – 4 C 14.98 – BauR 2000, 1848 = BRS 63 Nr. 105 = DÖV 2000, 1008 = DVBl. 2000, 1851 = NVwZ 2000, 1169 = UPR 2001, 66; Urt. v. 31.5.2005 – 4 B 14.05 – BauR 2005, 1768 = BRS 69 Nr. 148 = ZfBR 2005, 559; Urt. v. 11.10.2007 – 4 C 8.06 – ZfBR 2008, 176 = BVerwGE 129, 318 = DVBl. 2008, 258 = NVwZ 2008, 311 = BauR 2008, 660 = UPR 2008, 64 = BRS 71 Nr. 141.
[223] Im Ergebnis auch Jäde/Famers, Schwerpunkte der Bayerischen Bauordnung 2008, BayVBl. 2008, 33.

Zweifelhaft ist, ob die Gemeinde, wenn sie Art. 6 Abs. 7 BayBO über einen Bebauungsplan realisiert, eine **Abwägungsentscheidung** im Sinne des § 1 Abs. 7 BauGB treffen muss. Dies könnte sich aus Art. 81 Abs. 2 Satz 2 BayBO ergeben, der die Geltung bestimmter Vorschriften des BauGB – unter anderem auch der Bestimmungen des Ersten Abschnitts des Ersten Teils, also auch des § 1 BauGB – für den Erlass örtlicher Bauvorschriften im Gewande des Bebauungsplans vorsieht. Welche Überlegungen die Gemeinde prinzipiell anzustellen hat, wenn sie von Art. 6 Abs. 7 BayBO Gebrauch macht, wird noch anzusprechen sein. Zusätzliche Anforderungen über diese grundsätzlichen Erwägungen hinaus lassen sich aber aus dem Abwägungsgebot nicht ableiten. Der Gemeinde ist zu raten, schon aus Gründen der Rechtsstaatlichkeit die Argumente zu äußern und zu dokumentieren, die sie bei ihrer Entscheidung geleitet haben. Eine Abwägung im Rechtssinne gemäß § 1 Abs. 7 BauGB ist aber nicht erforderlich. 239

3. Ermessensentscheidung der Gemeinde

Die Gemeinde **kann** das Abstandsflächensystem der Musterbauordnung einführen, sie muss es aber nicht. Bei der Frage, ob sie entsprechend handelt, ist sie frei. Es gibt keinerlei Verpflichtung für die Gemeinde, über den Einsatz einer Satzung nach Art. 6 Abs. 7 BayBO nachzudenken, geschweige, eine solche Satzung zu erlassen. 240

Wie bereits erwähnt, sollte die Gemeinde, wenn sie Art. 6 Abs. 7 BayBO benutzt, die **tragenden Gründe** für diese Entscheidung benennen. Dabei muss sie sich allerdings nicht mehr mit der Grundproblematik auseinandersetzen, ob die inhaltlichen Regelungen der Musterbauordnung über die Abstandsflächen zu ihrer Aufgabenerfüllung geeignet sind und insbesondere ausreichen, um eine genügende Belichtung und Belüftung der Baugrundstücke zu gewährleisten. Diese Aufgabe hat der Gesetzgeber gleichsam vorab erledigt, indem er eingehend geprüft hat, ob die Abstandsflächentiefen der Musterbauordnung insoweit genügen. Von dieser prinzipiellen Entscheidung des Gesetzgebers darf auch die Gemeinde ausgehen, wenn auch zuzugestehen ist, dass der Standard etwa der DIN 5034 – Tageslicht in Innenräumen – deutlich unterschritten wird.[224] Allerdings sollte 241

---

224 Aus der Begründung zum Gesetzentwurf ergibt sich, dass unter Zugrundelegung der Abstandsflächen des Art. 6 Abs. 7 BayBO für einen Beispielsraum nach der DIN 5034 Fensterflächen notwendig wären, die rund ein Viertel der Raumfläche ausmachen, während gemäß Art. 45 Abs. 2 Satz 2 BayBO als Mindestfenstergröße ein Achtel der Raumfläche aus-

sich die Gemeinde bewusst machen, was geschieht, wenn sie die neue Abstandsflächensystematik einführt. Dabei ist auch zu bedenken, dass es nicht nur zu Verkürzungen der Abstandsflächentiefen kommen kann, sondern durch die veränderten Anrechnungsregeln – insbesondere bei steilen Dächern an der Giebelseite – auch zu Verschärfungen.

242 Wie das Gesetz selbst ausführt, kann die Satzung für das gesamte Gemeindegebiet, aber **auch nur für Teile** desselben erlassen werden. Bei der Bestimmung des Geltungsbereichs ist die Gemeinde ebenfalls frei. Sie könnte beispielsweise die im Zusammenhang bebauten Ortsteile oder auch nur ganz bestimmte Innenbereiche erfassen, möglich wäre auch – was allerdings einen vergleichsweise geringen Effekt hätte – nur den Außenbereich im Sinne des § 35 BauGB einzubeziehen. Entscheidend ist, dass der Geltungsbereich hinreichend bestimmt ist. Dies hat die Gemeinde mit den herkömmlichen Instrumenten sicherzustellen. Empfehlenswert ist es, wenn der Satzung als Bestandteil eine Karte beigefügt wird, die den Geltungsbereich genau umreißt. Entschließt sich die Gemeinde, die Geltung der Abstandsflächenregelungen der Musterbauordnung nur für einen Teil ihres Gemeindegebiets anzuordnen, steigen die Anforderungen für die Begründung an. Die Gemeinde hat dann zu zeigen, warum sie den räumlichen Geltungsbereich beschränkt und warum die übrigen Teile des Gemeindegebiets weiterhin nach den herkömmlichen Regeln behandelt werden sollen. Allerdings genügt es, wenn die Gemeinde einen sachlichen Differenzierungsgrund vorträgt. Zulässig erscheint auch, dass die Gemeinde die Satzung auf eine relativ kleine Fläche – möglicherweise sogar auf ein Vorhaben – beschränkt.[225] Bei solchen „Einzelfallsatzungen" ist aber auf die Willkürfreiheit der gemeindlichen Entscheidung und auf die angebotene Begründung besonders zu achten.

III. Die Rechtsfolgen des Art. 6 Abs. 7 BayBO

243 Auch was die Rechtsfolgen des Art. 6 Abs. 7 BayBO betrifft, muss die Vorschrift genau gelesen werden. Im Geltungsbereich einer Satzung sind

---

reichen. Dies rechtfertigt der Gesetzgeber unter anderem damit, dass die DIN auch Minderungsfaktoren wie die Fensterverschmutzung berücksichtige, sodass aus bauordnungsrechtlicher Sicht Unterschreitungen hingenommen werden könnten.

225 So auch BayVGH, Urt. v. 15.12.2008 – 22 B 07.143 – BayVBl. 2009, 530; Beschl. v. 20.2.2013 – 15 CS 12.2425.

1. Veränderte Anrechnungsregeln

Gemäß Art. 6 Abs. 4 Satz 3 BayBO werden **traufseitig** Dächer mit einer Neigung bis 45 Grad nicht, mit einer Neigung von mehr als 45 Grad bis zu 70 Grad zu einem Drittel ihrer Höhe und über 70 Grad mit ihrer vollen Höhe angerechnet. Gemäß Art. 6 Abs. 7 Nr. 1 BayBO tritt an die Stelle dieser Bestimmung, dass die Höhe eines Dachs mit einer Neigung von weniger als 70 Grad zu einem Drittel und darüber hinaus in seiner vollen Höhe angerechnet wird. Das bedeutet gegenüber der herkömmlichen Anrechnungsmethode im Grunde nur, dass traufseitig eine Anrechnung des Dachs bereits ab dem ersten Grad Dachneigung beginnt.[226] Die Begründung zum Gesetzentwurf rechtfertigt dies damit, dass die – grundsätzliche – Beeinträchtigung der Belichtung des Nachbargrundstücks durch das Dach nicht davon abhängt, dass dieses eine Neigung von mehr als 45 Grad erreicht. 244

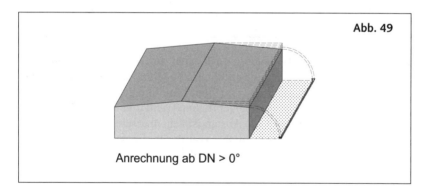

Abb. 49

Anrechnung ab DN > 0°

Nach Art. 6 Abs. 4 Satz 4 BayBO werden **Giebelflächen** im Bereich des Dachs bei einer Dachneigung bis zu 70 Grad mit einem Drittel ihrer Höhe und bei steileren Dächern in ihrer Höhe voll bei den Abstandsflächen in 245

---

226 Ein geringfügiger, vom Gesetzgeber wohl nicht bedachter Unterschied tritt im Übrigen auch bei einem exakt 70 Grad aufweisenden Dach ein. Dessen Höhe wird nach Art. 6 Abs. 4 Satz 3 BayBO zu einem Drittel, nach Art. 6 Abs. 7 Nr. 1 BayBO hingegen voll angerechnet.

Anrechnung gebracht. Auf die Schwierigkeiten, die diese Regelung bei besonderen Dachformen mit sich bringt, wurde bereits hingewiesen. Art. 6 Abs. 7 Nr. 1 BayBO enthält gar keine Anrechnungsregel für Giebel; das ergibt sich insbesondere aus dem Wort „nur", das eindeutig eine Beschränkung dieser Vorschrift für die traufseitige Anrechnung von Dachhöhen enthält. Es bleibt also bei der im Grunde „normalen" Behandlung des Giebels als Wandteil. Oberer Bezugspunkt der Wandhöhe ist insoweit nach der prinzipiellen Regel der Schnittpunkt der Außenwand mit der Dachhaut. Die Abstandsfläche der Giebelseite zeichnet damit die Form des Giebels nach. Während nach der herkömmlichen Anrechnung nach Art. 6 Abs. 4 Satz 4 BayBO als Abstandsfläche immer ein Rechteck entsteht, entspricht die Abstandsfläche im Sinne des Art. 6 Abs. 7 BayBO der abgeklappten – wegen Art. 6 Abs. 7 Nr. 2 BayBO verzerrten – Projektion des Giebels.

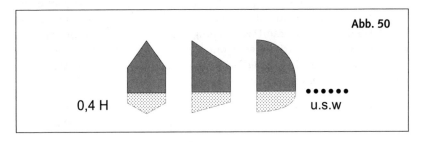

Abb. 50

246 Die Bestimmung der Giebelabstandsflächen auf diese Weise bietet den unbestreitbaren Vorteil, dass sie auf sämtliche Mittelungsberechnungen bei unterschiedlichen Traufhöhen verzichten kann und dass keinerlei Abgrenzungsfragen entstehen, was zur eigentlichen Wand und was bereits zur Giebelfläche zählt. Damit wird die Abstandsflächenberechnung vor allem bei besonderen Dachformen erheblich vereinfacht. In der Regel entstehen wegen Art. 6 Abs. 7 Nr. 2 BayBO im Verhältnis zur Grundregelung auch giebelseitig geringere Abstandsflächentiefen.

2. Veränderte Abstandsflächentiefe

247 Art. 6 Abs. 7 Nr. 2 BayBO enthält gegenüber Art. 6 Abs. 5 Sätze 1 und 2 BayBO andere, nämlich deutlich geringere Abstandsflächentiefen und verzichtet deshalb – logischerweise – auf das 16 m-Privileg des Art. 6 Abs. 6 BayBO. Ohne Rücksicht auf sonstige Umstände beträgt die Abstandsflä-

chentiefe einheitlich für alle Außenwände 0,4 H, in Gewerbe- oder Industriegebieten 0,2 H, in jedem Falle jedoch 3 m. Eine Sonderregelung für Kerngebiete – wie sie in Art. 6 Abs. 5 Satz 2 BayBO weiter enthalten ist –, sieht Art. 6 Abs. 7 BayBO mit Rücksicht auf die ohnehin verkürzten Tiefen nicht mehr vor.

Nicht vollständig klar ist in diesem System die Forderung nach einer **Mindesttiefe von 3 m.** Sie könnte einmal bedeuten, dass jedenfalls eine rechteckige Abstandsfläche in einer Tiefe von 3 m einzuhalten ist, oder aber, dass es genügt, wenn die in ihrer Form dem Giebel entsprechende Abstandsfläche an ihrer tiefsten Stelle 3 m aufweist. Dies kann bei Gebäuden, die schräg zur Grundstücksgrenze situiert werden sollen, durchaus von Bedeutung sein. Da das Abstandsflächensystem des Art. 6 Abs. 7 BayBO ganz zentral die Beibehaltung der Giebelform im Rahmen der Abstandsfläche vorsieht, dürfte der letztgenannten Auffassung zu folgen sein. 248

Die gegenüber der Grundregel reduzierte Tiefe zielt – ausweislich der Begründung zum Gesetzentwurf – ausschließlich auf einen bauordnungsrechtlich zu sichernden Mindeststandard und verfolgt keine städtebaulichen Nebenzwecke. Existieren keine weiteren – insbesondere bauplanungsrechtlichen – Einschränkungen führt das Abstandsflächensystem des Art. 6 Abs. 7 BayBO tendenziell zu einer spürbaren Verdichtung. Die Baukörper rücken im Prinzip deutlich enger aneinander. Zu Recht hat deshalb der Gesetzgeber darauf verzichtet, die in der Musterbauordnung enthaltene Privilegierung für Wohngebäude der Gebäudeklassen 1 und 2 mit nicht mehr als drei oberirdischen Geschossen einzuführen, die nach der entsprechenden Vorschrift generell nur eine Abstandsflächentiefe von 3 m einzuhalten gehabt hätten. Dies hätte sich vor allem bei Gebäuden mit Flachdach spürbar negativ auf den einzuhaltenden Mindestabstand ausgewirkt. 249

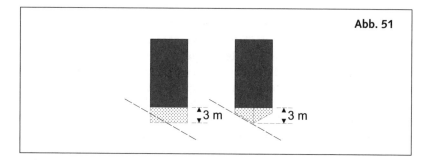

Abb. 51

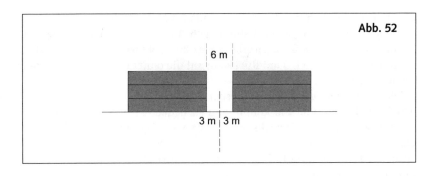

Abb. 52

IV. Art. 6 Abs. 7 BayBO als Paket oder Abstandsflächensatzung nach Art. 81 Abs. 1 Nr. 6 BayBO

1. Paketlösung des Art. 6 Abs. 7 BayBO

250 Die Gemeinde muss die von Art. 6 Abs. 7 BayBO angebotene Lösung **komplett** übernehmen. Sie hat nicht die Möglichkeit, die Vorschriften zu modifizieren oder nur Teile zu übernehmen. Unzulässig wäre es deshalb beispielsweise, wenn die Gemeinde in der Satzung zwar die Anrechnungsregel des Art. 6 Abs. 7 Nr. 1 BayBO optieren würde, aber ansonsten die Abstandsflächentiefe beibehalten wollte. Damit stellt der Gesetzgeber sicher, dass es im Prinzip lediglich zwei in sich geschlossene Abstandsflächensysteme geben wird.

2. Örtliche Bauvorschriften nach Art. 81 Abs. 1 Nr. 6 BayBO

251 Eine gewisse Ausnahme enthält lediglich Art. 81 Abs. 1 Nr. 6 BayBO. Danach kann die Gemeinde **örtliche Bauvorschriften** über von Art. 6 BayBO abweichende Maße der Abstandsflächentiefe erlassen, soweit dies zur Gestaltung des Ortsbilds oder zur Verwirklichung der Festsetzungen einer städtebaulichen Satzung erforderlich ist oder der Verbesserung der Wohnqualität dient und eine ausreichende Belichtung sowie der Brandschutz gewährleistet sind.

252 Durch die Novelle 2008 wurde allerdings klargestellt, dass sich die Ermächtigung für die Gemeinde nur auf die Festlegung anderer, also von Art. 6 Abs. 5 BayBO abweichender **Tiefen** der Abstandsflächen bezieht. Der

Gemeinde ist es daher insbesondere verwehrt, ein neues – gleichsam drittes – Abstandsflächensystem zu erfinden. Mit anderen Worten muss sich auch die örtliche Bauvorschrift nach Art. 81 Abs. 1 Nr. 6 BayBO innerhalb der Struktur des Art. 6 BayBO bewegen. Fraglich ist, ob die Gemeinde im Geltungsbereich einer Satzung nach Art. 6 Abs. 7 BayBO daneben eine örtliche Bauvorschrift nach Art. 81 Abs. 1 Nr. 6 BayBO erlassen und darin von den Tiefen des Art. 6 Abs. 7 Nr. 2 BayBO abweichen kann. Dagegen spricht auf den ersten Blick, dass das Gesetz die Abstandsflächen der Musterbauordnung der Gemeinde eben nur als Paket zur Verfügung stellt und deshalb Abweichungen ausgeschlossen sein könnten. Richtig dürfte demgegenüber sein, eine örtliche Bauvorschrift im Sinne des Art. 81 Abs. 1 Nr. 6 BayBO auch neben einer Satzung nach Art. 6 Abs. 7 BayBO zuzulassen. Zwar enthält Art. 6 Abs. 7 BayBO in der Tat ein in sich geschlossenes System der Abstandsflächen. Dies gilt aber gerade auch für das herkömmliche System der Abstandsflächen insbesondere des Art. 6 Abs. 4, 5 und 6 BayBO. Es ist kein Grund ersichtlich, warum die Gemeinde nur in einem der beiden Fälle von ihrer Möglichkeit soll Gebrauch machen dürfen, aus den besonderen Rechtfertigungen des Art. 81 Abs. 1 Nr. 6 BayBO heraus andere Abstandsflächentiefen festzulegen.

In der Tat kann die Gemeinde aber nur auf der Grundlage der in Art. 81 Abs. 1 Nr. 6 BayBO genannten **Rechtfertigungen** örtliche Bauvorschriften in diesem Sinne erlassen. Die Gemeinde ist beschränkt auf die Gestaltung des Ortsbilds und – seit der Novelle 2008 – auf die Verwirklichung der Festsetzungen einer städtebaulichen Satzung oder auf die Verbesserung der Wohnqualität. Die Einbeziehung der Wohnqualität als Rechtfertigungsgrund geschah mit Blick auf das Schutzziel „Belichtung", sodass die Problematik, inwieweit die Bundeskompetenz zur Regelung des Bodenrechts berührt ist, insoweit keine Rolle spielt. 253

Die Novelle 2008 hat im Übrigen klarstellend festgeschrieben, dass eine örtliche Bauvorschrift nach Art. 81 Abs. 1 Nr. 6 BayBO nur ergehen kann, wenn eine ausreichende **Belichtung** und der **Brandschutz** gewährleistet bleiben. 254

3. Exkurs: Abgrenzung bauplanungsrechtlicher von bauordnungsrechtlichen Regelungen

Mit Art. 81 Abs. 1 Nr. 6 BayBO öffnet sich ein Bereich, der in ganz eigentümlicher Weise im Grenzbereich zwischen Bauordnungs- und Bauplanungsrecht angesiedelt ist und zwar im Grunde in zweierlei Weise: Zum 255

H. Die „Experimentierklausel"

einen regeln natürlich auch bauplanungsrechtliche Vorschriften, welchen Abstand bauliche Anlagen zueinander aufweisen müssen. Man denke nur an die Regelungen über die überbaubaren Grundstücksflächen oder über die Bauweise. Zum anderen wird als Rechtfertigungsgrund für die örtlichen Bauvorschriften das Ortsbild herangezogen, das offenbar auch im Bauplanungsrecht – vgl. §§ 1 Abs. 5 Satz 2, Abs. 6 Nr. 5, 34 Abs. 1 Satz 2 2. Halbsatz, 35 Abs. 3 Satz 1 Nr. 5 BauGB – Anknüpfungspunkt für Anforderungen sein kann.

256 Es verwundert nicht, wenn in diesem Spannungsfeld unterschiedliche Auffassungen darüber bestanden und teilweise weiter bestehen, welche Möglichkeiten und welche Grenzen örtliche Bauvorschriften im Zusammenhang mit Abstandsflächen (noch) haben. Zu dieser Frage sind in jüngerer Zeit zwei Entscheidungen ergangen, die zumindest etwas Licht in die Betrachtung gebracht haben, bei genauerem Hinsehen aber weiterhin Fragen offen lassen.[227] Beide Fälle beschäftigten sich mit gemeindlichen Bauvorschriften auf dem Gebiet des Bauordnungsrechts, in beiden Fällen hat das Gericht die jeweiligen Regelungen für nichtig erachtet, weil letztlich mit bauordnungsrechtlichen Mitteln städtebauliche Ziele verfolgt worden waren.

257 Die Begründungen der Entscheidungen sind aber nur auf den ersten Blick ähnlich. Beide Entscheidungen nehmen zwar den gleichen Ausgangspunkt, indem sie meinen, dass eine Trennlinie zwischen Bauplanungsrecht und Bauordnungsrecht gezogen werden muss. Lediglich dem Bauordnungsrecht zugehörende Vorschriften sollen von der Ermächtigungsgrundlage in der BayBO gedeckt sein. In der Argumentation lassen sich aber doch spürbare Unterschiede erkennen.

258 Zunächst ist der Ansatz der Rechtsprechung richtig, dass eine **Unterscheidung zwischen Bauplanungsrecht und Bauordnungsrecht** zu erfolgen hat und dass es insoweit keine Überlappungsbereiche geben darf. Eine Regelung kann aus kompetenzrechtlichen Gründen nur einem Bereich zugeordnet werden. Bei den Abstandsflächenvorschriften handelt es sich nicht um Bodenrecht, auch wenn Gebäudeabstände logischerweise einen bodenrechtlichen Bezug aufweisen. Dieser Bezug tritt aber nur mittelbar ein. Die Vorschriften des Abstandsflächenrechts bleiben über ihre sicherheitsrechtlichen Zwecksetzungen gerechtfertigt. Bauordnungsrechtliche Abstandsflächenvorschriften dürfen dabei auch über einen unbedingt notwendigen Mindeststandard hinausgehen, ohne dass sie ihren sicherheits-

---

[227] BayVGH, Urt. v. 30.5.2003 – 2 BV 02.689 – BayVBl. 2004, 369; BayVerfGH, Entsch. v. 12.5.2004 – Vf. 7-VII-02 – BayVBl. 2004, 559.

rechtlichen Charakter verlieren würden.²²⁸ Solange der Gesetzgeber sicherheitsrechtliche Zwecksetzungen verfolgt, liegt es in seiner sehr weiten Einschätzungsprärogative, welches Niveau er erreichen will.

Vor diesem gemeinsamen Hintergrund bewegen sich die Überlegungen der beiden genannten Judikate aber spürbar auseinander. Während der BayVGH in seiner Entscheidung die Verfassungsmäßigkeit der Ermächtigungsgrundlage des Art. 81 Abs. 1 Nr. 6 BayBO annimmt, lässt der BayVerfGH diese Frage ausdrücklich offen. Der Ansatz des BayVGH dürfte richtig sein. Art. 81 Abs. 1 Nr. 6 BayBO ist verfassungskonform und enthält einen bauordnungsrechtlich gerechtfertigten Spielraum für die Gemeinden. Dieser Spielraum wird umso wichtiger, wenn Landesbauordnungen auf der Grundlage der Musterbauordnung das Niveau der Abstandsflächenvorgaben vermindern. 259

Der BayVGH unterscheidet Bauordnungsrecht und Bauplanungsrecht durch die **Zielsetzung** der jeweiligen Regelung. Differenziert wird danach, ob die Gemeinde Gründe der Bau- oder Ortsbildgestaltung verfolgt oder bodenrechtlich plant. Eine bauordnungsrechtliche Regelung soll dann vorliegen, wenn die Gemeinde anknüpfend an die Gestaltung einzelner baulicher Anlagen Bestimmungen trifft und der Einfluss auf das Gesamterscheinungsbild gleichsam nur mittelbar eintritt. Der BayVGH unterscheidet damit einen bauordnungsrechtlichen und einen bauplanungsrechtlichen Ortsbildbegriff.²²⁹ Dass zur Steuerung bodenrechtlich relevante Merkmale benutzt werden, ist für den BayVGH nur ein Hilfsargument. Der BayVerfGH argumentiert demgegenüber sehr viel stärker **instrumental**. Wenn die Gemeinde Gebäudeabstände regeln wolle, soll es – gleichsam automatisch – um ein städtebauliches Anliegen gehen. Dort wo ein planungsrechtliches Instrumentarium zur Verfügung steht (Baugrenzen), soll es sich um Bodenrecht handeln. Tendenziell dürfte eine Gemeinde nach dieser Ansicht also nur Parameter benutzen, die durch abstandsflächenrechtliche Schutzgüter gerechtfertigt werden (Wandhöhe, Dachneigung), sie wäre damit erheblich in ihren Steuerungsmöglichkeiten eingeschränkt. 260

Richtig dürfte die Auffassung des BayVGH sein. Die Regelungsinstrumente sind allenfalls ein Indiz für die Zuordnung zum Bauordnungsrecht oder zum Bauplanungsrecht. Ausschlaggebend ist die gesetzgeberische Zwecksetzung. Eine so klare Abgrenzung wie bei gestalterischen Regelun- 261

---

228 Anders wohl Schönfeld/Numberger, Örtliche Bausatzungen – Bauleitplanung durch die Hintertür?, BayVBl. 2000, 678, 680.
229 Vgl. auch BVerwG, Urt. v. 11.5.2000 – 4 C 14.98 – BauR 2000, 1848 = BRS 63 Nr. 105 = DÖV 2000, 1008 = DVBl. 2000, 1851 = NVwZ 2000, 1169 = UPR 2001, 66.

gen ist allerdings bei Abstandsflächenvorschriften nicht möglich und hängt stark von der jeweiligen Begründung der Gemeinde ab.

V. Text einer Mustersatzung nach Art. 6 Abs. 7 BayBO

262 „Abstandsflächensatzung der Gemeinde ... gem. Art. 6 Abs. 7 BayBO (in der Fassung der Bekanntmachung vom 14.8.2007, GVBl. S. 588) vom ...

Die Gemeinde ... erlässt aufgrund des Art. 23 der Gemeindeordnung für den Freistaat Bayern (GO) in der Fassung der Bekanntmachung vom 22.8.1998 (GVBl. S. 796, BayRS 2020-1-1-1) und Art. 6 Abs. 7 der Bayerischen Bauordnung (BayBO), in der Fassung der Bekanntmachung vom 14.8.2007 (GVBl. S. 588) folgende Satzung:

§ 1 Regelung abweichender Abstandsflächen

Im räumlichen Geltungsbereich dieser Satzung wird abweichend von Art. 6 Abs. 4 Sätze 3 und 4, Abs. 5 Sätze 1 und 2 sowie Abs. 6 BayBO in der Fassung der Bekanntmachung vom 14.8.2007 (GVBl. S. 588) vorgesehen, dass

1. nur die Höhe von Dächern mit einer Neigung von weniger als 70 Grad zu einem Drittel, bei einer größeren Neigung der Wandhöhe voll hinzugerechnet wird und
2. die Tiefe der Abstandsfläche 0,4 H, mindestens 3 m, in Gewerbe- und Industriegebieten 0,2 H, mindestens 3 m beträgt.

§ 2 Räumlicher Geltungsbereich

Der räumliche Geltungsbereich dieser Satzung umfasst die Grundstücke Fl.-Nr. ..., ... und ... der Gemarkung .... Der räumliche Geltungsbereich dieser Satzung ist in dem beigefügten Lageplan des Vermessungsamts ... vom ..., Maßstab 1:1000, dargestellt.

§ 3 Inkrafttreten

Die Satzung tritt am ... in Kraft."

# I.
Vortretende Bauteile, Vorbauten und Dachgauben (Art. 6 Abs. 8 BayBO)

I. Allgemeines

Gemäß Art. 6 Abs. 8 BayBO bleiben bestimmte vor die Außenwand vortretende Bauteile, Vorbauten und Dachgauben bei der Bemessung der Abstandsflächen außer Betracht. Hintergrund dieser Regelung ist es, flächensparendes Bauen zu ermöglichen, gleichwohl aber bestimmte architektonische und bautechnische Gesichtspunkte nicht übermäßig zu beschränken. Voraussetzung für die Anwendung von Art. 6 Abs. 8 BayBO ist in jedem Fall, dass das Gebäude selbst – ohne den jeweils in Rede stehenden untergeordneten Gebäudeteil – den Bestimmungen über die Abstandsflächen entspricht.[230] Selbstverständlich ist Art. 6 Abs. 8 BayBO im Übrigen nur dann anzuwenden, wenn Abstandsflächen überhaupt einzuhalten sind. Bei geschlossener Bauweise ist wegen Art. 6 Abs. 1 Satz 3 BayBO beispielsweise von vornherein ein Grenzanbau möglich.[231]

263

Die **Novelle 2009** hat in Art. 6 Abs. 8 Nr. 2 und Nr. 3 BayBO wieder auf die Unterordnung des Vorbaus bzw. der Dachgaube abgestellt. Damit soll deutlich gemacht werden, dass es auch untergeordnete Vorbauten und Dachgauben gibt, die die Größenordnungen der Nrn. 2 und 3 nicht einhalten, also von den darin gemachten Vorgaben nicht erfasst werden, gleichwohl im Einzelfall untergeordnet sind und damit zulässig sein sollen. Das mag zunächst verwirren, hängt aber damit zusammen, dass der Gesetzgeber dadurch **keine Maßstabsverschärfung** gegenüber der früheren Rechtslage bewirken wollte. Vielmehr ist ein quasi „zweistufiges" Verfahren durchzuführen. Hält ein Vorhaben die Maße des Art. 6 Abs. 8 Nr. 2 und Nr. 3 BayBO ein, wird die Unterordnung des Vorbaus gleichsam unwiderleglich vermutet, wenn nicht, verstößt das Vorhaben gegen Abstandsflächenrecht.[232] Soll es gleichwohl ausgeführt werden, muss der Bauherr eine Abweichung beantragen, deren Zulassung von der Bauaufsichtsbehörde – auch im vereinfachten Verfahren (Art. 59 Satz 1 Nr. 2 BayBO) – geprüft und bei Unterordnung des Vorbaus im konkreten Fall auch erteilt werden kann. Anwen-

264

---
230 Vgl. OVG Saarland, Urt. v. 30.7.1991 – 2 R 451/88 – BRS 52 Nr. 99.
231 ThürOVG, Beschl. v. 26.9.1996 – 1 EO 753/95.
232 Vgl. dazu auch BayVGH, Urt. v. 23.3.2010 – 15 B 08.2180.

dungsfälle könnten ein tatsächlich länger als ein Drittel der Außenwand einnehmender, aber filigran ausgeführter Balkon oder ein mehrgeschossiger Erker an einer größeren Außenwand sein.

265 Art. 6 Abs. 8 BayBO besagt, dass die erfassten Bauteile, Vorbauten und Dachgauben **bei der Bemessung der Abstandsflächen außer Betracht** bleiben. Dies bedeutet, dass sie bei der Bestimmung von H gemäß Art. 6 Abs. 4 BayBO gleichsam hinweggedacht werden. Weder wird also H selbst beeinflusst noch die Form der Abstandsflächen der entsprechenden Außenwand. Hinzu kommt, dass die vortretenden Bauteile und Vorbauten insbesondere seitlich keine eigenen Abstandsflächen einhalten müssen.[233]

266 Art. 6 Abs. 8 BayBO unterscheidet seit der Novelle 2009 **drei Fallgruppen** mit unterschiedlichen Tatbestandsmerkmalen: erstens vor die Außenwand vortretende Bauteile, zweitens untergeordnete **Vorbauten** und drittens Dachgauben.

II. Die Regelung im Einzelnen

1. Vor die Außenwand tretende Bauteile (Art. 6 Abs. 8 Nr. 1 BayBO)

267 Art. 6 Abs. 8 Nr. 1 BayBO beschäftigt sich mit vor die Außenwand vortretenden Bauteilen. Die Vorschrift nennt als Beispiele ausdrücklich Gesimse und Dachüberstände.

268 Da das Gesetz die genannten Fälle lediglich als Beispiele versteht, können auch andere Bauteile in den Genuss der Privilegierung kommen. Dabei muss jeweils durch Auslegung ermittelt werden, ob der zu untersuchende Vorsprung den gesetzlichen Beispielen vergleichbar ist. In Frage kommen deshalb nur solche Bauteile, die nach ihrer **Größe und Funktion** gegenüber dem Gebäude **untergeordnet** sind, auch wenn dies das Gesetz im Gegensatz zur Fallgruppe der Bauteile als Voraussetzung nicht mehr ausdrücklich fordert. Sie müssen also nach Art, Umfang und Auswirkungen dem Gesamtvorhaben gegenüber nicht nennenswert ins Gewicht fallen und im Verhältnis zu ihm namentlich von der Baumasse her unbedeutend erscheinen.[234]

---

233 Anderer Ansicht VGH Baden-Württemberg, Urt. v. 4.3.1992 – 8 S 286/92 – BauR 1992, 750 = BRS 54 Nr. 198; wohl auch OVG Nordrhein-Westfalen, Urt. v. 26.6.2014 – 7 A 2057/12; offengelassen von BayVGH, Beschl. v. 27.6.2000 – 20 ZB 00.1329; wie hier Rauscher in: Simon/Busse, Bayerische Bauordnung, Art. 6 Rn. 393.
234 Vgl. BayVGH, Urt. v. 27.11.1974 – 54 I 73 – BRS 29 Nr. 190; Beschl. v. 30.1.2006 – 25 CS 05.2994 – BayVBl. 2007, 21 = BauR 2006, 1116 = BRS 70 Nr. 127; vgl. auch OVG Hamburg,

Es darf sich mit anderen Worten nicht um eine Vorverlagerung der Außenwand handeln.[235] Die Bauteile müssen darüber hinaus auch funktional dem Gesamtvorhaben zugeordnet sein, dürfen diesem gegenüber also keine selbstständige Bedeutung aufweisen, was z. b. bei der Überdachung eines Kfz-Stellplatzes der Fall wäre.[236] Die Notwendigkeit der Unterordnung besteht auch bei den vom Gesetz ausdrücklich genannten Regelbeispielen.[237] So sind abstandsflächenirrelevant lediglich die orts- und landschaftsüblichen Dachüberstände.[238] Ausdrückliche Größenbegrenzungen für vortretende Bauteile enthält das Gesetz aber nicht mehr.

Als in diesem Sinne untergeordnete Bauteile sind denkbar Dachrinnen, **269** Profilierungen am Gebäude, Lisenen und ähnliche architektonische Gliederungen, Sichtblenden, Werbeanlagen, die als Bauteil des Gebäudes mit diesem in einem funktionalen Zusammenhang stehen und dessen Bestandteil bilden.[239] Nicht erfasst werden insbesondere solche Bauteile, die eine selbstständige Bedeutung haben wie z. B. Terrassenüberdachungen[240] oder eine Außentreppe zu einem Obergeschoss.[241] Keine untergeordneten Bauteile sind auch die Rotorblätter einer Windkraftanlage.[242]

2. Untergeordnete Vorbauten (Art. 6 Abs. 8 Nr. 2 BayBO)

a) Erfasste Vorbauten

Auch Vorbauten können abstandsflächenrechtlich privilegiert sein. Das **270** Gesetz nennt als Beispiele Balkone[243] und eingeschossige Erker. Unter

---

Urt. v. 21.5.2003 – 2 Bf 80/99 – NVwZ 2004, 637 = BauR 2004, 1133; OVG Saarland, Beschl. v. 28.6.2002 – 2 W 4/02 – BRS 65 Nr. 123 = BauR 2003, 230.
235 Molodovsky/Famers/Kraus, Bayerische Bauordnung, Art. 6 Rn. 244.
236 Vgl. ThürOVG, Beschl. v. 14.2.2000 – 1 EO 76/00 – Beilage zum ThürStAnz 2000, 103 = ThürVBl. 2000, 189 = BRS 65 Nr. 133; OVG Niedersachsen, Urt. v. 26.11.1987 – 6 A 96/85 – BRS 47 Nr. 96.
237 Vgl. zu einem zu weit auskragenden Dachüberstand OVG Nordrhein-Westfalen, Beschl. v. 20.10.2000 – 7 B 1266/00 – BRS 63 Nr. 144.
238 Vgl. 6.8.1 der Vollzugshinweise zur BayBO 2008, Schreiben des StMI v. 13.12.2007.
239 Vgl. zu Hauseingangstreppen OVG Saarland, Urt. v. 30.7.1991 – 2 R 451/88 – BRS 52 Nr. 99; HessVGH, Beschl. v. 1.4.1992 – 4 TG 41/92 – BRS 54, Nr. 89; zu einem kleineren Kamin HessVGH, Beschl. v. 30.9.2004 – 3 UZ 1788/03 – UPR 2005, 120 – nur LS.
240 Vgl. VGH Baden-Württemberg, Urt. v. 30.10.1985 – 3 S 2310/85 – BRS 44 Nr. 102.
241 OVG Mecklenburg-Vorpommern, Urt. v. 4.12.2013 – 3 L 143/10 – NordÖR 2014, 198 – nur LS.
242 OVG Niedersachsen, Beschl. v. 13.8.2001 – 1 L 4089/00 – BRS 64 Nr. 123.
243 Auch wenn sie auf Stützen gelagert sind, vgl. OVG Niedersachsen, Beschl. v. 29.12.2000 – 1 M 4235/00 – BauR 2001, 937 = BRS 63 Nr. 143; Beschl. v. 22.1.2014 – 1 ME 220/13 – BauR 2014, 825.

Erker versteht man dabei einen aus der Gebäudewand vorspringenden und nicht vom Boden aufsteigenden Vorbau, der dem Ausblick, der Belichtungsverbesserung oder der Fassadengestaltung dient.[244] Von Art. 6 Abs. 8 Nr. 2 BayBO werden ausdrücklich nur eingeschossige Erker erfasst. Weitere Beispiele für untergeordnete Vorbauten bilden etwa Tür- oder Schaufenstervorbauten. In Frage kommt eine Privilegierung auch für Loggien oder Wintergärten. Unter einem **Wintergarten** versteht man im Regelfall einen dreiseitig verglasten Vorbau, teilweise mit einer verglasten Überdachung.[245]

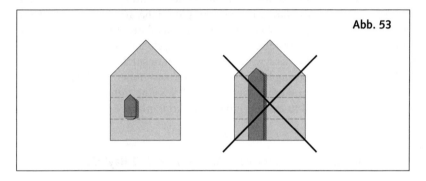

Abb. 53

271 Strittig ist, ob die **Funktion des Vorbaus** für die Einordnung als untergeordnet eine Rolle spielt. Grundsätzlich nicht nach Art. 6 Abs. 8 BayBO privilegiert sind nach wohl noch herrschender Ansicht Vorbauten, deren Zweck auch ohne Vorbau erreicht werden könnte, also beispielsweise Treppenhäuser, die ebenso gut im Innern des Gebäudes untergebracht werden könnten,[246] Anbauten, die Abstellräume enthalten[247] oder Außenaufzüge[248]. Es käme danach insoweit darauf an, ob der Vorbau der Flächenmehrung – dann keine Privilegierung – oder tatsächlich nur der architektonischen Gliederung dient.[249] Diese Auffassung wird allerdings den

---

244 Vgl. OVG Nordrhein-Westfalen, Beschl. v. 29.11.1985 – 7 B 2402/85 – BRS 44 Nr. 101; Urt. v. 17.12.1992 – 10 A 2055/89 – BRS 54 Nr. 82; OVG Niedersachsen, Urt. v. 26.11.1987 – 6 A 96/85 – BRS 47 Nr. 85; HessVGH, Beschl. v. 26.3.1999 – 4 TZ 9/99 – ZfBR 1999, 359 – nur LS.
245 Vgl. dazu OVG Niedersachsen, Urt. v. 26.9.1991 – 1 L 82/91 – BRS 52 Nr. 97.
246 OVG Nordrhein-Westfalen, Beschl. v. 29.11.1985 – 7 B 2402/85 – BRS 44 Nr. 101; BayVGH, Urt. v. 30.10.2002 – 26 B 00.2760 – BayVBl. 2003, 630.
247 Vgl. OVG Berlin, Urt. v. 21.8.1992 – 2 B 12/89 – BRS 54 Nr. 93.
248 Vgl. OVG Berlin, Urt. v. 22.5.1992 – 2 B 22/90 – BRS 54 Nr. 97.
249 SächsOVG, Beschl. v. 7.1.1998 – 1 S 708/97.

praktischen Erfordernissen, aber auch den Zwecksetzungen des Abstandsflächenrechts kaum gerecht. Richtig dürfte daher sein, die Funktion des Vorbaus im Rahmen der Abstandsflächenrelevanz außer Betracht zu nehmen.[250]

b) Größenbegrenzungen

Der Vorbau darf zunächst insgesamt nicht mehr als ein **Drittel der Breite** 272 **der jeweiligen Außenwand**, höchstens jedoch insgesamt 5 m, in Anspruch nehmen (Art. 6 Abs. 8 Nr. 2 a BayBO). Damit hat der Gesetzgeber ausdrücklich für Vorbauten definiert, wann – ohne Zulassung einer Abweichung – von einer Unterordnung auszugehen ist. Das Gesetz bestimmt nunmehr, was es unter **Außenwand** versteht. Der Begriff bezieht sich auf das jeweilige Gebäude. Das bedeutet, dass bei aneinandergebauten Gebäuden – also insbesondere bei Doppelhäusern und Hausgruppen – die Abstandsflächenprivilegierung für jedes der Gebäude zur Verfügung steht. Im Übrigen entscheidet die Vorschrift den Streit, ob sich die Höchstbreite von 5 m auf den einzelnen Vorbau bezieht oder eine Maximalgrenze für die gesamte Außenwand bildet, im Sinne der letztgenannten Alternative. Das führt dazu, dass Art. 6 Abs. 8 Nr. 2 BayBO beispielsweise bei einer 30 m langen Außenwand nur einen Balkon mit maximal 5 m Breite zulässt. Davon unberührt bleibt selbstverständlich die oben (Rn. 264) bereits angedeutete Möglichkeit, dass einem Bauherrn in dem genannten Beispiel über eine Abweichung nicht doch zwei Balkone mit je 5 m Breite genehmigt werden könnten.

3. Untergeordnete Dachgauben (Art. 6 Abs. 8 Nr. 3 BayBO)

Eine Sonderregelung für die Abstandsflächenirrelevanz hat der Gesetzge- 273 ber jetzt in Art. 6 Abs. 8 Nr. 3 BayBO für **Dachgauben** geschaffen. Untergeordnete Dachgauben bleiben bei der Bemessung der Abstandsflächen außer Betracht, wenn sie insgesamt nicht mehr als ein Drittel der Breite der Außenwand des jeweiligen Gebäudes, höchstens jedoch insgesamt 5 m, in Anspruch nehmen und ihre Ansichtsfläche jeweils nicht mehr als 4 m² beträgt und eine Höhe von nicht mehr als 2,5 m aufweist. Die Regelung ist wieder eine Reaktion auf die Rechtsprechung des BayVGH, der Dachgau-

---

250 Gegen die Relevanz der Funktion auch BayVGH, Beschl. v. 14.6.2007 – 1 CS 07.265 – FStBay 74/2008; zuständig Jäde, BayBO 2008 von A–Z, Rn. 3.

ben zwar als Vorbauten angesehen hatte, allerdings die in Art. 6 Abs. 8 Nr. 2 BayBO genannten Maße nicht ohne Weiteres auf Dachgauben übertragen wollte.[251]

274 Ausweislich der Begründung zum Gesetzentwurf[252] ist das **Höchstmaß der Ansichtsfläche** von einer Gaube abgeleitet, die sich über zwei Sparrenfelder erstreckt, eine Brüstungshöhe von 1 m aufweist und bei einer im Wohnungsbau üblichen Geschosshöhe deckenhoch ist. Maßgeblich ist dabei die Ansichtsfläche derjenigen Gaubenseite, die in die gleiche Richtung wie die Außenwand weist. Ansichtsfläche ist die Außenwandfläche der Gaube, die parallel zur Außenwand (Traufseite) des Gebäudes verläuft. Ist die Ansichtsfläche nicht parallel zur Außenwand, ist die Parallelprojektion senkrecht auf die Ebene der Außenwand maßgeblich. Außerdem bleibt die Dachgaube nur dann bei der Abstandsflächenmessung außer Betracht, wenn ihre Ansichtsfläche höchstens 2,5 m hoch ist. Die Höhe bemisst sich von der Schnittlinie der Gauben-Ansichtsfläche mit der Haut des Gebäudedachs bis zum höchsten Punkt der Ansichtsfläche (Schnittpunkt bzw. -linie mit der Dachhaut der Gaube). Mit dieser Begrenzung der Gaubenhöhe auf eine im Wohnungsbau übliche Raumhöhe werden schmale, aber sehr hohe Gauben ausgenommen, die zwar in ihrer Ansichtsfläche die 4 m²-Begrenzung einhalten, aufgrund ihrer absoluten Höhe aber abstandsflächenrechtlich weitaus erheblicher sind als breite Gauben mit niedriger Höhe. Ob die Praxis mit den genannten Größen vernünftig arbeiten kann, wird die Zukunft weisen. Auch hier ist aber zu bedenken, dass Art. 6 Abs. 8 BayBO erstens nur die Abstandsflächenproblematik im Auge hat und insbesondere **keine positive Gestaltungspflege** betreiben darf und dass zweitens durch Art. 6 Abs. 8 BayBO nur die absolut eindeutigen Fälle einer Unterordnung abgeschichtet werden sollen und dem Bauherrn weiter die Möglichkeit bleibt, im Rahmen einer Abweichung die konkreten Umstände des Einzelfalls einbeziehen zu lassen.

275 **Andere Dachaufbauten** als Dachgauben werden von Art. 6 Abs. 8 Nr. 3 BayBO nicht erfasst. Eine Analogie ist ausgeschlossen. Vernünftige Lösungen können aber über Abweichungen im Sinne des Art. 63 BayBO gefunden werden.

276 Der Vorbau darf **nicht mehr als 1,50 m vor diese Außenwand vortreten** (Art. 6 Abs. 8 Nr. 2 b BayBO). Überschreitet der Vorbau dieses Maß, wird als

---

251 BayVGH, Beschl. v. 25.6.2008 – 2 CS 08.1250; vgl. auch Pauli-Gerz/Schlämmer, Die abstandsflächenrechtliche Beurteilung der Dachgauben nach der Bayerischen Bauordnung 2008, BayVBl. 2008, 527.
252 Vgl. auch die Vollzugshinweise zur BayBO 2009, Schreiben des StMI v. 24.7.2009, S. 6 f.

„fiktive" Wand des Vorbaus nicht die Flucht von dessen Außenkante herangezogen, sondern die Stelle, ab der der Vorbau nur noch 1,50 m vorspringt.[253]

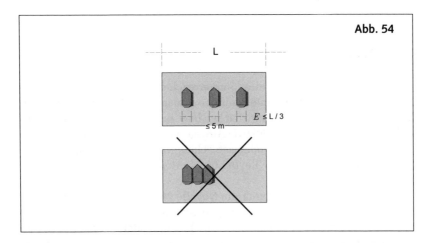

Abb. 54

277 Der Vorbau muss schließlich **von der gegenüberliegenden Nachbargrenze mindestens 2 m entfernt bleiben** (Art. 6 Abs. 8 Nr. 2 c BayBO). Das bedeutet, die Außenwand, aus der die entsprechenden Vorbauten vorspringen, muss vor der Nachbargrenze eine Abstandsfläche mit einer Tiefe von 2 m und zusätzlich die Tiefe des Vorsprungs (bis 1,50 m) einhalten. Vorsprünge können also dazu führen, dass eine mögliche Mindestabstandsflächentiefe von 3 m für die Außenwand nicht mehr ausreicht. Die Mindestentfernung gilt nur gegenüber Nachbargrenzen, also nicht gegenüber der vorderen, zur Verkehrsfläche liegenden Grundstücksgrenze. Ein vor die Außenwand tretender Vorbau muss aber auch dann als versetzter Außenwandteil behandelt werden, wenn er nur deshalb nicht nach Art. 6 Abs. 8 BayBO außer Betracht bleibt, weil er den 2 m-Abstand von der Grundstücksgrenze nicht einhält.[254]

---

253 BayVGH, Beschl. v. 30.4.2007 – 1 CS 06.3335 – NVwZ-RR 2008, 80; a. A. VGH Baden-Württemberg, Urt. v. 30.10.1985 – 3 S 2310/85 – BRS 44 Nr. 102.
254 BayVGH, Beschl. v. 29.11.2006 – 1 CS 06.2717 – BRS 70 Nr. 126.

J.
Abstandsflächenirrelevante bauliche Anlagen (Art. 6 Abs. 9 BayBO)

I. Allgemeines

278 Art. 6 Abs. 9 BayBO stellt eine Sonderregelung gegenüber Art. 6 Abs. 1 Satz 1 BayBO dar. Bestimmte bauliche Anlagen dürfen unter gewissen Voraussetzungen ohne Abstandsflächen bzw. in den Abstandsflächen eines Gebäudes errichtet werden. Für die Anwendung des Art. 6 Abs. 9 BayBO ist dabei eine besondere Abweichensentscheidung der Bauaufsichtsbehörde im Sinne des Art. 63 Abs. 1 BayBO nicht erforderlich; die Vorschrift gilt **kraft Gesetzes**.

279 Art. 6 Abs. 9 BayBO ist durch die **Novelle 2008** aus den früheren Regelungen des Art. 6 Abs. 8 BayBO a. F. und vor allem des Art. 7 Abs. 4 BayBO a. F. hervorgegangen, hat sie aber erheblich umgestaltet. Ansatz der Neuregelung war die Überlegung des Gesetzgebers, dass grenzständig oder grenznah errichtete Gebäude bzw. andere abstandsrelevante bauliche Anlagen vor allem aus dem Blickwinkel des Nachbarn problematisch sind. Das bedeutet, dass vor allem die für den Nachbarn sichtbare Außenwand des Gebäudes bzw. der baulichen Anlage in den Blick genommen wurde. Darüber hinaus können auch bestimmte Nutzungen innerhalb des Grenzgebäudes für den Nachbarn unzumutbar sein; dies gilt hinsichtlich des Brandschutzes für Feuerstätten und hinsichtlich des Sozialabstands für Aufenthaltsräume. Für den Nachbarn sind aber insbesondere die übrigen Ausmaße des Gebäudes bzw. der baulichen Anlage objektiv betrachtet von geringem Interesse. Deshalb hat der Gesetzgeber die früher in Art. 7 Abs. 4 BayBO a. F. enthaltenen flächenmäßigen Begrenzungen gestrichen.

280 Art. 6 Abs. 9 BayBO ist – zumindest auch – Ausprägung einer **städtebaulichen Grundentscheidung**,[255] wonach Baugrundstücke möglichst optimal ausgenutzt werden sollen. Gerade in Anbetracht des besonderen Spannungsverhältnisses an der Grundstücksgrenze gewinnt diese Entscheidung erhebliche Bedeutung für das nachbarliche Gemeinschaftsverhältnis und

---

255 Zu den Abgrenzungsproblemen zwischen Bauplanungs- und Bauordnungsrecht vgl. nur BayVGH, Urt. v. 20.12.2004 – 25 B 98.1862 – ZfBR 2005, 560 = NVwZ-RR 2005, 785 = BayVBl. 2005, 759 = KommJur 2006, 34 = FStBay 2006/69; bestätigt durch BVerwG, Beschl. v. 31.5.2005 – 4 B 14.05 – ZfBR 2005, 559 = BauR 2005, 1768 = FStBay 2005/353.

I. Allgemeines

bedeutet für den Nachbarn einen nicht unerheblichen Eingriff in sein Eigentumsrecht. Gleichwohl hält sie sich innerhalb der zulässigen Bestimmung des Inhalts und der Schranken des Eigentums.[256] Dies gilt nicht zuletzt deshalb, weil mit der Einhaltung der Anforderungen des Art. 6 Abs. 9 BayBO die Zulässigkeit der abstandsirrelevanten Bebauung nicht ohne Einschränkung feststeht, sondern im Einzelfall etwa auch das Gebot der Rücksichtnahme zu prüfen ist.

Die abstandsflächenrechtliche Zulässigkeit nach Art. 6 Abs. 9 BayBO hat nämlich keinerlei Auswirkungen für die **Zulässigkeit nach anderen baurechtlichen Vorschriften**, sei es des Bauordnungsrechts – etwa Regelungen einer Ortsgestaltungssatzung –, sei es des Bauplanungsrechts. Das heißt, dass in jedem Fall insbesondere die planungsrechtliche Zulässigkeit gesondert und sorgfältig zu prüfen ist. Exemplarisch soll dies anhand des Beispiels einer Grenzgarage gezeigt werden: Im Geltungsbereich eines Bebauungsplans ist selbstverständlich zunächst von dessen Festsetzungen auszugehen. Dabei wird die Zulässigkeit in Bezug auf die Nutzungsart in der Regel keine Probleme bereiten (vgl. § 12 BauNVO). Sind nicht überbaubare Grundstücksflächen festgesetzt, kann die Bauaufsichtsbehörde gleichwohl darin Nebenanlagen im Sinne des § 14 BauNVO sowie solche Anlagen, die nach Landesrecht in den Abstandsflächen zulässig sind – also Garagen gemäß Art. 6 Abs. 9 BayBO – zulassen (§ 23 Abs. 5 BauNVO). Sollen Grenzgaragen planungsrechtlich gänzlich ausgeschlossen werden, muss dies im Bebauungsplan ausdrücklich festgesetzt sein, beispielsweise durch Festsetzung einer Gemeinschaftsgaragenanlage[257]. Im nicht qualifiziert beplanten Innenbereich ist für die planungsrechtliche Zulässigkeit einer Grenzgarage § 34 BauGB maßgebend. Es kommt insbesondere darauf an, ob sich die Grenzgarage in die Eigenart der näheren Umgebung einfügt.[258]

281

Der Gesetzgeber hat in Art. 6 Abs. 9 BayBO **drei Fallgruppen** gebildet: erstens Garagen, vergleichbare bauliche Anlagen und sonstige Gebäude (Art. 6 Abs. 9 Satz 1 Nr. 1 BayBO), zweitens gebäudeunabhängige Solaranlagen (Art. 6 Abs. 9 Satz 1 Nr. 2 BayBO) und drittens Stützmauern und geschlossene Einfriedungen (Art. 6 Abs. 9 Satz 1 Nr. 3 BayBO). Die drei Tatbestände stehen **grundsätzlich nebeneinander**; mit anderen Worten kann

282

---

256 BayVerfGH, Entsch. v. 17.3.1986 – 22-VII-84 – BayVBl. 1986, 429 = NVwZ 1986, 551 = VerfGH 39, 36 – für die Vorgängernorm des Art. 7 Abs. 4 BayBO a. F.; zur jetzigen Regelung BayVerfGH, Entsch. v. 15.12.2009 – 6-VII-09 – ZfBR 2010, 139 = NVwZ 2010, 580 = BayVBl. 2010, 338.
257 Vgl. VGH Baden-Württemberg, Urt. v. 11.5.1989 – 5 S 3379/88 – BRS 49 Nr. 137.
258 Vgl. BVerwG, Urt. v. 4.5.1979 – 4 C 23.76 – BRS 35 Nr. 40.

der Tatbestand des Art. 6 Abs. 9 Satz 1 Nr. 1 BayBO auch dann vollständig ausgenutzt werden, wenn beispielsweise das Grundstück schon mit einer Mauer im Sinne des Art. 6 Abs. 9 Satz 1 Nr. 3 BayBO umgeben ist. Auch die Varianten des Art. 6 Abs. 9 Satz 1 Nr. 1 und Nr. 2 BayBO schließen sich nicht gegenseitig aus. Der Bauherr kann also an derselben Grundstücksgrenze, an der er beispielsweise bereits eine 9 m lange Außenwand einer Grenzgarage errichtet hat, noch eine grenzständige gebäudeunabhängige Solaranlage erstellen. Begrenzt wird er – neben dem allerdings schwer fassbaren Rücksichtnahmegebot – in abstandsflächenrechtlicher Hinsicht nur durch Art. 6 Abs. 9 Satz 2 BayBO und der dort geregelten Gesamtlänge von 15 m je Baugrundstück.

II. Die von Art. 6 Abs. 9 BayBO erfassten Anlagen

1. Gebäude (Art. 6 Abs. 9 Satz 1 Nr. 1 BayBO)

a) Begriffe

283 Das Gesetz nennt zunächst „alte Bekannte", wenn es darum geht festzustellen, was grenzständig errichtet werden darf, nämlich **Garagen einschließlich deren Nebenräume, überdachte Tiefgaragenzufahrten sowie Aufzüge zu Tiefgaragen.** Diese Anlagen hatte schon Art. 7 Abs. 4 BayBO a. F. erfasst. Neu hinzugekommen sind aber durch die Novelle 2008 alle übrigen **Gebäude** – und nicht nur wie früher kleinere Nebengebäude – **ohne Aufenthaltsräume und Feuerstätten.** Diese Erweiterung bewirkt, dass die früher existierenden – teilweise äußerst schwierig zu beantwortenden – Fragen der Abgrenzung der garagentypischen Nutzung von anderen Nutzungen[259] oder der Abgrenzung von Hauptgebäuden und Nebengebäuden entfallen sind. Ohne Belang ist in Zukunft auch die Diskussion darüber, ob eine Grenzgarage nur dann der Privilegierung unterfällt, wenn auf dem Baugrundstück ein Hauptgebäude vorhanden ist[260] oder zumindest errich-

---

259 Vgl. zu einem Freisitz auf der Garage z. B. BayVGH, Urt. v. 10.4.1975 – 168 I 72 – BayVBl. 1976, 207; OVG Nordrhein-Westfalen, Urt. v. 19.5.1983 – 11 A 1128//82 – BRS 40 Nr. 122; Beschl. v. 14.3.1990 – 10 A 1895/88 – BauR 1990, 457; zu einer Dachterrasse auf der Garage BayVGH, Beschl. v. 26.4.2005 – 2 CS 04.2822; besonders grotesk zu einer Antennenanlage auf der Garage OVG Nordrhein-Westfalen, Urt. v. 13.6.1991 – 11 A 87/90 – BRS 52 Nr. 133.
260 So noch BayVGH, Beschl. v. 7.3.1983 – 14 B 81 A.1635 – BayVBl. 1983, 404 = BRS 40 Nr. 131; so ausdrücklich BayVGH, Beschl. v. 4.10.2006 – 1 N 05.915; zweifelnd aber BayVGH, Beschl. v. 22.8.2007 – 1 CS 07.1819.

tet werden könnte[261], ebenso wie die Frage, was noch als unselbstständiger Nebenraum einer Garage und was bereits als eigenständiges Nebengebäude anzusehen ist.[262]

Ausschlaggebend ist vielmehr nur noch, ob die bauliche Anlage einen Aufenthaltsraum oder eine Feuerstätte besitzt. **Aufenthaltsräume** sind gemäß Art. 2 Abs. 5 BayBO Räume, die nicht nur zum vorübergehenden Aufenthalt von Menschen bestimmt oder geeignet sind. Das Gesetz unterscheidet also zwei Arten von Aufenthaltsräumen: Erstens solche, die – letztlich unabhängig von ihrer Eignung – tatsächlich als Aufenthaltsraum dienen sollen; hier kommt der Bezeichnung durch den jeweiligen Nutzer die entscheidende Bedeutung zu. Und zweitens solche, die für einen nicht nur vorübergehenden Aufenthalt von Menschen von ihrer Lage und Größe her lediglich geeignet sind. Typischerweise Aufenthaltsräume sind also Wohnzimmer, Schlafzimmer, Kinderzimmer, Arbeitszimmer, Werkstätten, Verkaufsräume, Besprechungszimmer u. Ä. Eine Nutzung des Dachraums über einer grenznah errichteten Garage bleibt also auch nach der Neufassung der BayBO unzulässig. Keine Aufenthaltsräume sind etwa Heizräume, Lagerräume, Wasch- und Toilettenräume, aber auch Saunen, Kegelbahnen oder Speisekammern.[263] Besonders problematisch ist in diesem Zusammenhang die Einordnung von **Hobbyräumen**. Sie sind von der Rechtsprechung regelmäßig jedenfalls dann nicht als Aufenthaltsraum eingeordnet worden, wenn sie sich im Kellergeschoss befinden.[264] Auch echte Hobbyräume können aber wegen ihrer Lage und Größe aufgrund ihrer objektiven Eignung Aufenthaltsräume sein. Diese Variante dürfte damit die entscheidende Einschränkung für entsprechende Räume bilden. **Feuerstätten** sind schließlich feste Anlagen aus Baustoffen und Bauteilen, die der Wärmeerzeugung durch Verbrennung fester, flüssiger oder gasförmiger Stoffe dienen.[265] Sie sind mit der zugehörigen Abgasanlage Teil einer Feuerstätte nach Art. 40 BayBO.

Eine auf der Garage oder dem sonstigen grenznahen Gebäude befindliche **Dachterrasse** stellt keinen Aufenthaltsraum dar, weil sie mangels Überdachung kein Raum ist. Als insoweit eigenständige bauliche Anlage ist jedoch zu prüfen, ob die Dachterrasse gemäß Art. 6 Abs. 1 Satz 2 BayBO für sich genommen Wirkungen wie ein Gebäude besitzt. Dies dürfte – wegen

---

261 In diesem Sinne BayVGH, Beschl. v. 11.5.1993 – 2 B 92.722.
262 Vgl. dazu BayVGH, Urt. v. 15.12.1986 – 14 B 85 A.2085 – BayVBl. 1987, 695.
263 Vgl. die Aufzählung bei Nolte in: Simon/Busse, Bayerische Bauordnung, Art. 45 Rn. 21 ff.
264 BayVGH, Urt. v. 4.5.1976 – 320 I 72 – BayVBl. 1976, 630; Beschl. v. 17.1.2001 – 2 ZS 01.112; ausdrücklich offengelassen von BayVGH, Urt. v. 13.7.1979 – 31 II 77 – VGH BY 1, 6.
265 Busse/Dirnberger, Die neue Bayerische Bauordnung, Art. 40 Rn. 2.

286 der erhöhten Situierung – regelmäßig angenommen werden können. Das hat zur Folge, dass sie selbst Abstandsflächen einzuhalten hat, also prinzipiell drei Meter von der Grenze zurückgesetzt werden muss.

Von der abstandsflächenrechtlichen Zulässigkeit sauber getrennt werden muss die eventuelle **Verfahrensfreiheit** von Garagen und Gebäuden an der Grundstücksgrenze. Diese ergibt sich insbesondere aus den Tatbeständen des Art. 57 Abs. 1 Nr. 1 a und Nr. 1 b BayBO. Danach sind einmal Gebäude außer im Außenbereich verfahrensfrei, die einen Brutto-Rauminhalt bis zu 75 m³ aufweisen; das entspricht grob geschätzt und bei normaler Geschosshöhe einer Fläche von ca. 30 m². Zum anderen sind verfahrensfrei Garagen und überdachte Stellplätze im Sinne des Art. 6 Abs. 9 Satz 1 Nr. 1 BayBO[266] – wiederum außer im Außenbereich – mit einer Fläche gemäß Art. 2 Abs. 6 BayBO von maximal 50 m². Diese fehlende Parallelisierung von Abstandsflächenrecht und Verfahrensfreiheit führt dazu, dass es Gebäude gibt, die zwar verfahrensfrei, aber abstandsflächenrechtlich an der Grenze unzulässig sind (etwa ein Gebäude in den Grenzen des Art. 57 Abs. 1 Nr. 1 a BayBO, das aber eine Feuerstätte enthält), sowie Gebäude, die genehmigungsbedürftig, aber abstandsflächenrechtlich an der Grenze zulässig sind (etwa eine Grenzgarage, mit mehr als 50 m² Fläche, die aber die Begrenzungen des Art. 6 Abs. 9 Satz 1 Nr. 1 BayBO einhält). Erwähnenswert ist im Übrigen, dass die 50 m²-Begrenzung des Art. 57 Abs. 1 Nr. 1 b BayBO nicht den früher für Grenzgaragen üblichen 50 m² Nutzfläche entsprechen; denn Fläche im Sinne der Bauordnung 2008 bedeutet gemäß Art. 2 Abs. 6 BayBO regelmäßig Brutto-Grundfläche, bestimmt sich also nach den Außenmaßen des Gebäudes. Darüber hinaus hat der Gesetzgeber zwar für die Frage der Abstandsflächenirrelevanz weitgehend auf eine Einschränkung in Bezug auf die Nutzung verzichtet, nicht aber bei der Verfahrensfreiheit im Sinne des Art. 57 Abs. 1 Nr. 1 b BayBO. Das bedeutet, dass die frühere, im Rahmen der Erforderlichkeit von Abstandsflächen notwendig gewesene Diskussion, welche Nutzungen in einer Garage ausgeübt werden dürfen, über die „Hintertüre" der Verfahrensfreiheit doch wieder geführt werden muss.

---

266 Nicht vollständig klar ist, was das Gesetz mit der Formulierung „im Sinn des Art. 6 Abs. 9 Satz 1 Nr. 1" BayBO meint. Offenbar sollen nur die Garagen erfasst werden, die die Abstandsflächenprivilegierung der Vorschrift gegenüber einer Nachbargrenze in Anspruch nehmen.

b) Größenbegrenzungen

aa) Allgemeines

Der Gesetzgeber der Novelle 2008 verzichtete bei den Größenbegrenzungen des Art. 6 Abs. 9 Satz 1 Nr. 1 BayBO auf alle flächenmäßigen Begrenzungen, die noch Art. 7 Abs. 4 BayBO a. F. enthalten hatte.[267] Grund dafür war die Überlegung, dass eine Grenzbebauung aus Sicht des Nachbarn nur in Bezug auf die Länge und Höhe der Außenwand problematisch sein kann, die an die Nachbargrenze rückt. Die Tiefe des Grenzgebäudes, also seine flächenmäßige Ausdehnung, ist demgegenüber objektiv betrachtet für die nachbarlichen Interessen ohne Belang.

287

bb) Wandhöhe maximal 3 m

Der Gesetzgeber arbeitet schon seit der Novelle 1994 – nachdem in der 4. Novelle 1982 statt der Firsthöhe die Traufhöhe als Begrenzungskriterium eingeführt worden war – mit der Wandhöhe als Anknüpfung für die maximal zulässige Höhenentwicklung einer Grenzbebauung. Die erfassten Gebäude dürfen eine **mittlere Wandhöhe von 3 m** nicht überschreiten.

288

Der **Begriff** der Wandhöhe entspricht dem in Art. 6 Abs. 4 BayBO. Grundsätzlich gilt also als Wandhöhe das Maß von der Geländeoberfläche bis zum Schnittpunkt der Wand mit der Dachhaut oder bis zum oberen Abschluss der Wand. Im Prinzip können damit zur Bestimmung der Wandhöhe die in Rn. 128 ff. enthaltenen Überlegungen herangezogen werden; insbesondere ist unterer Bezugspunkt auch hier die Geländeoberfläche des Baugrundstücks und nicht diejenige des Nachbargrundstücks.[268] Im Unterschied zu Art. 6 Abs. 4 Sätze 3 und 4 BayBO enthält Art. 6 Abs. 9 Satz 1 Nr. 1 letzter Halbsatz BayBO jedoch eine besondere Regelung über die **Anrechnung von Dächern und Giebelflächen.** Diese Spezialvorschrift hat ihren Grund darin, dass der Gesetzgeber, als er 1994 für die Bemessung der Höhenentwicklung von Grenzgebäuden von dem Anknüpfungspunkt „Traufhöhe" auf den Anknüpfungspunkt „Wandhöhe" wechselte, keine Verschärfung der Anforderungen bewirken wollte. Die Höhe der Traufe ist aber völlig unabhängig von der Dachneigung bzw. der Giebelhöhe. Auf die Wandhöhe werden deshalb – allerdings in vollem Umfang – die Höhe von Dächern mit

289

---

267 Damit ist auch eine analoge Anwendung der 50 m³-Grenze des Art. 57 Abs. 1 Nr. 1 a BayBO auf Art. 6 Abs. 9 Satz 1 Nr. 1 BayBO ausgeschlossen, BayVGH, Beschl. v. 4.7.2012 – 14 ZB 12.186 – BayVBl. 2012, 766.
268 OVG Saarland, Urt. v. 24.4.2002 – 2 R 7/01 – BauR 2003, 1865.

einer Neigung von mehr als 70 Grad und Giebelflächen im Bereich des Dachs mit entsprechender Neigung angerechnet, also erst dann, wenn sie in ihrer Wirkung einer Wand gleichkommen. Dächer bzw. Giebelflächen im Bereich von Dächern mit einer geringeren Neigung werden **überhaupt nicht** berücksichtigt.

290 Die **mittlere** Wandhöhe darf **3 m** nicht überschreiten. Für die Berechnung ausschlaggebend ist also nicht die maximale Wandhöhe, sondern eine über die gesamte Außenwandbreite gemittelte Größe.[269] So kann insbesondere bei einer in den Hang gebauten Garage die Wandhöhe teilweise deutlich mehr als 3 m betragen (vgl. Abb. 55).[270]

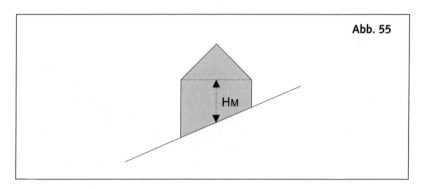

Abb. 55

291 Die Berechnung der Wandhöhe – insbesondere die Bestimmung der oberen Bezugslinie (Schnittlinie der Außenwand mit der Dachhaut) – bei unregelmäßigen Dachformen entspricht grundsätzlich der Methode, die auch bei Art. 6 Abs. 4 BayBO angewendet wird. So wird beispielsweise bei einem Pultdachgebäude – also einem Gebäude mit abgeschrägtem oberem Wandabschluss –, das giebelständig an der Grundstücksgrenze errichtet werden soll, als Bezugslinie die Waagerechte benutzt, die den „Giebel" vom Wandteil der Außenwand abtrennt (vgl. Abb. 56). Bei asymmetrischen Giebeln mit unterschiedlichen Wandhöhen, die vor allem bei Hanggebäuden in Frage kommen dürften, werden jedoch im Gegensatz zur Regelberechnung keine Wandabschnitte gebildet; die obere Bezugslinie für die Berechnung der mittleren Wandhöhe ist auch hier die Verbindungslinie der beiden

---

[269] BayVGH, Beschl. v. 30.6.2009 – 1 ZB 07.3058.
[270] Die Höhe einer Stützmauer, auf der das Gebäude aufsitzt, ist jedenfalls dann anzurechnen, wenn die Mauer nicht der Sicherung des natürlichen, sondern eines aufgeschütteten Geländes dient, vgl. HessVGH, Beschl. v. 16.6.2004 – 3 UE 2041/02 – BauR 2005, 1310.

II. Die von Art. 6 Abs. 9 BayBO erfassten Anlagen

Schnittpunkte Außenwand/Dachhaut (vgl. Abb. 57). Die unterschiedliche Behandlung findet ihre Rechtfertigung darin, dass bei Art. 6 Abs. 4 BayBO möglichst rechteckige Abstandsflächen entstehen sollen, während es bei Art. 6 Abs. 9 Satz 1 Nr. 1 BayBO nur um die Frage geht, ob ein Gebäude eine Wandhöhe von – im Mittel – nicht mehr als 3 m aufweist und deshalb ohne Abstandsflächen errichtet werden darf. Bei „Nur-Dach-Gebäuden" mit einer Dachneigung bis zu 70 Grad existiert definitionsgemäß – auch an der Giebelseite – keine Wandhöhe, sodass auch keine Höhenbegrenzung vorhanden zu sein scheint.[271] Abgesehen davon, dass eine solche Garagenlösung nur selten praktisch werden dürfte, können gestalterische bzw. sonst nicht mehr hinnehmbare Fehlentwicklungen jedenfalls über das Verunstaltungsverbot bzw. das Rücksichtnahmegebot verhindert werden.[272]

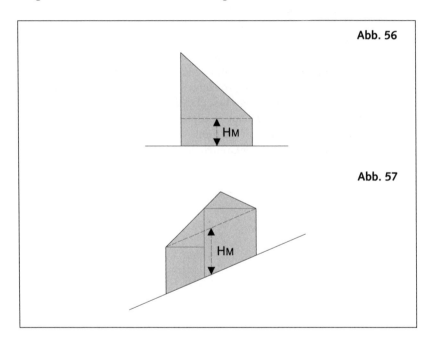

Abb. 56

Abb. 57

---

271 Vgl. zu entsprechenden Befürchtungen in der Literatur Grziwotz, Das neue Bayerische Baurecht – Regelungsschwerpunkte und Auswirkungen auf die notarielle Praxis, MittBayNot 1994, 185; Labsch, Das Garagenrecht der Bayerischen Bauordnung, BayVBl. 1997, 359; aus der Rechtsprechung zumindest missverständlich BayVGH, Urt. v. 23.1.1995 – 15 B 93.3801; Beschl. v. 11.1.1999 – 15 ZS 98.3278; Beschl. v. 16.6.1998 – 26 CS 93.578.
272 Vgl. zu Recht Jäde, Keine Angst vor der neuen Bauordnung!, MittBayNot 1994, 401.

292 Teilweise können es besondere Geländeverhältnisse erfordern, **Abweichungen** von der Forderung nach einer mittleren Wandhöhe von maximal 3 m zuzulassen, etwa um einen verkehrssicheren Zugang zur Garage zu erhalten; dieser Ansatz erlaubt aber nicht ohne Weiteres ein darüber hinausgehendes Abweichen von gesetzlicher Höchstlänge oder -höhe.[273]

cc) Gesamtlänge je Grundstücksgrenze von 9 m

293 Einem praktischen Bedürfnis folgend hat der Gesetzgeber in der Novelle 2008 die maßgebliche Gesamtlänge einer Grenzbebauung von maximal 8 m auf 9 m erhöht. Damit wird die Errichtung dreier giebelständig platzierter Grenzgaragen regelmäßig zulässig.

294 Was jeweils als **eine** Grundstücksgrenze angesehen werden kann, bestimmt sich von dem Grundstück her, auf dem das Grenzgebäude errichtet werden soll; dass dabei eine Grundstücksgrenze auch an zwei oder mehr Nachbargrundstücke stoßen kann, ist ohne Belang.[274] Unzulässig wäre daher – wie in Abb. 58 dargestellt – eine tatsächlich 14 m lange Grenzgarage gegenüber zwei Nachbargrenzen, auch wenn auf jede Nachbargrenze nur 7 m Außenwandlänge fielen. Allerdings kann an jede Grundstücksgrenze auf bis zu 9 m gebaut werden. Eckgaragen sind also zulässig (Abb. 59). Dabei ist jedoch zu beachten, dass nach Art. 6 Abs. 9 Satz 2 BayBO die Außenwandlänge der Grenzbebauung je Buchgrundstück insgesamt nur 15 m betragen darf.

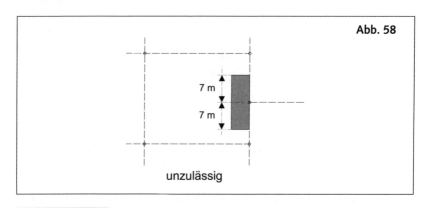

Abb. 58

unzulässig

---

[273] BayVGH, Urt. v. 29.12.1998 – 26 B 95.2507; Jäde, Die bayerische Bauordnungsreform in der Rechtsprechung des Bayerischen Verwaltungsgerichtshofs, BayVBl. 2000, 481.
[274] OVG Nordrhein-Westfalen, Urt. v. 12.12.1988 – 10 A 1729/78 – BRS 49 Nr. 123; Beschl. v. 4.2.2004 – 10 B 2544/03 – BauR 2004, 986.

II. Die von Art. 6 Abs. 9 BayBO erfassten Anlagen

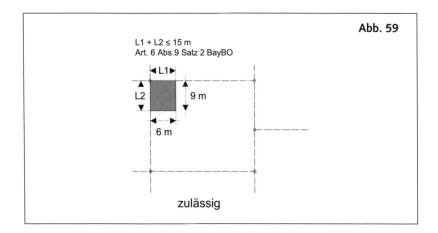

Abb. 59

Da der Gesetzeswortlaut insoweit keinerlei Beschränkung enthält, können auch mehrere Nachbargrenzen unabhängig voneinander in Anspruch genommen werden. Das bedeutet, dass auf einem Grundstück **mehrere Grenzgaragen** errichtet werden dürfen.[275]

Problematisch ist die Bestimmung **einer** Grundstücksgrenze, wenn die einzelnen Grenzen nicht im – annähernd – rechten Winkel abknicken, sondern deutlich **größere Winkel** entstehen, wie dies insbesondere bei vieleckigen Grundstücken häufig der Fall sein wird. Hier ist von einer objektiven Betrachtungsweise auszugehen, die sowohl den Winkel des Abknickens als auch die Länge der entsprechenden Grundstücksgrenzen in Betracht nimmt. Bei Winkeln über 150 Grad wird man im Regelfall nicht von zwei, sondern nur von einer Grundstücksgrenze auszugehen haben.[276]

Die Längenbegrenzung für die Außenwand von 9 m je Grundstücksgrenze gilt für die von Art. 6 Abs. 9 Satz 1 Nr. 1 BayBO erfasste Grenzbebauung insgesamt; lediglich unter der Voraussetzung einer „überlangen" Grundstücksgrenze von 42 m können nochmals 5 m Außenwandlänge hinzukommen. Es ist daher ohne Belang, ob die 9 m durch die Außenwand eines Grenzgebäudes oder durch mehrere Außenwände mehrerer aneinandergebauter oder nicht aneinandergebauter Grenzgebäude ausgenutzt werden.[277]

---

275 Boeddinghaus/Hahn/Schulte, Bauordnung für das Land Nordrhein-Westfalen, § 6 Rn. 306.
276 Etwas anders, aber wenig praktikabel OVG Nordrhein-Westfalen, Beschl. v. 28.12.2011 – 7 B 1323/11 – BauR 2012, 1099 = BRS 78 Nr. 136: Maßgeblich soll eine natürliche Betrachtungsweise unter Berücksichtigung der Umstände des Einzelfalls sein.
277 Vgl. BayVGH, Beschl. v. 25.3.1998 – 15 ZB 97.2383.

298 Schwierig ist die Bestimmung der Außenwandlänge, wenn das Gebäude nicht unmittelbar auf der Grenze errichtet wird, sondern lediglich **grenznah**, und dabei schräg gegen den Verlauf der Grundstücksgrenze platziert wird, sodass nur ein Teil der Außenwand die Abstandsflächen zur Grundstücksgrenze nicht einhält. In diesem Fall ist durch den Schnittpunkt der Abstandsfläche mit der Grundstücksgrenze ein Lot auf die Außenwand zu fällen und damit der Punkt zu bestimmen, ab dem für diese Außenwand Abstandsflächen auf das Nachbargrundstück zu liegen kommen. Nur der entsprechende, die Abstandsflächen auf dem Baugrundstück nicht einhaltende Teil der Außenwand ist für die Längenbegrenzung von 9 m maßgeblich (vgl. Abb. 60). Sind bei einer Situierung des Grenzgebäudes in einer Grundstücksecke die abstandsflächenrelevanten Außenwandteile zwei Grundstücksgrenzen zuzurechnen, ist für die Aufteilung der Punkt maß-

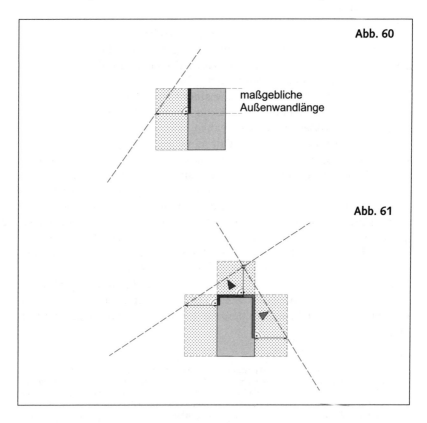

Abb. 60

Abb. 61

II. Die von Art. 6 Abs. 9 BayBO erfassten Anlagen

geblich, der durch den Schnittpunkt der Außenwand mit einer lotrechten Gerade durch die Grundstücksgrenze gebildet wird (vgl. Abb. 61).[278]

Die Beschränkung, dass eine Maximallänge von 9 m für Grenzaußenwände entstehen darf, gilt auch für **Zufahrten zu Tiefgaragen und Tiefgaragenaufzüge**. Insoweit kommt als besondere Problematik hinzu, dass bei Zugrundelegung des zulässigen Neigungswinkels der Abfahrtsrampe der Tiefgaragenzufahrt (grundsätzlich 15 %, vgl. § 3 Abs. 1 GaStellV) nicht die gesamte Rampe eingehaust werden kann (Abb. 62). Der Gesetzgeber hat diese Situation aus Gründen der Gleichbehandlung mit Garagen bewusst hingenommen.[279] Das bedeutet, dass entweder nur ein Teil der Zufahrt überdacht werden kann oder dass die Bauaufsichtsbehörde im Einzelfall eine Abweichung zulassen müsste, die die nicht mehr dem Art. 6 Abs. 9 Satz 1 Nr. 1 BayBO unterfallende bauliche Anlage aus der Verpflichtung entlässt, Abstandsflächen einhalten zu müssen.[280] Das kann sich einmal dadurch rechtfertigen, dass der die Höchstlänge überschreitende Teil der Tiefgarageneinhausung zwar rechtlich noch ein Gebäude darstellt, aber nicht mehr die typischen abstandsrelevanten Gebäudewirkungen entfaltet,[281] zum anderen aber auch aus schlichter Geringfügigkeit.[282] Im Zusam-

299

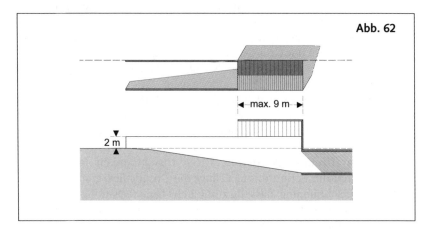

Abb. 62

---

278 So auch Busse/Dirnberger, Die neue Bayerische Bauordnung, Art. 6 Rn. 17.
279 BayVGH, Beschl. v. 14.7.1995 – 2 CS 95.518 – BayVBl. 1995, 695.
280 BayVGH, Beschl. v. 19.6.1995 – 2 CS 94.4028.
281 Vgl. BayVGH, Beschl. v. 15.2.1996 – 2 CS 96.91.
282 BayVGH, Beschl. v. 13.10.1999 – 2 ZS 99.2355: Überschreiten der gesetzlichen Maximallänge um 30 cm. Ermöglicht eine Tiefgarageneinhausung indessen auf einem längeren Grenzabschnitt zum Nachbargrundstück Einsicht in dieses, kann eine Abweichung von Abstandsflächenvorschriften nicht zugelassen werden, wenn für die gewählte Ausführung

menhang mit der Zulässigkeit dieser Abweichung kann die Bauaufsichtsbehörde überdies mit einbeziehen, dass sich die Immissionssituation auf dem Nachbargrundstück durch die längere Einhausung spürbar verbessern dürfte.

c) Überlange Grundstücksgrenzen

300 Eine aus sich heraus nicht sofort verständliche Vorschrift bildet die Zusatzprivilegierung für „überlange" Grundstücksgrenzen. Auslöser der Vorschrift ist die Überlegung, dass bei sehr langen Grundstücksgrenzen auch ein Mehr an Grenzbebauung gerechtfertigt werden kann. Der Gesetzgeber lässt dabei neben den prinzipiell zulässigen Garagen und Gebäuden zusätzlich noch freistehende Gebäude ohne Aufenthaltsräume und Feuerstätten in fremden Abstandsflächen und ohne eigene Abstandsfläche zu, wenn die mittlere Wandhöhe nicht mehr als 3 m beträgt, der Brutto-Rauminhalt nicht mehr als 50 m³ und die Gesamtlänge je Grundstücksgrenze nicht mehr als 5 m.

301 Die Anwendung der Vorschrift beschränkt sich auf – wie erwähnt – besonders lange Grundstücksgrenzen, nämlich solche, die **länger als 42 m** sind. Die Maßzahl resultiert aus einer Addition der prinzipiell zulässigen 9 m Grenzbebauung mit den zusätzlichen 5 m und der Überlegung, dass maximal ein Drittel der Grundstücksgrenze ausgebaut werden soll (9 m + 5 m = 14 m; 14 m × 3 = 42 m). In der Novelle 2009 hat der Gesetzgeber eine Klarstellung vorgenommen. Bei „überlangen" Grundstücksgrenzen war nicht ganz eindeutig, auf welche Grenze bzw. Grenzen sich die 42 m-Einschränkung beziehen sollte. Das Gesetz sprach von der „Gesamtlänge der Grundstücksgrenze", was darauf hingedeutet hätte, dass nicht nur die eine Grundstücksgrenze gemeint war, die ausgebaut werden soll, sondern die Summe aller Grundstücksgrenzen. Diese Unachtsamkeit beseitigt das Gesetz jetzt mit der Formulierung „Länge der Grundstücksgrenze".

302 Mit der Einschränkung, dass die zusätzliche Grenzbebauung **freistehend** sein soll, soll bewirkt werden, dass die ohnehin zulässige Grenzbebauung nicht unmittelbar mit der zusätzlichen verbunden wird und dadurch eine Grenzwand von mehr als 9 m Länge entsteht.[283] Freistehend ist also ein

---

der Einhausung allein Kostengründe sprechen, BayVGH, Beschl. v. 5.8.1997 – 27 ZB 96.3509; zur Gesamtproblematik auch Jäde, Die bayerische Bauordnungsreform in der Rechtsprechung des Bayerischen Verwaltungsgerichtshofs, BayVBl. 2000, 481.
283 Dieses Problem stellt sich aber doch, wenn die Privilegierung des Art. 6 Abs. 9 Satz 1 Nr. 1 und Nr. 2 BayBO additiv verwendet wird.

Gebäude nur, wenn es Abstandsflächen zu anderen Gebäuden einhält; insbesondere von der sonstigen Grenzbebauung entlang der entsprechenden Grundstücksgrenze 6 m (2 × 3 m) entfernt bleibt.[284] Die Privilegierung bezieht sich nur auf die Position des freistehenden Gebäudes zur Grenze;[285] mit anderen Worten darf vom Nachbargrundstück an diese zusätzliche Grenzbebauung angebaut werden, ohne dass die Privilegierung entfällt.

d) Gesamtlänge der Grenzbebauung von 15 m (Art. 6 Abs. 9 Satz 2 BayBO)

Die **Länge** der die Abstandsflächentiefe gegenüber Grundstücksgrenzen nicht einhaltenden Bebauung – wozu neben den Gebäuden nach Art. 6 Abs. 9 Satz 1 Nr. 1 BayBO auch die gebäudeunabhängigen Solaranlagen nach Art. 6 Abs. 9 Satz 1 Nr. 2 BayBO zählen, nicht aber die Stützmauern und geschlossenen Einfriedungen des Art. 6 Abs. 9 Satz 1 Nr. 3 BayBO – darf gemäß Art. 6 Abs. 9 Satz 2 BayBO insgesamt **nicht mehr als 15 m** betragen. Um die Gesamtlänge zu erhalten, sind die Längen der einzelnen Außenwände bzw. relevanten Anlagenteile zu **addieren**. Berechnungsgrundlage bildet dabei das **Buchgrundstück**. Es ist daher ohne Belang, ob etwa angrenzende Grundstücke, auf denen sich ihrerseits Grenzbauten befinden, ebenfalls im Eigentum des Eigentümers des betroffenen Grundstücks stehen. Andererseits spielt es keine Rolle, wenn das Buchgrundstück faktisch in verschiedene Teile zerfällt, die wirtschaftlich selbstständig genutzt werden. Auch in diesem Fall sind die Längen zusammenzuzählen. Wird allerdings ein wirtschaftlich einheitlich genutztes Grundstück allein deshalb geteilt, um die Einschränkung zu unterlaufen, wäre die Zugrundelegung des Buchgrundstücks missbräuchlich;[286] in diesen Fällen ist das wirtschaftliche Grundstück maßgeblich. 303

Zu addieren sind die Längen **der gesamten die Abstandsflächentiefe nicht einhaltenden Bebauung** auf dem Grundstück. Auf den Zeitpunkt des Entstehens dieser Bebauung kommt es nicht an. Hält nur ein Teil der Bebauung die Abstandsflächen nicht ein, wird nur dieser Teil bei der Maximallänge von 15 m berücksichtigt. 304

---

284 Busse/Dirnberger, Die neue Bayerische Bauordnung, Art. 6 Rn. 17.
285 Vgl. 6.9.1.1 der Vollzugshinweise des StMI v. 13.12.2007.
286 Vgl. OVG Niedersachsen, Beschl. v. 26.2.2004 – 1 LA 210/03 – BauR 2004, 1274.

J. Abstandsflächenirrelevante bauliche Anlagen

2. Solaranlagen (Art. 6 Abs. 9 Satz 1 Nr. 2 BayBO)

305 Als zweite Fallgruppe bezieht Art. 6 Abs. 9 Satz 1 Nr. 2 BayBO auch gebäudeunabhängige Solaranlagen in den Kreis der abstandsflächenirrelevanten baulichen Anlagen ein. Dies geschah offenbar aus energiepolitischen Gründen. **Solaranlagen** sind vor allem Sonnenkollektoren zur Warmwasserbereitung und Photovoltaikanlagen. **Gebäudeunabhängig** bedeutet, dass die Solaranlage nicht an oder auf einem Gebäude errichtet sein darf. Eine auf einem grenznahen Gebäude errichtete Solaranlage unterfiele also nicht der Privilegierung des Art. 6 Abs. 9 Satz 1 Nr. 2 BayBO, sondern würde als Teil des Gebäudes zu einer Abstandsflächenrelevanz führen.

306 Die **Größenbegrenzungen** entsprechen denjenigen der Garagen und Gebäude nach Art. 6 Abs. 9 Satz 1 Nr. 1 BayBO. Die Höhe der Solaranlagen darf maximal 3 m betragen und die Gesamtlänge der Anlage maximal 9 m je Grundstücksgrenze. Wie bereits angesprochen, stehen in den Grenzen des Art. 6 Abs. 9 Satz 2 BayBO diese 9 m neben den 9 m für Garagen und Gebäude zusätzlich zur Verfügung. Möglich ist also eine Gesamtgrenzbebauung durch Gebäude und Solaranlagen von insgesamt 15 m an einer Grundstücksgrenze.

307 Eine **Verfahrensfreiheit** von Solarenergieanlagen und Sonnenkollektoren kann sich aus Art. 57 Abs. 1 Nr. 2 b BayBO ergeben.

3. Stützmauern und geschlossene Einfriedungen (Art. 6 Abs. 9 Satz 1 Nr. 3 BayBO)

308 Gemäß Art. 6 Abs. 9 Satz 1 Nr. 3 BayBO sind ohne Abstandsflächen bzw. in fremden Abstandsflächen zulässig: Stützmauern und geschlossene Einfriedungen bis zu einer Höhe von 2 m,[287] in Gewerbe- und Industriegebieten ohne Höhenbegrenzung. Eine Längenbegrenzung enthält die Vorschrift nicht. Vorbehaltlich etwaiger gestalterischer Regelungen in einer örtlichen Bauvorschrift oder in einem Bebauungsplan kann ein Bauherr diese Mauern und Einfriedungen abstandsflächenrechtlich ohne Problem um das gesamte Baugrundstück ziehen.

---

[287] Wobei auch hier beim unteren Bezugspunkt auf die Geländeoberfläche des jeweiligen Baugrundstücks abzustellen ist, OVG Rheinland-Pfalz, Beschl. v. 6.6.2011 – 8 A 10377/11 – NVwZ-RR 2011, 757 = BauR 2012, 77 = BRS 78 Nr. 140.

Stützmauern haben dienende Funktion.[288] Sie sollen bauliche Anlagen oder abschüssiges Gelände gegen Abrutschen sichern. Diese Funktion darf in der Regel nicht künstlich herbeigeführt werden. Unter **Einfriedungen** versteht man Einrichtungen, die dazu dienen, Grundstücke oder Teile hiervon von Verkehrsflächen, Nachbargrundstücken oder Teilen desselben Grundstücks abzugrenzen bzw. abzuschirmen, um Witterungs- oder Immissionseinflüsse (Wind, Lärm, Straßenschmutz) abzuwehren oder das Grundstück gegen unbefugtes Betreten oder Einsichtnahme zu schützen. **Geschlossen** sind Einfriedungen dann, wenn sie keinen Durchblick ermöglichen. 309

Die Vorschrift des Art. 6 Abs. 9 Satz 1 Nr. 3 BayBO dürfte außerhalb von Gewerbe- und Industriegebieten einen **vergleichsweise schmalen Anwendungsbereich** haben. Da Stützmauern und geschlossene Einfriedungen keine Gebäude sind, folgt die Erforderlichkeit von Abstandsflächen aus Art. 6 Abs. 1 Satz 2 BayBO. Dabei ist davon auszugehen, dass ohnehin von baulichen Anlagen jedenfalls mit einer Höhe von bis zu 1,50 m keine und bis zu 2 m jedenfalls nicht regelmäßig Wirkungen wie von Gebäuden ausgehen;[289] daraus folgt, dass niedrigere Stützmauern bzw. Einfriedungen von vornherein keine Abstandsflächen einzuhalten bräuchten bzw. in fremden Abstandsflächen zulässig wären, sodass sich von daher eine Sonderregelung erübrigt hätte. 310

Für die Frage, wann ein **Gewerbe- oder Industriegebiet** vorliegt, gilt das oben in Bezug auf Art. 6 Abs. 5 Satz 2 BayBO Angesprochene in gleicher Weise. In erster Linie sind danach die Festsetzungen eines Bebauungsplans maßgebend. Existieren solche Festsetzungen nicht, kann der Gebietscharakter auch aus der tatsächlich vorhandenen Umgebungsbebauung im Sinne des § 34 BauGB folgen. 311

Probleme in Bezug auf die abstandsflächenrechtlich zulässige Höhenentwicklung können sich beim **Aufeinanderstoßen zweier unterschiedlicher Gebietstypen** ergeben. Prinzipiell zulässig wäre es beispielsweise, auf einem Grundstück in einem Gewerbegebiet, das an ein Wohngebiet grenzt, eine geschlossene Einfriedung mit unbegrenzter Höhe zu errichten. Lösun- 312

---

288 Vgl. dazu BayVGH, Beschl. v. 12.9.2013 – 14 CE 13.928.
289 Rechtsprechung zu diesem Problem bieten beispielsweise BayVGH, Beschl. v. 17.3.2000 – 26 ZS 99.3064; BayVGH, Beschl. v. 10.10.2002 – 26 ZB 99.2754; OVG Nordrhein-Westfalen, Urt. v. 27.11.1989 – 11 A 195/88 – BRS 50 Nr. 185; HessVGH, Beschl. v. 15.6.2004 – 3 ZU 2302/02 – ZfBR 2004, 587 – nur LS. BayVGH, Beschl. v. 12.11.2001 – 2 ZB 99.2484 – BayVBl. 2003, 120: Abstandsflächenrelevanz verneint für eine Aufschüttung von 6 m Höhe mit einer Neigung bis 33 Grad; BayVGH, Beschl. v. 17.3.2000 – 26 ZS 99.3064: Aufschüttung unter 2 m Höhe bildet eine „Steilwand" und ist daher abstandsflächenrelevant; vgl. auch OVG Nordrhein-Westfalen, Beschl. v. 22.1.2001 – 7 E 547/99 – BRS 64 Nr. 126.

gen dürften hier nur über das planungsrechtliche Instrumentarium, insbesondere über § 15 BauNVO in Frage kommen.

313 Einfriedungen und Stützmauern können im Übrigen nach Art. 57 Abs. 1 Nr. 6 a BayBO außer im Außenbereich mit einer Höhe bis zu 2 m **verfahrensfrei** errichtet werden.

III. Die Rechtsfolgen des Art. 6 Abs. 9 BayBO

314 Die von Art. 6 Abs. 9 BayBO erfassten baulichen Anlagen sind – wie die Vorschrift wörtlich ausführt – in den Abstandsflächen eines Gebäudes[290] sowie ohne eigene Abstandsflächen zulässig, auch wenn sie nicht an die Grundstücksgrenze oder an das Gebäude angebaut werden. Das bedeutet nichts anderes, als dass sie für die Frage der Abstandsflächen schlicht irrelevant sind. Sie dürfen sich also unabhängig von vorhandenen Grundstücksgrenzen oder anderen baulichen Anlagen überall auf dem Baugrundstück befinden; ein Mindestabstand zu den Grundstücksgrenzen oder Gebäuden ist nicht erforderlich. Konkret dürfen also die baulichen Anlagen des Art. 6 Abs. 9 BayBO beispielsweise unmittelbar grenzständig errichtet werden, können aber auch 10 cm, 50 cm oder jeden anderen Abstand zu dieser Grenze einhalten.

315 Damit brach die Bauordnungsnovelle 2008 mit einem Dogma, das in Bayern, aber auch in den meisten anderen Ländern, seit Jahrzehnten gegolten hatte, nämlich dass sich die Außenwände der Grenzbebauung unmittelbar an der Grundstücksgrenze befinden mussten oder aber der Mindestabstand von 3 m einzuhalten war.[291] Dieser Grundsatz sollte vor allem die Entstehung enger Reihen verhindern, die aus gestalterischer und auch aus hygienischer Sicht vermieden werden sollen. Wie sich auch aus der Begründung zum Gesetzentwurf ergibt, glaubte das Gesetz allerdings, dass bei den erfassten untergeordneten baulichen Anlagen eine Gefährdung der abstandsflächenrechtlichen Schutzgüter nicht zu besorgen sei. Völlig unbegründet erscheint die Furcht vor dem Entstehen enger Reihen in der Praxis allerdings nicht. Immerhin können nahe an der Nachbargrenze bis zu 9 m

---

[290] Erfasst werden natürlich – auch wenn dies das Gesetz nicht ausdrücklich aussagt – Abstandsflächen von baulichen Anlagen, die keine Gebäude sind, von denen aber Wirkungen wie von Gebäuden im Sinne von Art. 6 Abs. 1 Satz 2 BayBO ausgehen.
[291] Vgl. aus der alten Rechtsprechung z. B. BayVGH, Beschl. v. 15.7.1980 – 2 CS 80 A.865 – BRS 36 Nr. 137.

III. Die Rechtsfolgen des Art. 6 Abs. 9 BayBO

lange – und im Zusammenhang mit Solaranlagen in den Grenzen des Art. 6 Abs. 9 Satz 2 BayBO möglicherweise noch längere – Außenwände entstehen. Die Gemeinde kann entsprechende Auswüchse, falls sie im konkreten Fall zu befürchten sein sollten, nur über Festsetzungen in einem Bebauungsplan oder über Regelungen in einer örtlichen Bauvorschrift unterbinden.

Art 6 Abs. 9 BayBO bietet mit seiner weit reichenden Rechtsfolge allerdings auch **eindeutige Lösungen** für bislang existierende tatsächliche und rechtliche Probleme: 316

Zulässig sind nach der Novelle 2008 beispielsweise eindeutig sog. „**Pseudogrenzgaragen**" oder „**Pseudogrenznebengebäude**". Dabei handelt es sich um Gebäude mit einem Dachüberstand, deren Traufe sich über der Grundstücksgrenze befindet und die um die Tiefe des Dachüberstands von der Grundstücksgrenze abgerückt sind. Sie waren nach altem Recht bauordnungsrechtlich unzulässig, weil sich die Außenwand nicht unmittelbar auf der Grundstücksgrenze befand. Eine abstandsflächenrechtlich unproblematische Errichtung der Außenwand auf der Grenze scheiterte regelmäßig an der zivilrechtlichen Situierung des Dachüberstands im Luftraum des Nachbargrundstücks. Nunmehr können entsprechende Gebäude mit Dachüberstand und zurückgesetzter Außenwand in den Größenbegrenzungen des Art. 6 Abs. 9 BayBO errichtet werden. Zu bedenken ist allerdings, dass es dem Nachbarn unbenommen bleibt, auf seinem Grundstück unmittelbar an der Grenze seine abstandsflächenrechtlich privilegierten Grenzanlagen zu realisieren. 317

Geklärt ist weiter die bislang strittige Rechtsfrage, ob **in einer nach Art. 6 Abs. 2 Satz 3 BayBO übernommenen Abstandsfläche** bauliche Anlagen im Sinne des Art. 6 Abs. 9 BayBO – also etwa eine Grenzgarage – errichtet werden dürfen. Da die Vorschrift insoweit eindeutig davon spricht, dass die baulichen Anlagen „in den Abstandsflächen" eines Gebäudes zulässig sind, kann das natürlich auch eine übernommene Abstandsfläche sein. Diese Rechtsfolge kann für den Bauherrn des Gebäudes, dessen Abstandsflächen übernommen worden sind, zu erheblichen Unzuträglichkeiten führen, da – zumindest theoretisch – eine bauliche Anlage nach Art. 6 Abs. 9 BayBO auch dann an der Grundstücksgrenze errichtet werden kann, wenn unmittelbar im Anschluss daran auf dem Nachbargrundstück das Gebäude mit der übernommenen Abstandsfläche situiert worden ist. Bauherren, die ihre Abstandsfläche qua Abstandsflächenübernahme auf ein Nachbargrundstück legen, ist daher dringend zu empfehlen, sich zivilrechtlich auch vor der Errichtung von baulichen Anlagen nach Art. 6 Abs. 9 BayBO 318

J. Abstandsflächenirrelevante bauliche Anlagen

319 zu schützen. Extremfälle könnten allenfalls über das planungsrechtliche Rücksichtnahmegebot des § 15 BauNVO abgemildert werden. Art. 6 Abs. 9 BayBO stellt schließlich klar, dass eine bauliche Anlage nach dieser Vorschrift eine nach Landesrecht in den Abstandsflächen zulässige Anlage gemäß **§ 23 Abs. 5 Satz 2 BauNVO** ist. Diese Vorschrift lässt es ausnahmsweise zu, dass bauliche Anlagen, „soweit sie nach Landesrecht in den Abstandsflächen zulässig sind oder zugelassen werden können", auf den nicht überbaubaren Grundstücksflächen, also außerhalb der durch Bebauungsplan festgesetzten Bauräumen errichtet werden dürfen. Nach früherem Recht war es zumindest streitig, ob eine Grenzgarage oder ein Grenznebengebäude nach Art. 7 Abs. 4 BayBO a.F. in den Geltungsbereich der Vorschrift fiel.[292] Diese Rechtsfrage hat Art. 6 Abs. 9 BayBO zugunsten einer eindeutigen Anwendung des § 23 Abs. 5 BauNVO geklärt. Bei der Aufstellung von Bebauungsplänen ist deshalb den Gemeinden nach wie vor zu raten, sich Gedanken über die Zulässigkeit von Garagen, Nebengebäuden und Nebenanlagen zu machen und ggf. dafür ausdrückliche Festsetzungen zu treffen.

---

292 Für eine Anwendung z.B. Dirnberger in: Jäde/Dirnberger/Bauer/Weiß, Die neue Bayerische Bauordnung, Art. 7 a.F. Rn. 101; gegen eine Anwendung König in: König/Roeser/Stock, BauNVO, § 23 Rn. 24; ausdrücklich offengelassen von BayVGH, Urt. v. 15.2.1999 – 2 B 95.1500 – BayVBl. 2000, 113 = BRS 62 Nr. 98.

K.
Abweichungen von den Abstandsflächenvorschriften nach Art. 63 BayBO

Gerade im Bereich des Rechts der Abstandsflächen passen die abstrakt- 320
generellen Vorschriften des Art. 6 BayBO, die trotz ihrer Differenziertheit
holzschnittartig bleiben müssen, nicht auf jeden Einzelfall. Dies folgt insbesondere aus der immer noch existierenden Vielfalt der Zwecksetzung
dieser Regelungen, die je nach den besonderen Umständen ganz unterschiedlich betont werden müssen. Dies hat dazu geführt, dass in der Praxis
gerade im Abstandsflächenrecht sehr häufig Abweichungen beantragt und
von den Bauaufsichtsbehörden auch ausgesprochen werden.

Die Novelle 2008 hat eine Reihe von Sonderabweichenstatbeständen 321
beseitigt, so z.B. die Vorschriften des Art. 7 Abs. 2 und 3 BayBO a.F.
Umso wichtiger wird in der Zukunft der generelle Abweichenstatbestand
des Art. 63 Abs. 1 BayBO sein. Danach können von der Bauaufsichtsbehörde Abweichungen dann zugelassen werden, wenn sie unter Berücksichtigung des Zwecks der jeweiligen Anforderung und unter Würdigung
der öffentlich-rechtlich geschützten nachbarlichen Belange mit den
öffentlichen Belangen, insbesondere den Anforderungen des Art. 3 Abs. 1
BayBO vereinbar sind. Im Rahmen von Abweichungen von den
Abstandsflächenvorschriften ist dabei grundsätzlich zu beachten, dass
der Zweck dieser Bestimmungen in aller Regel in vollem Umfang nur
dann erreicht wird, wenn das Vorhaben vollständig mit dem Abstandsflächenrecht übereinstimmt. Die Regelungen des Abstandsflächenrechts
sind insoweit mit einem „antizipierten Sachverständigengutachten" vergleichbar. Regelmäßig stehen also keine anderen Wege offen, wie – ohne
Einhaltung der Vorgaben des Art. 6 BayBO – ausreichende, von Bebauung grundsätzlich freizuhaltende Abstände zwischen Gebäuden oder
wirkungsgleichen baulichen Anlagen gewährleistet werden können.
Abweichungen können daher nicht allein mit der Erwägung gerechtfertigt werden, dass im konkreten Fall die Einhaltung des Zwecks der Vorschrift auf andere Weise sichergestellt erscheint. Vielmehr haben solche
Abweichungen zur Folge, dass die Ziele des Abstandsflächenrechts oftmals nur unvollkommen verwirklicht werden. Dazu müssen Gründe vorliegen, durch die sich das Vorhaben **von dem Regelfall unterscheidet**
und die die Einbuße etwa an Belichtung, Lüftung und Freiflächen im

konkreten Fall als vertretbar erscheinen lassen.[293] Besonderheiten können beispielsweise die Art der baulichen Anlage,[294] eine unterschiedliche Höhenlage beider Grundstücke, ein ungewöhnlicher Zuschnitt des Nachbargrundstücks,[295] der dessen Bebauung in dem dem geplanten Gebäude gegenüberliegenden Bereich praktisch ausschließt, oder auch das Vorhandensein eines grenznahen Gebäudes auf dem Nachbargrundstück[296] sein. Diese Aufzählung ist natürlich nicht abschließend; ausschlaggebend sind immer die Umstände des Einzelfalls.[297] Nicht ausschlaggebend sind hingegen etwa die persönliche Lage oder die wirtschaftlichen Verhältnisse und Bedürfnisse des Bauherrn.[298] Auch eine fehlende Bebauung auf dem Nachbargrundstück stellt keine atypische Situation dar.[299] Die Abweichung kann zugelassen werden, wenn die für sie sprechenden Gründe so viel Gewicht haben, dass die Anforderungen des Abstandsflächenrechts auch dann ausnahmsweise noch als angemessen berücksichtigt angesehen werden können, wenn sie nur eingeschränkt zum Zuge kommen. Dabei versteht sich von selbst, dass die Gründe umso bedeutender sein müssen, je weiter die Verkürzung der Abstandsfläche gehen soll.[300] Allerdings verlangt Art. 63 BayBO seit 1994, als der Gesetzgeber durch den neuen Abweichenstatbestand das alte System von Ausnahmen und Befreiungen ersetzte, **nicht** mehr das **Vorliegen einer unbilligen Härte.**[301]

---

293 Sehr instruktiv dazu SächsOVG, Beschl. v. 14.5.2013 – 1 B 369/12; vgl. auch OVG Berlin-Brandenburg, Beschl. v. 19.12.2012 – 2 S 44.12 – NVwZ-RR 2013, 400. Aus der Literatur vgl. Happ, Abstandsfläche, Abweichung, Sozialabstand, BayVBl. 2014, 65.
294 Zum Beispiel Windkraftanlagen vgl. OVG Niedersachsen, Beschl. v. 13.2.2014 – 12 ME 221/13 – BauR 2014, 976; BayVGH, Beschl. v. 29.5.2013 – 22 CS 13.753.
295 OVG Mecklenburg-Vorpommern, Urt. v. 4.12.2013 – 3 L 143/10 – NordÖR 2014, 198 – nur LS.
296 Vgl. dazu beispielsweise BayVGH, Beschl. v. 23.12.2011 – 15 CS 11.2232.
297 So kann die erforderliche atypische Grundstückssituation beispielsweise im Fall eines nachträglichen Dachgeschossausbaus auch bei einem Grundstück von eher rechteckigem Zuschnitt vorliegen, wenn das Bestandsgebäude aufgrund einer nicht mit der Bauabsicht in zeitlichem Zusammenhang stehenden früheren Grundstücksteilung die Abstandsfläche bereits nicht einhält und das abstandsflächenrelevante, neu zu errichtende Tonnendach im Vergleich zu einem nicht abstandsflächenrelevanten Satteldach mit 45 Grad Dachneigung nur eine kaum wahrnehmbare Veränderung der Belichtung, Belüftung und Besonnung mit sich bringt, BayVGH, Urt. v. 22.12.2011 – 2 B 11.2231 – BauR 2012, 926 = BayVBl. 2012, 535 = BRS 78 Nr. 139.
298 Vgl. Molodovsky/Famers/Kraus, Bayerische Bauordnung, Art. 6 Rn. 294 und die dort zitierte Rechtsprechung.
299 OVG Bremen, Beschl. v. 8.4.2013 – 1 B 303/12 – NVwZ 2013, 1026.
300 BayVGH, Urt. v. 14.12.1994 – 26 B 93.4017 – BRS 57 Nr. 156.
301 BayVGH, Beschl. v. 21.9.1994 – 2 CS 93.3289; jüngst Beschl. v. 22.9.2006 – 25 ZB 01.1004 – ZfBR 2007, 586 = BauR 2007, 1558 = BayVBl. 2007, 662; a. A. wohl BayVGH, Beschl. v. 20.8.1996 – 15 CS 96.2379.

III. Die Rechtsfolgen des Art. 6 Abs. 9 BayBO

Ob eine Situation vorliegt, die die Zulassung einer Abweichung möglich **322** erscheinen lässt, beurteilt sich nicht zuletzt danach, aus welchen Gründen sie erfolgen soll. Dient sie beispielsweise nicht nur, sondern sogar schwerpunktmäßig öffentlichen Interessen, hat die Bauaufsichtsbehörde einen größeren Spielraum. Die Zulassung einer Abweisung kann dabei beispielsweise durch **Belange des Städtebaus** gerechtfertigt sein.[302] So kommt eine Abweichung in Betracht, wenn (nur) auf diese Weise ein erhaltenswertes historisches Stadtbild gewahrt werden kann;[303] auch Gründe des Denkmalschutzes können eine Abweichung von den Abstandsflächen tragen.[304] Abgestellt werden darf auch auf ein gemeindliches Sanierungskonzept.[305] Häufig können Abstandsflächen in einem dicht bebauten, innerstädtischen Bereich nur schwer oder gar nicht eingehalten werden.[306] Grund für eine Abweichung bei einer Umbaumaßnahme kann die **Verbesserung und Auflockerung bestehenden Wohnraums** sein.[307] Denkbar ist auch eine geringfügige Abweichung bei bestehenden Gebäuden durch Anbringen eines Wärmeschutzes.[308] Schließlich können Belange des Lärmschutzes eine Abweichung etwa für eine Lärmschutzwand rechtfertigen.[309]

Einbezogen werden dürfen aber natürlich auch die Eigentümerbelange **323** des Bauherrn. So kann an eine Abweichung gedacht werden, wenn unter Wegfall des **Bestandsschutzes** ein grenzständig errichtetes Gebäude beseitigt wird und ein neues errichtet werden soll.[310] Das Interesse des Grundstückseigentümers, eine vorhandene Bausubstanz zu erhalten und sinnvoll zu nutzen, kann dabei die Zulassung einer Abweichung rechtfertigen,[311] auch wenn das BVerwG bislang ausdrücklich offengelassen hat, ob ein sol-

---

302 BayVGH, Beschl. v. 21.2.2001 – 2 CS 00.3283; Beschl. v. 4.6.2007 – 25 CS 07.940 – FStBay 2008/92 = ZfBR 2007, 584 = NVwZ-RR 2007, 578 = BauR 2007, 1716 = KommJur 2007, 389 = BayVBl. 2008, 183; vgl. dazu Hauth, Abweichungen von Abstandsflächen – (auch) eine Frage des Städtebaus, BauR 2014, 197 .
303 BayVGH, Beschl. v. 15.11.2005 – 2 CS 05.2817.
304 BayVGH, Beschl. v. 22.2.2010 – 14 ZB 09.418.
305 BayVGH, Beschl. v. 8.3.1995 – 15 CS 94.416.
306 Ein Beispiel bietet BayVGH, Beschl. v. 5.12.2011 – 2 CS 11.1902; vgl. auch OVG Schleswig-Holstein, Beschl. v. 24.11.2011 – 1 LA 65/11 – NordÖR 2012, 92 .
307 BayVGH, Beschl. v. 18.10.2005 – 1 ZB 04.1597.
308 Molodovsky/Famers/Kraus, Bayerische Bauordnung, Art. 6 Rn. 307.
309 HessVGH, Beschl. v. 6.8.2007 – 4 TG 1133/07 – NVwZ 2008, 83. Vgl. dazu auch das Schreiben des StMI v. 4.2.2011 (IIB4-4101-010/10).
310 Vgl. BayVGH, Beschl. v. 27.3.1997 – 1 CS 96.4070; Beschl. v. 19.6.1995 – 2 CS 94.4028; tendenziell anders allerdings BayVGH, Urt. v. 13.2.2001 – 20 B 00.2213 – BauR 2001, 1248 = BayVBl. 2002, 411 = BRS 64 Nr. 129; Urt. v. 26.9.2007 – 1 B 05.2572; offengelassen von BayVGH, Beschl. v. 30.8.2011 – 15 CS 11.1640.
311 BayVGH, Beschl. v. 15.11.2005 – 2 CS 05.2817; Beschl. v. 18.10.2005 – 1 ZB 04.1597; vgl. auch BayVGH, Beschl. v. 18.8.2010 – 2 ZB 07.638.

ches Interesse durch Art. 14 GG geschützt wird.[312] Dabei ist aber besonders auf schutzwürdige Nachbarbelange Rücksicht zu nehmen.[313]

324 Ein besonderes Problem bilden Abweichungen bei **Änderungen** und **Nutzungsänderungen.** Hier stellt sich die Frage, ob es – falls durch die Änderung oder Nutzungsänderung eine neue Gesamtbetrachtung hinsichtlich der Abstandsflächen wegen einer nachteiligen Betroffenheit durchzuführen ist – überhaupt noch einen Spielraum für eine Abweichung im Sinne des Art. 63 BayBO gibt. Die Rechtsprechung scheint insoweit zumindest teilweise der Auffassung zu sein, dass die Prüfung, ob eine Gesamtbetrachtung notwendig wird, und die Frage der Abweichung im Grunde identisch sind.[314] Man wird jedoch differenzieren müssen. Bei der Prüfung einer möglichen zusätzlichen nachteiligen Betroffenheit geht es lediglich um den Aspekt der durch die Abstandsflächenvorschriften geschützten Belange. Bei der nachfolgenden Entscheidung über die Abweichung müssen demgegenüber alle sonstigen öffentlichen Belange gewürdigt werden, die durch das konkrete Bauvorhaben berührt werden. Mit anderen Worten sind durchaus Fallkonstellationen denkbar, bei denen zwar durch eine bauliche Maßnahme eine Gesamtbetrachtung der Abstandsflächensituation ausgelöst wird, die entsprechende Änderung oder Nutzungsänderung aber gleichwohl durch eine Abweichung zugelassen werden kann.

325 Selbstverständlich ist bei der Zulassung einer Abweichung zu berücksichtigen, in welchem Maße die Schutzgüter des Abstandsflächenrechts tangiert werden; sind insoweit nur **geringfügige Auswirkungen** zu befürchten, kann in der Regel eine Abweichung ausgesprochen werden.[315] Einzubeziehen ist dabei, wie der Nachbar selbst die Abweichung beurteilt, insbesondere ob er dem konkreten Bauvorhaben durch seine Unterschrift zugestimmt hat.[316] Insgesamt muss die Schutzwürdigkeit der Nachbarbelange sorgsam geprüft werden.[317] So kommt beispielsweise eine Abweichung von den Abstandsflächenvorschriften in Betracht gegenüber einer als Zufahrt genutzten Fläche[318] oder einer Fläche, die mit einer Dienstbar-

---

312 BVerwG, Urt. v. 16.5.1991 – 4 C 17/90 – BVerwGE 88, 191 = DVBl. 1991, 819 = ZfBR 1991, 221 = DÖV 1991, 886 = UPR 1991, 381 = NJW 1991, 3293 = NVwZ 1992, 165 = BRS 52 Nr. 157.
313 Vgl. auch BayVGH, Beschl. v. 16.7.2007 – 1 CS 07.1340.
314 Vgl. dazu die in Rn. 48 referierte Rechtsprechung.
315 Vgl. BayVGH, Urt. v. 23.12.1995 – 14 B 93.2203; Beschl. v. 18.7.1996 – 14 CS 96.1488; Beschl. v. 10.2.2003 – 2 ZB 02.2015.
316 Sehr weit BayVGH, Beschl. v. 10.3.1997 – 14 CS 96.4301.
317 Instruktiv hierzu BayVGH, Beschl. v. 16.7.2007 – 1 CS 07.1340 – NVwZ-RR 2008, 84.
318 BayVGH, Beschl. v. 1.8.1995 – 2 CS 95.1857.

keit zugunsten einer Freischankfläche belastet ist.[319] Grundsätzlich kommen Abweichungen auch bei Baugrundstücken in Frage, die unmittelbar an im Außenbereich gelegene, landwirtschaftliche Grundstücke grenzen.[320] Dies gilt insbesondere dann, wenn im Einzelfall nicht zu erwarten ist, dass sich an der planungsrechtlichen Einordnung der Nachbargrundstücke in absehbarer Zeit etwas ändern wird bzw. wenn klar ist, dass selbst dann nur eine Nutzung denkbar wäre, die nicht in Widerspruch zu den verkürzten Abstandsflächen stünde. Allein die Lage im Außenbereich rechtfertigt aber eine Abweichung nicht automatisch.[321]

Über eine Abweichung kann eine verkürzte **Tiefe** der Abstandsflächen, aber auch der **Breite** zugelassen werden. Denkbar je nach Fallkonstellation ist auch ein vollständiger **Verzicht** auf Abstandsflächen. Nach den Änderungen der Novelle dürfte dabei der Grundsatz nicht mehr gelten, dass eine Abweichung, durch die die Tiefe der Abstandsflächen in Wohngebieten unter das Maß von 0,5 H vermindert wird, nur unter ganz besonderen Umständen zulässig ist.[322]

326

---

319 BayVGH, Beschl. v. 3.5.1996 – 2 CS 96.040; allerdings gilt dies nicht, wenn der Nachbar selbst diese Flächen als Abstandsflächen in Anspruch nehmen kann und darf, BayVGH, Beschl. v. 4.10.1994 – 1 CS 94.2804.
320 BayVGH, Beschl. v. 20.1.1995 – 1 CS 94.3618; Beschl. v. 22.7.2003 – 15 ZB 02.1223; a. A. VGH Baden-Württemberg, Beschl. v. 13.6.2003 – 3 S 938/03 – BauR 2003, 1549 = BRS 66 Nr. 129.
321 OVG Berlin-Brandenburg, Beschl. v. 21.11.2012 – 11 S 38.12 – ZNER 2013, 220 – nur LS.
322 So aber noch BayVGH, Beschl. v. 22.9.2006 – 25 ZB 01.1004 – ZfBR 2007, 586 = BauR 2007, 1558 = BayVBl. 2007, 662.

Bayerische Bauordnung (BayBO) – Auszug

in der Fassung der Bekanntmachung vom 14. August 2007 (GVBl. S. 588, FN BayRS 2132-1-I), zuletzt geändert durch § 1 des Gesetzes vom 17. November 2014 (GVBl. S. 478)

Art. 6 Abstandsflächen, Abstände

(1) ¹Vor den Außenwänden von Gebäuden sind Abstandsflächen von oberirdischen Gebäuden freizuhalten. ²Satz 1 gilt entsprechend für andere Anlagen, von denen Wirkungen wie von Gebäuden ausgehen, gegenüber Gebäuden und Grundstücksgrenzen. ³Eine Abstandsfläche ist nicht erforderlich vor Außenwänden, die an Grundstücksgrenzen errichtet werden, wenn nach planungsrechtlichen Vorschriften an die Grenze gebaut werden muss oder gebaut werden darf.

(2) ¹Abstandsflächen sowie Abstände nach Art. 28 Abs. 2 Nr. 1 und Art. 30 Abs. 2 müssen auf dem Grundstück selbst liegen. ²Sie dürfen auch auf öffentlichen Verkehrs-, Grün- und Wasserflächen liegen, jedoch nur bis zu deren Mitte. ³Abstandsflächen sowie Abstände im Sinn des Satzes 1 dürfen sich ganz oder teilweise auf andere Grundstücke erstrecken, wenn rechtlich oder tatsächlich gesichert ist, dass sie nicht überbaut werden, oder wenn der Nachbar gegenüber der Bauaufsichtsbehörde schriftlich, aber nicht in elektronischer Form, zustimmt; die Zustimmung des Nachbarn gilt auch für und gegen seinen Rechtsnachfolger. ⁴Abstandsflächen dürfen auf die auf diesen Grundstücken erforderlichen Abstandsflächen nicht angerechnet werden.

(3) Die Abstandsflächen dürfen sich nicht überdecken; das gilt nicht für
1. Außenwände, die in einem Winkel von mehr als 75 Grad zueinander stehen,
2. Außenwände zu einem fremder Sicht entzogenen Gartenhof bei Wohngebäuden der Gebäudeklassen 1 und 2,
3. Gebäude und andere bauliche Anlagen, die in den Abstandsflächen zulässig sind.

(4) ¹Die Tiefe der Abstandsfläche bemisst sich nach der Wandhöhe; sie wird senkrecht zur Wand gemessen. ²Wandhöhe ist das Maß von der Geländeoberfläche bis zum Schnittpunkt der Wand mit der Dachhaut oder bis zum oberen Abschluss der Wand. ³Die Höhe von Dächern mit einer Neigung von mehr als 70 Grad wird voll, von Dächern mit einer Neigung von mehr als 45 Grad zu einem Drittel hinzugerechnet. ⁴Die Höhe der Giebelflächen im Bereich des Dachs ist bei einer Dachneigung von mehr als 70 Grad voll, im Übrigen nur zu einem Drittel anzurechnen.

⁵Die Sätze 1 bis 4 gelten für Dachaufbauten entsprechend. ⁶Das sich ergebende Maß ist H.

(5) ¹Die Tiefe der Abstandsflächen beträgt 1 H, mindestens 3 m. ²In Kerngebieten genügt eine Tiefe von 0,50 H, mindestens 3 m, in Gewerbe- und Industriegebieten eine Tiefe von 0,25 H, mindestens 3 m. ³Werden von einer städtebaulichen Satzung oder einer Satzung nach Art. 81 Außenwände zugelassen oder vorgeschrieben, vor denen Abstandsflächen größerer oder geringerer Tiefe als nach den Sätzen 1 und 2 liegen müssten, finden die Sätze 1 und 2 keine Anwendung, es sei denn, die Satzung ordnet die Geltung dieser Vorschriften an; die ausreichende Belichtung und Belüftung dürfen nicht beeinträchtigt, die Flächen für notwendige Nebenanlagen nicht eingeschränkt werden. ⁴Satz 3 gilt entsprechend, wenn sich einheitlich abweichende Abstandsflächentiefen aus der umgebenden Bebauung im Sinn des § 34 Abs. 1 Satz 1 BauGB ergeben.

(6) ¹Vor zwei Außenwänden von nicht mehr als 16 m Länge genügt als Tiefe der Abstandsflächen die Hälfte der nach Abs. 5 erforderlichen Tiefe, mindestens jedoch 3 m; das gilt nicht in Kern-, Gewerbe- und Industriegebieten. ²Wird ein Gebäude mit einer Außenwand an eine Grundstücksgrenze gebaut, gilt Satz 1 nur noch für eine Außenwand; wird ein Gebäude mit zwei Außenwänden an Grundstücksgrenzen gebaut, so ist Satz 1 nicht anzuwenden; Grundstücksgrenzen zu öffentlichen Verkehrsflächen, öffentlichen Grünflächen und öffentlichen Wasserflächen bleiben hierbei unberücksichtigt. ³Aneinandergebaute Gebäude sind wie ein Gebäude zu behandeln.

(7) Die Gemeinde kann durch Satzung, die auch nach Art. 81 Abs. 2 erlassen werden kann, abweichend von Abs. 4 Sätze 3 und 4, Abs. 5 Sätze 1 und 2 sowie Abs. 6 für ihr Gemeindegebiet oder Teile ihres Gemeindegebiets vorsehen, dass

1. nur die Höhe von Dächern mit einer Neigung von weniger als 70 Grad zu einem Drittel, bei einer größeren Neigung der Wandhöhe voll hinzugerechnet wird und
2. die Tiefe der Abstandsfläche 0,4 H, mindestens 3 m, in Gewerbe- und Industriegebieten 0,2 H, mindestens 3 m, beträgt.

(8) Bei der Bemessung der Abstandsflächen bleiben außer Betracht
1. vor die Außenwand vortretende Bauteile wie Gesimse und Dachüberstände,
2. untergeordnete Vorbauten wie Balkone und eingeschossige Erker, wenn sie

a) insgesamt nicht mehr als ein Drittel der Breite der Außenwand des jeweiligen Gebäudes, höchstens jedoch insgesamt 5 m, in Anspruch nehmen,
  b) nicht mehr als 1,50 m vor diese Außenwand vortreten und
  c) mindestens 2 m von der gegenüberliegenden Nachbargrenze entfernt bleiben,
3. untergeordnete Dachgauben, wenn
  a) sie insgesamt nicht mehr als ein Drittel der Breite der Außenwand des jeweiligen Gebäudes, höchstens jedoch insgesamt 5 m, in Anspruch nehmen und
  b) ihre Ansichtsfläche jeweils nicht mehr als 4 m² beträgt und eine Höhe von nicht mehr als 2,5 m aufweist.

(9) ¹In den Abstandsflächen eines Gebäudes sowie ohne eigene Abstandsflächen sind, auch wenn sie nicht an die Grundstücksgrenze oder an das Gebäude angebaut werden, zulässig
1. Garagen einschließlich deren Nebenräume, überdachte Tiefgaragenzufahrten, Aufzüge zu Tiefgaragen und Gebäude ohne Aufenthaltsräume und Feuerstätten mit einer mittleren Wandhöhe bis zu 3 m und einer Gesamtlänge je Grundstücksgrenze von 9 m, bei einer Länge der Grundstücksgrenze von mehr als 42 m darüber hinaus freistehende Gebäude ohne Aufenthaltsräume und Feuerstätten mit einer mittleren Wandhöhe bis zu 3 m, nicht mehr als 50 m³ Brutto-Rauminhalt und einer Gesamtlänge je Grundstücksgrenze von 5 m; abweichend von Abs. 4 bleibt bei einer Dachneigung bis zu 70 Grad die Höhe von Dächern und Giebelflächen unberücksichtigt,
2. gebäudeunabhängige Solaranlagen mit einer Höhe bis zu 3 m und einer Gesamtlänge je Grundstücksgrenze von 9 m,
3. Stützmauern und geschlossene Einfriedungen in Gewerbe- und Industriegebieten, außerhalb dieser Baugebiete mit einer Höhe bis zu 2 m.
²Die Länge der die Abstandsflächentiefe gegenüber den Grundstücksgrenzen nicht einhaltenden Bebauung nach den Nrn. 1 und 2 darf auf einem Grundstück insgesamt 15 m nicht überschreiten.

Stichwortverzeichnis

Die Zahlen kennzeichnen die Randnummern.

16-m-Privileg 8, 203, 208, 247
– Nachbarschutz 228

A
Abgrabung 142
Abstandsfläche
– Breite 130
– Form 130
– Mindesttiefe 166
– Verzicht auf 196
– zulässige bauliche Anlage 128
Abstandsflächensatzung
– isolierte 237
Abstandsflächenübernahme
– Erklärung 110
– Formular 109
– Zustimmung 106, 108
Abstellraum 271
Abwägung 191, 239
Abwalmung 162
Abweichung 87, 92, 97, 122, 144, 215, 292, 320
– Änderung 47
– Nutzungsänderung 47
allgemeines Wohngebiet 169
Altbebauungspläne 57
Änderung 45, 48, 324
Anlage
– Abstandsflächenrelevanz 36
– Begriff 33
– unterirdische Anlage 53
Antennenträger 41
Atriumhäuser 124
atypische Bauweise 64
Aufenthaltsraum 279, 284
Aufschüttung 38, 142
Außenaufzug 271
Außenbereich 173
Außenbereichssatzung 183
Außenwand 29, 31, 144, 186, 219
– Länge 221
Außenwände
– Winkel von mehr als 75 Grad 121
Außenwandteil
– abstandsflächenrelevantes 223

B
Badeplätze 84
Balkon 31, 264, 270
Baufreiheit 91
Baugebiet
– Grenze 174
Baugenehmigung 142
Baugrenze 57, 63
Baugrundstück 81, 116
Baukörper 54
Baulinie 57
Bauministerkonferenz der Länder 5
Baunutzungsverordnung 169
Bauordnungsrecht 258
Bauplanungsrecht 14, 258
Bauraum 189
Bauteil
– vortretender 263
Bauvorschrift
– örtliche 251
Bauweise 56, 76
– atypische 64
– halboffene 64–65
– offene 64
Bebauung
– geschlossene 62
Bebauungsplan 170, 182, 189
Bebauungstiefe 63
Befreiung 70
Belüftung 9
beschränkt persönliche Dienstbarkeit 100
besonderes Wohngebiet 169
Besonnung 9
Bestandsschutz 46, 323
Bestimmtheitsgebot 187
Brandschutz 12, 36
Brandschutzabstand 79
Brandwand 211
Brüstung 146
Brutto-Grundfläche 286
Buchgrundstück 80, 294

C
Codex Hammurapi 1

Stichwortverzeichnis

D
Dach 145
Dachgaube 157
Dachhaut 138
Dachhöhe 149, 151
Dachneigung 48
Dachraum 284
Dachrinne 269
Dachterrasse 146, 285
Dachüberstand 267
Dienstbarkeit 100
– beschränkt persönliche 100
Doppelhaus 69, 71

E
eigener Wirkungskreis 234
Einfriedung 33
– geschlossene 37
Einvernehmen der Gemeinde 236
Einzelfallsatzung 242
Eisenbahnanlage 84
Erker 264, 270
Experimentierklausel 232

F
faktisches Baugebiet 171
Feuerstätte 279, 284
Feuerungsanlage 51
fiktive Wand 276
Firsthöhe 48
Freiflächen 11
Freihaltepflicht 83
Freiräume 10
Freisitz 39
fremdes Grundstück 81
Friedhöfe 84

G
Garage 283
Gartenhofhaus 124
Gebäude 27
– aneinandergebautes 211
– Form 32
– oberirdisches Gebäude 29
– rundes 208
– selbstständiges 54
Gebäudeanschlüsse
– spitzwinklige 123
Gebäudeoberfläche
– Festlegung 141
Gebäudeseite 220
Gebot 15, 22

Geländeoberfläche 138–139
– geneigte 136
– natürliche 140
Gemengelage 172
geschlossene Bebauung 62
geschlossene Einfriedung 37
Gesims 267
Gestaltung des Ortsbilds 253
Gewerbegebiet 168
Giebel 158
Giebelfläche 245
Giebelform
– besondere 164
Giebelhöhe 149
Grenzanbau 66
Grenzanbaupflicht 64
Grenzbebauung
– freistehend 302
Grenzgarage 281, 295
Grenzgebäude
– Tiefe 287
Grunddienstbarkeit 100
Grundriss
– vieleckiger 219
Grundstück
– fremdes 81
– im vermessungstechnischen Sinn 80
– staatseigenes 98
Grundstücksgrenze 60, 189, 226, 294, 296
– überlange 300
Grundzüge der Planung 238
Grünfläche
– öffentliche 82, 84, 210

H
halboffene Bauweise 64–65
Hausgruppe 69, 71
Hecke 33
Hobbyraum 284
Höhenentwicklung 186
Holzstapel 38

I
Imbissbude 83
Immission 36
Industriegebiet 168
Innenbereich 66
Innenbereichssatzung 183

K
Kerngebiet 167–168

Kfz-Stellplatz 40
- Überdachung 268
Kleinsiedlungsgebiet 169
Kniestock 158
Krüppelwalm 162
Kuppeldach 155

L
Lagerplatz 40
Landesbauordnungen 16
Lärmschutzwall 38
Lastenfreistellungserklärung 107
Lebens- und Wohnqualität 10
Lisene 269
Loggia 270
Luftverkehr 84

M
Mansarddach 154
Mast 41
Mindestabstand 117
Mindesttiefe 166
Mischgebiet 169
Musterbauordnung 6, 75, 232, 240
Mustersatzung
- nach Art. 6 Abs. 7 BayBO 262

N
Nachbar 87, 89, 104
Nachbargrenze 60, 277, 287
Nachbargrundstück 92, 95, 104, 108
Nachbarschutz 18, 188, 195
Nachbarunterschrift 112
Nachbarzustimmung 96
natürliche Geländeoberfläche 140
nicht überdachter Stellplatz 29
normative Betrachtungsweise 221
notwendige Treppe 211
Nur-Dachhaus 153, 160
Nutzungsänderung 45, 52, 324
Nutzungskonflikt 175

O
oberirdisches Gebäude 29
offene Bauweise 64
öffentliche Grünfläche 82, 84, 210
öffentliche Verkehrsfläche 82, 84, 210
öffentliche Wasserfläche 82, 84, 210
örtliche Bauvorschrift 251
Ortsbild 255
- Gestaltung 253

Ortsgestaltungssatzung 281
ortsrechtliche Vorschrift 184

P
Parabolantenne 41
Parkanlagen 84
Plakatwand 38
Planung
- Grundzüge 238
Pseudogrenzgarage 317
Pseudogrenznebengebäude 317
Pultdach 133, 161
Putz 144

R
Rechtsnachfolger des Nachbarn 111
Reihenhaus 72
reines Wohngebiet 169
Rücksichtnahme
- Gebot 15, 22

S
Satteldach 158
- abgeschlepptes 163
Satzung
- nach Art. 6 Abs. 7 BayBO 234
- nach Art. 81 BayBO 181
Schmalseitenprivileg 206
Schutznormtheorie 18
Schutzraum 29
Segmentbogendach 156
Sendemast für Mobilfunk 41
Sheddach 156
Sichtblende 269
Solaranlage 305
Sondergebiet 165, 169
Spielplätze 84
Sportplätze 84
Städtebau 322
Staffelgeschoss 132
Standgiebel 157
Stapelparkanlage 30
Steilhang 103
Stellplatz
- nicht überdachter 29
- überdachter 31
störungsfreies Wohnen 10
Stützmauer 37
- geschlossene Einfriedung 308

T
Teilung 107

169

Terrasse 39
Terrassenüberdachung 269
Terrassierung 62
Tiefgarage 29, 283
Tiefgarageneinhausung 299
Tiefgaragenzufahrt 283
Tonnendach 155
Traufhöhe 289
Treppe
– notwendige 211
Treppenraum 211
Treu und Glauben 79

U
überdachter Stellplatz 31
Überdeckungsverbot 79, 116, 118
Umgebungsbebauung 66
Unterschrift des Nachbarn 106

V
Verbesserung der Wohnqualität 253
Vereinfachtes Verfahren 25, 238
Verfahrensfreiheit 36
– Einfriedung 313
– Garage 286
– Gebäude an der Grundstücksgrenze 286
– Solarenergieanlage und Sonnenkollektor 307
– Stützmauer 313
Verkehrsfläche
– öffentliche 82, 84, 210
– private 92
Vor- und Rücksprung 135
Vorbau 263
Vorhaben nach § 29 BauGB 28
Vorschrift
– ortsrechtliche 184
vortretender Bauteil 263

W
Walmdach 156
Wand
– fiktive 276
– unterschiedliche Höhe 134

Wandhöhe 129, 138, 289
Wärmedämmung 144
Wasserfläche
– öffentliche 82, 84, 210
– private 103
Werbeanlage 269
Werbetafel 38
Windkraftanlage 42, 208, 269
Wintergarten 270
Wirkungskreis
– eigener 234
Wohnfrieden 35
Wohngebäude 249
Wohngebiet
– allgemeines 169
– besonderes 169
– reines 169
Wohnqualität
– Verbesserung 184, 253

Z
Zeltdach 156
Zustimmung zur Abstandsflächenübernahme 105, 108
Zuwegung
– private 102
Zwecksetzung 9
– Belüftung 9
– Besonnung 9
– Brandschutz 12
– Erhalt von Freiflächen 11
– Freiräume 10
– Gewährleistung störungsfreien Wohnens 10
– Inhaltsbestimmungen des Eigentums 13
– Lebens- und Wohnqualität 10
Zwerchgiebel 157
Zwölftafelgesetze 2

Übersichtliche Gesamtdarstellung.

WWW.BOORBERG.DE

Energiewende und Baurecht

von Dr. Helmut Bröll, Ministerialrat a.D., Dr. Franz Dirnberger, Direktor, Bayer. Gemeindetag, und Professor Christian Schiebel, Baudirektor, Regierung von Oberbayern, Honorarprofessor an der Akademie der Bildenden Künste, München

2013, 184 Seiten, € 28,–
ISBN 978-3-415-05105-8

 Leseprobe unter
www.boorberg.de/alias/923716

Die verstärkte Berücksichtigung des Klimaschutzes und der eingeschlagene Weg hin zur Nutzung nachhaltiger Energien haben zu zahlreichen Gesetzesänderungen und neuen Regelungen geführt. Das Fachbuch bietet eine zusammenfassende Darstellung der Materie.

Ausgehend von der **Klimaschutznovelle** zum Baugesetzbuch erläutern die Autoren detailliert die Neuerungen in den Bereichen

- Windenergie
- Photovoltaik
- Biomasse

Des Weiteren stellen die Autoren anhand eines Beispiels die Möglichkeiten der energetischen Ortssanierung dar. Dabei gehen sie auf entsprechende **Energieversorgungskonzepte** ausführlich ein, um Wege zu einer klimabewussten und energieökonomischen Ortsplanung aufzuzeigen.

RICHARD BOORBERG VERLAG FAX 0711/7385-100 · 089/4361564
TEL 0711/7385-343 · 089/436000-20 BESTELLUNG@BOORBERG.DE

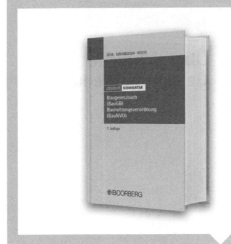

Ausgewogen – kompetent – praxisorientiert.

WWW.BOORBERG.DE

Jäde · Dirnberger · Weiß
**Baugesetzbuch
Baunutzungsverordnung**
Kommentar
2013, 7. Auflage, 1520 Seiten, € 98,–
context Kommentar
ISBN 978-3-415-05118-8

 Leseprobe unter
www.boorberg.de/alias/954200

Klare Kommentierung:
Den Erläuterungen des context Kommentars liegt die detailliert ausgewertete Rechtsprechung des Bundesverwaltungsgerichts und der Oberverwaltungsgerichte zugrunde. Die Klimaschutznovelle und die Innenentwicklungsnovelle wurden in der 7. Auflage berücksichtigt. Die Erläuterungen vollziehen diese Entwicklungen nach und bieten dem Benutzer weiterführende Hinweise für eine vertiefte Diskussion aktueller Fragen.

Kompetentes Autorenteam:
Für die gleichbleibend hohe Qualität der sachkundigen Kommentierungen sorgt das eingespielte Autorenteam aus bekannten Baurechtspraktikern.

Umfassendes Konzept:
Wichtige weiterführende Materialien in elektronischer Form sowie die Online-Version des Kommentars unter www.baugb-context.de.

RICHARD BOORBERG VERLAG FAX 0711/7385-100 · 089/4361564
TEL 0711/7385-343 · 089/436000-20 BESTELLUNG@BOORBERG.DE

SZ1114